JN062023

第2版

*European Economic History*

# 新西洋経済史講義

## ―史的唯物論入門―

柴田 英樹

学文社

# まえがき

　本書は，筆者が中央大学経済学部において行っている西洋経済史の講義を，教科書としてまとめたものである．今回は，特に本書の最初の5章にまとめられているような，弁証法的唯物論に関する記述を充実させた．また，大学での授業が14週28回となったのに合わせて，前回の教科書とは章立てが変更になっている．実際の講義はスライドや配布資料を使って図表や写真などを紹介しながら行っているが，教科書にまとめるにあたりほとんど割愛させていただいている．

　本書の副題は「史的唯物論入門」となっているが，このテーマを集中的に扱っているのは第1章〜第5章である．これらの章の記述は，以下の論文のエッセンスをまとめたものとなっている．

Shibata, Hideki. 2012. "Fetishism of Commodities and the Forms of Value," in *Journal of Economics* (Chuo-University). Vol. 52 No. 5 & 6.

Shibata, Hideki. 2013. "Money and Class: A Reexamination of the Class Struggle in Marx," in *Journal of Economics* (Chuo-University). Vol. 53, No. 2.

Shibata, Hideki. 2014. "The Sublation of the Dualism of the "State-civil Society" by Marx and Hegel," in *Journal of Economics* (Chuo-University). Vol. 54, No. 3 & 4.

Shibata, Hideki. 2015. "When did Marx become a materialist?: Irony as the origin of Marx's materialism," in *Journal of Economics* (Chuo-University). Vol. 55, No. 3 & 4.

Shibata, Hideki. 2016. "The criticism of modern society and labor: One aspect of the difference between Marx and Hegel," in *Journal of Economics* (Chuo-University). Vol. 56, No. 3 & 4.

Shibata, Hideki. 2017. "Dialectical Materialism and Subject: Monism and Dialectic," in *Journal of Economics* (Chuo-University). Vol. 57, No. 3 & 4.

Shibata, Hideki. 2017. "Dialectical Materialism and Science," in *Journal of Economics* (Chuo-University). Vol. 57, No. 5 & 6.

Shibata, Hideki. 2018. ""Society" and "Species-being" in Karl Marx," in *Journal of Economics* (Chuo-University). Vol. 58, No. 3 & 4.

Shibata, Hideki. 2019. "Marx's Critique of Religion and Forms of Value," in *Journal of Economics* (Chuo-University). Vol. 60, No. 2.

　第1章から第3章までは弁証法的唯物論を学ぶ上で必須の西洋哲学史の要約となっている．第1章で古典古代と近代とを社会的統合原理の観点から，あるいは私権と国家との関係から比較し，第2章でヘーゲルの弁証法を論じるための準備としている．第3章ではヘーゲル以後の哲学思想の転換を概観したのち，実存主義を簡潔に紹介している．第4章でヘーゲルの弁証法とマルクスの弁証法の相違を特に価値形態論を例に挙げて説明し，第5章でマルクスの階級論を貨幣論との関連で論じている．階級存在論と階級意識論の違いには留意していただきたい．

　第6章から第10章は古代から近世までの経済史的発展の要点をまとめている．中世社会の成立とその変質過程を叙述し，中世と近代とをつなぐものとしての近世の意義を論じている．宗教改革や主権国家がどのように近代化を準備したのかを読み取っていただきたい．

　第11章から第15章でイギリスとドイツを中心に産業革命とその後の経済発展の過程を論じた．第16章ではこのような発展の一つの帰結としてのイギリスによる経済覇権を論じている．

　近代に入ってからは大衆社会化が一つの重要な転換点であり，特に第14章第1節でこの点についてまとめてある．大衆社会化は政治の情緒化，コーポラティズム，行政国家の肥大化などの問題をはらみ，ナチス支配の成立過程（第17章〜第19章）はそうした問題の先鋭化の実例でもある．また国民国家への期待や信仰の増大によって，冷戦期はまさしく国民国家の最盛期であると考え，冷戦の発生から終結までをドイツを題材に簡潔にまとめてみた（第20〜24章）．

　最後に，現代の覇権国家たるアメリカについて第25章で叙述した．「アメリカの覇権」などというタイトルは大いに反発を招きそうであるが，反対に根拠の薄弱なアメリカ衰退論が跋扈するなかでは，多くの資料がこれからもアメリカを中心とした世界システムが続くことを示唆していることを指摘しておくことにも意義があると考えた．

　1冊の教科書で古代から現代まで扱っているため，個々の論点についての記述はかなり簡潔になっているけれども，歴史の道筋を体系的に把握し，われわ

れが生きる現代社会がいかなるものであるかについて一定の歴史観にもとづいた理解をもっていただくためには，このような教科書にも意義があるのではないかと思う．また，筆者の専門上の都合でドイツ経済史に偏った記述になっていることはご寛如いただきたい．

　最後に，教科書を書き改める機会を与えてくださった学文社社長田中千津子女史と，編集事務を精力的にこなしてくださった学文社編集部の皆様方に深く感謝申し上げる．

　2020年1月

　　　　　　　　　　　　　　　　　　　　　　　　　　　　　筆　者

# 目　　次

# 第1章　社会的統合原理を巡って

## 第1節　ノモスとピュシス

　古代ギリシア語におけるノモス（nomos）とは，法律や慣習といった人間や社会によって決められた既存の秩序のことを指す概念であり，それに対して，ピュシス（physis）とは，自然や本性といった人間や社会における価値判断を超えた宇宙における不変の秩序のことを指す概念と言える．宇宙における普遍的な秩序を表すピュシスについては，人間がいかに論駁を試みたとしても，その不変の秩序や法則自体を覆すことはできないが，法律や道徳といった社会における既存の秩序であるノモスについては，それが過去の人間たちが作り上げた人為的で可変的な秩序である以上，それを同じ人間の力である言葉と論理の力によって改変していくことは可能と考えられる．

　紀元前5世紀後半，アテナイ市民に対する教養と弁論術の教師という立場にあったソフィストたちは，こうしたノモスとピュシスという世界における秩序のあり方の区別を前提として，自らが有する教養と弁論術という言葉と論理の力によって既存の秩序や常識，道徳のあり方に対して挑戦を試みるようになり，そうした知性と言論の用い方を人々にも教え勧めるようになっていった．

　ノモスに対してピュシスという概念を対置するようになった背景には，当時の自然哲学の影響があったことは否定できない．古代ギリシアの最初期の哲学者たちは，自然の根源にあるもの，すなわち万物の原理（アルケー）を探求した．古代の哲学者たちが，万物の始源を「水」（タレス）や「空気」（アナクシメネス）などとするとき，それらは単に経験的感覚的であったばかりではなく，

この変化してやまない生命体としての自然の多様性全体を統べている不変で恒常的な「一なるもの」でもあった.

　目に見える多様な世界は，ひと時もとどまることなく変化する「仮象」の世界であって，恒常的に永遠に存在する「真実」の世界ではありえない．そこで，多様で変化する「仮象」の世界を越えて，永遠に変わらない「真実」の世界を探求することが最初期の哲学者たちのテーマとされた.

　こうして，「感覚されたもの」（＝仮象）と「思惟されたもの」（＝真実在）を対立させる考え方が自然哲学者のあいだに広まる一方，折からの戦争や政変，他国の文化や法律に関する知見の増大といった時代状況のなかで，それまで絶対的で永遠なものとして信じて疑わなかったポリスの法や習慣や正義が人々の疑惑にさらされ，相対化されることになる.

　「ノモス」と「ピュシス」の両概念が，「仮象」と「真実」という対立概念と重なり合うことによって，それまで人々が生きていく上でのゆるぎない指針であり基準であった法や掟が，実は神や人間の「本性」（ピュシス）に由来するものではなく，むしろ「ピュシス」に対立することが明確に意識されるようになり，ピュシス的なものと考えられてきたものが次々とノモス的なものとみなされるようになる．そしてこうした事態が行き着くところまでいくと，ピュシス的なものとして人間に最後に残されるものとしては，私的な欲望や快楽とそれを実現する手段としての「力」へのあくなき追求以外になくなるのである．ソフィストとよばれる人たちは，国法や掟といったノモス的なものは人間のピュシスと一体であると考えるソクラテスやプラトンと鋭く対立することになる.

　ソクラテスが探求していたのは，人間が人間らしく生きるための知恵であった．ソクラテスの立場では，「人間らしく生きる」とは言い換えれば，その人間がすぐれた意味で人間としてその本性にかなった生き方をしている，ということである．金銭や名声や社会的地位などは，人間の欲望にかかわるものである．欲望が向かうのは自分だけの利害や快楽である．すべての人がみずからの欲望のままに行動すれば社会は成り立たず，社会的動物と定義され，社会のな

かでしか生きられない人間にとってそれは自分自身の破滅を意味する.

　「正しい行ないやその他すべて徳にもとづいておこなわれるものは, 善美なものである. そしてこの善美なるものを知っている人は, それをさしおいてほかのものを選ぶことはけっしてないが, これを知らない者はそのような善美の行ないはできない. 善美の行ないをなし得るのは, 智者だけである.」という言葉からもわかるように, ソクラテスにとって「善美なもの」とは, 諸々の徳にもとづいて行われるもので, その中でも正義の徳は筆頭におかれていると言ってよい. 人間はその本性（ピュシス）からして社会（ポリス）のなかでしか生きることができない, という人間観に立つソクラテスにとって,「正義」の徳は, いわば社会を成り立たせている背骨にあたるものだからである.

　「正義」が全ての人間を貫く普遍的な本性（ピュシス）から出てくるものではなく, 個々人や個々の国によって相違するものなら, それは社会を形成する柱とはなりえず, 最終的には,「力こそ正義だ」という結論に必然的に導かれるであろう. 国家社会を離れて人間の幸福はありえないと考えるソクラテスやプラトンにとって, そのようなソフィストの議論は, 真の人間本性の否定であり, 専制政治に道をひらくものなのである.

## 第2節　古代ギリシアの国家思想

　「社会はいかにして可能であるのか」という問いに対して古来様々な答が与えられてきた. 古代ギリシアの哲学者たちは人間を社会的動物, すなわち社会の中でしか生きられない動物と考え, また正義の徳こそがこの社会を成り立たせるものと考えていた. すなわち, 古典古代思想においては, 家族や村落などの私的利害に導かれた自然発生的な団体生活だけではなく, 国家という高次の道徳的・政治的共同体で生きる能力, すなわち人間を直接的な環境から超越させ, 道徳生活の原則を意識した社会生活を送れるようにする能力こそが, 人間をそのほかの動物あるいは野蛮人から区別する能力として高く称讃され, その観点から国家生活を人間の最高の生活と考えていた. ここで国家といわれているのはポリス（都市国家）のことであるが, 実際古典古代においては私的利害

のポリス的利害への自発的従属が，市民・兵士の決定的な指標であった．

ペリクレス：「彼らの中には，一人として，富を愛ずる未練から卑怯の振る舞いをなした者はなく，また貧窮から脱し逸楽を願う心から死をためらう者もなかった．おのれの満足よりも敵に対する報復を恋い求めた」（トゥキュディデス『戦史』）

プラトン：「けれども，彼らが自ら私有の土地や，家屋や，貨幣を所有することになる時は，彼らは国の守護者であることをやめて，家産の管理者や農夫となり，他の国民たちのために戦う味方であることをやめて，他の国民たちの敵としての主人となり，かくて憎み憎まれ，謀り謀られながら，全生涯を送ることになるであろう——外からの敵よりもずっと多くの国内の敵を，ずっと強く恐れながら」（『国家』）

アリストテレス：「なぜなら享楽は過剰によって可能であるから，彼らはかかる享楽に関係のある過剰を作り出す術を求めるからである．そうしてもし取財術によって享楽をもたらすことが出来なければ，それの出来るものを何でもかでも自然に背いた仕方で用いながら，他の原因によってそれを試みる．例えば勇気の働きは財を作ることではなくて，大胆を作ることである，また将軍術や医術の働きもそうしたものではなくて，前者のは勝利を作ることであり，後者のは健康を作ることである．しかるにある人々はこれらすべてのものを財を作る手段にする，彼らはこれを目的であるかのように考え，すべてのものはこの目的に仕えねばならぬかのように思うのである」（『政治学』）

このような理想的なポリスについてプラトンが『国家』のなかで．人間の魂のあり方に対照させて述べている．プラトンは，理想的な国家のあり方を説明するため，国民を「守護者」，「補助者」，「大衆」の3つの階層に分けた．「守護者」とは，「優秀支配者」（政治家）のことで，知を愛する者が想定されてい

る．「補助者」とは，「気概ある軍人」のことで，戦争においてひるむことなく
敵と戦い，自分が楯となって国家と国民を死守する者が想定されている．「大
衆」とは，農夫・大工・職人・商人といった一般市民のことで，「守護者」と
「補助者」を養う者が想定されている．ただし，この区分は身分社会を前提と
するものではなく，誰がどの階層に入るかは血筋ではなく，本人の資質と能力
によって決められるべきだと考えていた．また，「守護者」と「補助者」には，
「支配する権利」と「国と民を守る名誉」，そして支配や戦争に必要な食料や道
具が与えられるが，その代わり，財産や私有物を所有すること，家庭を持つこ
とは禁じられ，妻や子どもは階級に属する者全員で共有するものとされた．

　一方で，プラトンは，人間の魂を，「理性」「気概」「欲望」の3つに区分し
た．「理性」が正しく働くと「知恵」という「徳」が発現し，「気概」が正しく
働くと「勇気」という「徳」が発現し，「欲望」が正しく働くと「節制」とい
う「徳」が発現する．そして，「理性」「気概」「欲望」がそれぞれに分をわき
まえて働き，魂が調和した状態になるとき，「正義」という「徳」が発現する
と考えた．

　プラトンによれば，先に見た国家の3つの階層は，「魂の三区分」に対応し
ている．つまり，「守護者」には「理性」，「補助者」には「気概」，「大衆」に
は「欲望」がそれぞれ対応する．そして，それぞれの階層に属する者たちがそ
れぞれの魂の「徳」を発現させるとき，国家の「正義」も発現するとされたの
である．「守護者」が「理性」という「徳」を働かせて実現するべきなのは，
「善のイデア」を知るということであり，「守護者」というものは，「善のイデ
ア」を知る哲学者でなければならない．このプラトンの考え方は「哲人政治」
と呼ばれる．その一方，すべての人民が政治に参加する権限を持つ今日的意味

### 古代政治学における政体の分類

| 支配者数 | 善い政体 | 悪い政体 |
|---|---|---|
| 一人 | 君主制 | 僭主制 |
| 少数 | 貴族制 | 寡頭制 |
| 多数 | 国制 | デモクラシー |

での民主主義（デモクラシー）の古典古代政治学における評価は最低であった．

## 第3節　近代の国家思想

ソクラテスは，ソフィストの個人主義的な正義観に対して，共同体（社会）の正義（ノモス）こそ人間の本性にかなった正義（ピュシス）であるというみずからの立場から超越的に相手を批判したと言える．ソクラテスらの古典古代の哲学者たちは，伝統的なポリス観に基づいたノモスはピュシスと一体化しているという立場から，新たに登場してきた個人主義的なピュシス観に立つソフィストのノモス批判を抑え込もうとしたとのである．

これに対して，例えばホッブズ以降の経験主義者たちは人間の基本的な利害・欲求から社会・国家が形成される過程を「科学的に」解明しようとし，またスミスにいたっては国家とは独立して自立的に存在する経済の原理を問題にするようになる．

ロックの場合，古典古代の哲学者たちとは全く異なり，国家は諸個人の自然権の保護のために存在する．国家と自然権の関係が古典古代とは正反対になっているとも言える．ここでロックが取り上げている人間の自然権とは，次のようなものである．すなわち，自分の生命を維持する権利，自由の権利（人々は互いに平等であり，各人は自分の思うままに行為してもよいという権利），私的所有権（自分の生命を維持するために必要な財が確保されねばならないので，必然的に，生命の維持に必要な財を確保する権利が生ずる），処罰権（自分の生命，自由，財産などに関して不当な侵害が加えられた場合，その侵害の程度に応じた賠償，処罰を要求する権利も，当然自然権としてすべての人間に属する）などである．

ロックにとって人々が国家を形成する目的は，結局は各人の自然権の保護にある．「市民社会の目的は，各人が自分自身の事柄における裁判官であることから必然的に生じる自然状態の不都合を，公表された権威を樹立することによって避け，取り除くことである」とか，「人が自然的自由を放棄して市民社会の諸拘束を受入れる唯一つの方法は，他の人々と同意して共同社会に入り，

結び付くことによる．そしてその目的は彼らの所有物を安全に享受し，共同社会外の如何なる人々に対してもより一層大きな安全を得ることにおいて，相互に快適で安全で平和な生活をおくることにある」のである．

　ただし，人々は，それぞれ互いに自由にして平等であるから，国家の形成は各人の同意によらねばならない．「人々はすべて本性上自由で平等で独立なのであるから，如何なる人も彼自身の同意なしにこうした状態の中に置かれ，別の人の政治的権力に服従せしめられることはありえない」．ロックも社会契約を考えているのである．そして全員の同意ということは事実上不可能であるから，現実には多数決による政治社会の成立が説かれた．その場合，少数者が多数者の決定に逆らって行動すれば，社会組織はゆるみ，その機能を十分に果たし得なくなるが故に，ロックは多数者の決定が常に全体の行動を規制しなければならないという，多数決の原理を肯定している．

　スミスの古典的な労働価値説も，ロックと同様に諸個人の自然権を前提として議論が行われている．恣意的な統制によって，だれもが自らが選択する職業に従事できないことがあってはならず，スミスの理解によれば，市場が要求するのは，何物にも制約されずに労働がそれ自体で価値をもつことであった．彼の労働価値説はしたがって，長く続いた徒弟制・同職組合などの自由な労働市場の発展を規制するものに対抗するための，広範な主張の一部なのである．

　人はみな自分の労働を財産としてるが，この財産こそは他のすべての財産の根本的な基礎であるから，最も神聖で不可侵なものである．貧しい人が親からゆずられた財産は，自分の両手と技能のうちにある．そして，彼がこの力と技能とを，隣人を害することなしに，自分が適切と思う方法で用いることを妨げることは，この最も神聖な財産の侵害であることは明らかである．すなわちそれは，職人および職人を雇おうとする人々の正当な自由に対する明白な侵害である．それは，職人が適当と思う仕事に就くことを妨げるものであり，また職人を雇おうとする人々が適当と思うものを雇うことを妨げるものである．ある人が雇われるのにふさわしいかどうかの判断は，その利害に

大きい関心をもつ雇い主たちの分別にゆだねておいて間違いはない．（『国富論』）

## 第4節　法律の根拠づけ

　法秩序の正当性に対する信仰の基礎は何らかの便宜にもとづくこともあれば，何らかの究極の価値にもとづくこともある．法律の基礎付けに関しても，本章で論じられたノモスとピュシスの関係に似た論争が存在するのであり，このような議論は決して陳腐なものではない．

　近代においては当初，自然法による法秩序の正当化こそ，宗教的啓示や伝統の神聖性に対する信仰が衰微した後に残る唯一の正当化の方法と考えられた．この場合自然法とは次のような諸規範の総体を意味する．すなわち，いかなる実定法からも独立し，いかなる実定法にも勝る妥当性を持ち，その尊厳を人為的な制定に負うのではなく，逆に，実定法の拘束力そのものがそれによってはじめて正当化される，というような諸規範の総体である．つまり自然法とは，正統な立法者からの起源によってではなく，その内在的・目的論的性質によって正当とみなされる諸規範の総体に対する呼称である．自然法論者に共通しているのは，自然法はその普遍的な正しさと妥当性ゆえに実定法より高次元の規範であり，実定法の基本原理としてそれに妥当の根拠または基準を与えるものだと考えることである．したがって，自然法に反する実定法は無効という帰結になるから，自然法論は悪法批判に有効な理論根拠を提供すると考えられることもある．

　実際に通用している近代法は，自然法主義の立場によれば，その制定が自由な個人の実際の契約に由来するか，あるいは，それが合意に基づく理性的秩序の理念に一致する場合に，正当なものとみなされる．この契約理論の基本原理は，財産の獲得・処分に関する個人の自由である．この原理は家産制的・封建制的支配の下における様々な特権を排除するものであるが，他方で階級的な意味を含んでいる．契約自由の原則に基づく財産の正当化は，市民革命後の政治的支配者に対する個人の諸権利を，ブルジョアジーの利益に合致するように保

証したものでもあった.

　しかしこういう観念は，19世紀中に多方面からの攻撃に曝された．社会主義理論はもちろん，ロマン主義，近代科学の実証主義，法律家の合理主義，知的懐疑主義などによる攻撃によって，自然法の諸原理ははなはだしく不信をこうむり，法体系の根底的基盤を構成する力を失った.

　近代国家において，一般に人民大衆，また特に法実務家は，法が立法によって制定された限りにおいてその法秩序に正当性を認める．国家は，人民ないし人民によって正当な手続きを経て選出された代表の合意がなければ，人民の生活，自由，ないし財産に干渉できない．したがって，実質的意味におけるいかなる法も，立法行為を基礎としていなければならない．法実証主義と呼ばれるものである.

　究極的には立法権は人民に帰属し，その人民が自分自身で決定した法律にその人民を拘束する正当性が発生するのであるが，国家の規模が拡大することによってすべての人民の合意を形成することは困難になるので，人民が選挙によって選出した代表によって決められた法律は，人民の合意によって定められた法律とみなされることになったのである.

● 章末問題 ●
1．ノモスとピュシスの違いを説明しなさい.
2．古典古代と近代における国家の役割の違いを説明しなさい.
3．古典古代におけるデモクラシーの位置づけについて説明しなさい.

【参考文献】
［1］　プラトン（藤沢令夫訳）『国家』（上・下），岩波書店（岩波文庫），1979年
［2］　アリストテレス（山本光雄訳）『政治学』岩波書店（岩波文庫），1961年
［3］　ジョン・ロック（加藤節訳）『完訳 統治二論』岩波書店（岩波文庫），2010年
［4］　アダム・スミス（水田洋監訳）『国富論』（1〜4）岩波書店（岩波文庫），2000-2001年
［5］　森村進『法哲学講義』筑摩書房（筑摩選書），2015年
［6］　大田孝太郎「「ノモス」と「ピュシス」——古代思想から近代思想へのその展開——」『広島経済大学研究論集』第36巻第2号，2013年

# 第2章　ヘーゲルのキリスト教批判

## 第1節　キリスト教思想

　古代の哲学者たちが人間の真のピュシスを求めたのに似て，宗教も人間を越えた偉大なものを想定する．キリスト教の旧約聖書において，神は万物の創造主として，世界を無から創造し，神自身は何物にも依存せず無条件に絶対的に存在する「有るところのもの」である．

　人間も被造物の一つであるが，同時に「神の似姿」として作られており，創造者である神の意志に従い，神の栄光をあらわすように義務付けられている．神の似姿である人間にも自らの自由意思で行為し，地上のすべてのものを支配する力が神から与えられているが，人間が神の被造物であることを忘れ，自らを絶対化して神に等しいものになろうとするなら，それは神に対する罪であり，罰せられることになる．人間の幸福は自分が神の被造物であることを自覚し，神の意志に従うところにあり，『創世記』における楽園喪失の物語は，人間が神に背いて自分の意思を絶対化することが人間の諸々の不幸の原因であることを象徴するものである．

　しかし，神は罪を負って苦しむ人間を見捨てたわけではなく，その救済を約束し，この約束を成就するものとしてイエス・キリストをこの世に遣わした．神はその子イエス・キリストを通して，この世に無限の愛を示したので，人間は神の愛に応えるために自分の不完全さと弱さとを自覚し，自ら罪人としてへりくだり，イエスを救世主（キリスト）として信じることによって自己を神に委ねなければならない．神への愛は人間の第一の義務であり，それによって

人々は一体となり，イエス・キリストのもとで兄弟となる．また，神の愛はキリストが十字架上で人類の罪をあがなうことを通して示された．

　キリスト教はその弟子であるパウロらによって異教徒の間にも伝導されていったが，パウロによればキリスト教は，単なる「世の知恵」すなわち哲学ではなく，あくまで「救いの知恵」すなわち宗教でなければならなかった．キリスト教は，人間の理性的欲求を満足させる哲学的認識以上のものでなければならない．パウロは神に逆らうあらゆる思弁的認識の尊大さを戒め，十字架につけられたイエス・キリストに服従することを要求した．

　パウロ以降，キリスト教は厳しい迫害にも屈せず徐々に広まり，313年にはミラノ勅令によって信仰の自由を獲得し，395年にはローマ帝国の国教として認められることになり，これ以降多くの国家によって支配体制の支えとして活用されていくことになる．他方で，キリスト教は勢力が拡大し，組織が整えられてくるにつれ，その教義を一貫したものに組織する必要が生じ，また異教徒に対して自らの正当性を積極的に論証しなければならなくなる．そのためにギリシア哲学を援用しながら教義の確立が進められ，これに功績のあった人々は教父と呼ばれている．

## 第2節　ヘーゲルのキリスト教批判

　ヘーゲルにとって「宗教」と「政治」は，人間の生を支える「最も重要な事柄」に属する．しかしこれまで「宗教」も「政治」も，人間を人間たらしめるのに寄与してきたどころか，それとは反対に「人間に対する蔑視」を人々の心に植付け，人間の抑圧に手を貸してきた．ヘーゲルは，かかる状況の根底に，私的利害の問題を読み取る．いまや私的利益が，政治や宗教のような人間精神の普遍的な領域にまで浸透し，政治や宗教をみずからの従者とし，現代の世界に君臨している，というわけである．

　ヘーゲルにとってキリスト教は，「私的宗教」として，個々人の道徳的な完成を狙いとするものであった．しかしキリスト教徒にあっては道徳的完成は人間の力では不可能であることがそもそも前提とされている．「善をめざして，

いくら努力をしても，いくら誠実に熱望してみても，人間は道徳的になるには全く無能であるために，とうてい幸福になるに値するようにはなれない．人間がどの程度まで幸福に与ることができるかということは，神が自由に人間に与える過分な恩寵によるものなのである」．人間のかかる道徳的な無能力にもかかわらず，人間が何ほどかの幸福にあずかろうとすれば，「キリストの信仰」という「回り道」を経るほかはない．ヘーゲルによれば，かかる「回り道」を経なければならないことがキリスト教をして非人間的な宗教たらしめているのである．この「回り道」こそ，人間の本性が堕落しているため人間はいかなる善にもあずかれない，という人間に対する蔑視を大前提としているからである．

　ところで「人間の堕落」とは何を指すのであろうか．それは，人間の精神から「公共の徳」が姿を消し，私的なものに人間の関心が集中したことに由来する．私的なものが第一の関心事となる背景には，「所有」の問題が介在している．ヘーゲルが私的宗教としてのキリスト教を批判するのは，その根底に私的所有の問題を見すえていたからであると言えよう．財産（所有）の支配による人間の私人化が，人間の本性を変えてしまったというのである．そしてこうした人間精神の個別化現象こそ，ヘーゲルによれば「私的宗教」としてのキリスト教の客観的な基礎なのである．「ローマ人の公共の徳が姿を消し，外にあらわれた偉大さが衰えつつあった時代に，キリスト教が公けに，歓迎すべきものとして受け容れられたのである」．人間の自由の喪失と共に，永遠なもの，絶対的なものは人間の手の届かない彼岸へと押しやられ，人間はみずからの幸福を，現実の中ではなく天国のなかに期待するようになる．かくて神は人間に疎遠な客体となり，人間はこの無限な客体に隷属することになる．こうして神の客体化と人間の隷従化は手をたずさえて進んで行く．

　「あらゆる市民の人格と所有の安全」を守ることが第一義となることによって，一切の共同的な自由が，個人の利己心によって減殺されているこの地上の現実に対して，「神の国」という現実を超越した世界のなかで失われた自由を回復し，彼岸において本来の生に立ち帰らそうとしたのが，元来私的宗教としてのキリスト教の意図するところであった．したがってキリスト教はその起源

からして，「所有」の問題が引き起こすさまざまな現実の対立関係を飛び越えて，神の国という観念のなかで人間の共同性を回復せしめんとしたため，かえって現実のさまざまな諸関係と齟齬をきたさざるをえなかった．

　フランクフルト期になると，ヘーゲルはこのようなキリスト教の私的な性格を，イエスが説いた「愛」の宗教によって乗り越えようとするが，ここでも「愛」は市民社会の原理である「所有」を真の意味で止揚できず，愛の人イエスは，「所有」につまずいて，みずからの意図に反して対立と分裂の運命に翻弄されざるをえない．

　「愛」は，当初ヘーゲルによって，限定された関係——従って他の存在者と対立関係にあるもの——から自由なものとして構想されていた．「愛は，なんら限定するものでも限定されるものでもなく，有限なものでもない．愛は感情ではあるが，しかし個別的な感情ではない」愛は普遍的な感情として，同一の精神の間に感じられる「調和せる感情」であるがゆえに，そこには愛の主体から分離した客体的なものが入り込む余地はない．このように，愛が同じ精神を分けもつ生ける主体の間にしか成り立たないとすれば，愛は財産や所有という「死せるもの」に直面したとき，みずからこの死せるものと対立関係に入らざるをえない．それが愛にとって逃れられない運命となる．

　愛による合一は，「所有と権利」という死せる客体的なものを止揚することができないことをヘーゲルは認める．というのも愛は，死せるものを「排除」することはできても，「止揚」することはできないからである．所有という死せるものの世界においては，所有物という客体を支配する者と，その所有物から排除される者が必然的に対立する．総じて人間の所有物は，「財産という権利形態」を通じて人間の関係を対立関係に置く．したがって所有がもたらす支配－対立関係は二重のものとなる．一方では人は所有物を支配することによって，これと支配－対立関係に入ると共に，他方では物を支配することによって他者をその物から排除すると同時に，その物を通して他者を支配することができるからである．要するに所有は，所有者をして所有物（客体）と他者とに対して同時に対立関係に巻き込む当のものなのである．所有が引き起こすかかる

二重の支配‐対立関係を愛はその直接性のゆえに止揚することができない．愛は，同一の精神の間においては，分離されたものを合一する力とはなり得ても，人間と所有物・あるいは，所有に支配された人間と人間の間のような支配‐対立をその本質とする異質なものの間においては，真の和合たり得ないのである．それゆえ，イエスの愛の教えは，所有に関わる市民的生活の諸関係の全体から身を引かざるをえない運命に陥ることになる．

　ヘーゲルは，これまで「あるべき」理想に則って現実を批判してきたみずからの方法を自己批判すると共に，経験あるいは事実そのものの記述に埋没する無批判的な方法にも反対する．重要なのは，あるところのものの必然性を認識し，よってもって，あるべき現実を新たに創り出すための批判的跳躍台たらしめることである．

　いまやヘーゲルは，近代市民社会の歴史的必然性を確信するに到る．「所有と法の体系」としての市民社会を近代の運命として認識し，この運命の歴史的必然性とその内在的法則を究明することが，ヘーゲルの大きな関心の的になったことは，イエーナ期の論稿である「自然法論文」（1801年）や「人倫の体系」（1802年）などが雄弁に物語っている．市民社会の本質を把握するためには，所有と労働が創り出す「普遍的な相互依存の体系」としての政治経済学の研究がヘーゲルにとって避けて通れなくなったことは想像に難くない．事実，ヘーゲルがステュアートの経済学に関して克明な批判的ノートを書きつけたのも，ステュアートの著作の中に，それまでのヘーゲルの問題意識に応じる問題群が存在したからであった．ヘーゲルは，ステュアートの経済学を研究することによって，私的所有にもとづく近代市民社会に対する積極的な認識──それは，所有を単に死せる客体としてみなすのではなく，人間の労働の産物として捉え返すことに基づく──をますます深めることになる．人間の「下位の欲求」である利己心の問題は，若いヘーゲルの諸々の論稿のなかで，いつも消し去ることのできない不協和音を奏でていた．利己心──その根底にあるものとしての「所有」──の正体を，いまや政治経済学にたち降りて垣間みたヘーゲルには，近代市民社会を，所有と法が織りなす一つの体系として把握する可能性がみえ

てきたのである.

## 第3節　ヘーゲルの弁証法

　ヘーゲルは『フィヒテとシェリングとの哲学体系の差異』(1801年)のなかで,デカルト以来の近代のヨーロッパ文化を,精神と物体,有限と無限,自由と必然等々といった二元的な対立に刻印づけられている文化とみなし,文化が進展するのにともなって今日ではかかる対立は,「理性と感性,知性と自然,そして一般概念としては,絶対的主観性と絶対的客観性との対立という形式に移行している」とみていた.かかる近代以後の二元的文化を「反省文化」と呼んでいる.そして,かかる分裂に刻印づけられた文化がその頂点に達している,というのがヘーゲルの同時代文化に対する診断であった.

　「反省文化」に浸透している分裂や対立が最高度に達しているということは,かかる分裂を克服して「全体性」が回復される前夜でもある.「最高の生命ある全体性は,最高の分離からの自己回復によってのみ可能である」とヘーゲルは言う.かかる状況においてこそ,もろもろの対立・分裂を克服し,それを一つの生きいきとした全体性にまでまとめあげる「哲学」が要請される.

　ヘーゲルはこのような二元論的なパラダイムのなかに絡めとられるに至った当代の思想状況が出現した歴史的経緯を,『精神現象学』の序文の中で以下のように三段階にわたって描いている.

　(1)　かつて有限な人間は思想と表象を通じて,天国(無限なもの)と直接に結びついていた.有限なものと無限なもの,地上(此岸)と天上(彼岸)は,思想や信仰の糸によって結びつけられ,此岸の生と彼岸の生は直接に和らぎを得ていた.このようなかつての人々の「実体的な生」をヘーゲルは次のように美しく語っている.

　　「かつて人間は,豊かな思想と表象に飾られた天国をもっていた.存在するあらゆるものは,光の糸によってその天国につながり,この糸によって存在の意義を得ていた.人びとの眼はこの現在に停滞することなく,かの光の糸をたどって現在をこえ,神的な実在にそそがれ,いわば彼岸によ

こたわる現在にそそがれていた.」

(2)  しかし，やがてかかる美しい調和の世界は引き裂かれ，地上と天上，此岸と彼岸，有限なものと無限なものは架橋不可能なものとして相互に対立するものとなり，人びとの眼はもっぱら地上的なもの，有限なものにそそがれるにいたる.

　　「精神の眼は力づくで地上のものに向けられ，それを見つめるように仕向けられねばならなかった．──現在的なものそのものに対する注目，つまりいわゆる経験を興味あり価値あるものたらしめるためには，長い時間が必要であった.」

　　近代社会になって，人間はそれ以前の中世的な神中心の世界から脱け出し，地上的なもの，経験的なもの，現在的なもの，一言でいえば有限なものに目を向け，そこに真実のありかを求めた結果，神的なもの，彼岸的なもの，無限なものは人間の手に届かないものとして背後に押しやられしまった，というわけである.

(3)  しかるに今日では逆に，神的なもの，天上的なもの，無限なものを再び人間の手に取り戻すために，以前人びとが天上から地上にその眼差しを向け変えたときに劣らぬ努力が払われているのである.

　　「今度は人心が地上的なものにあまりにもかたく根ざしているので，ここから引き上げるのには，以前と同等の無理やりの力が必要のようである．流離人が砂漠でせめてただ一掬の水をとこがれるように，精神の英気を回復するために，神的なもの一般をかすかなりとも感じ取ろうとあこがれているかに見えるほどみすぼらしい姿をしている.」

　　それゆえ，当代の思想状況というのは，一方では，地上的なもの，経験的なもの，有限なものを絶対化し，そのなかに真理のありかを求め，神的なもの，無限なものを人間の認識の彼岸へ押しやることによって忘却の川へ流し去り（啓蒙主義），他方では，汚物にみちた有限な経験的世界を一挙に跳び越えて，神的なもの，無限なものをたぎり立つ「霊感」や「直観」によってとらえようとする（ロマン主義）.

　啓蒙主義とロマン主義の対立——両者は絶対的に対立しながらも，全体としての反省文化の分裂状況を担っているものとして相互に前提しあってもいる．かかる状況こそ『現象学』の著者にその解決をせまっている当のものなのである．

　意識はその最も直接的なものである感覚的な意識から出発し，その道程に宿駅として設けられている意識のさまざまな形態を経巡ることによって，その目的地である普遍的・絶対的な意識（絶対知）へと一歩一歩近づいていく，その過程を叙述するのが，周知のように「意識の経験の学」としての『精神現象学』である．

　この意識の発展過程の一例として『現象学』の冒頭章の「感覚的確信」についてみてみよう．

　感覚的確信において，「この私」が「このもの」を直接無媒介に知っていると私念し，思い込んでいる．この意識は，自分の眼前にある対象たる「このもの」をとらえていると思い込んでいるが，この意識が自らの確信を言語によって表現するとき，自らの私念とは異なる「普遍的なもの」を言い表すことになる．

　感覚的意識が発する「このもの」という言葉で規定される直接的で個別的存在は，この意識が思い込んでいるような直接的無媒介な個別的存在ではありえず，他の「このもの」によって媒介された普遍的な存在であることが明らかになる．

　「このもの」，例えば「この机」は，「この本箱」の横にあり，「この椅子」の前にあり，「この部屋」のなかにある等々，というように，他の諸々の「このもの」の媒介において存立している．「この机」は，他のもろもろの「このもの」との関連において初めて，「この机」として感覚しうるのである．すなわち，他の諸々の「このもの」の媒介がなければ，「この机」の感覚そのものが崩れてしまうのである．

　言語はこの事実を端的に表現している．なぜなら，「このもの」という言葉は，眼前のこの個別的なものを言い表すばかりではなく，他の諸々の「このも

の」をも言い表すことによって,「このもの」を普遍的な連関の中に置くから
である. かくて感覚的意識が規定する「このもの」は, 私念され思い込まれた
「このもの」から出発して, 諸々の「このもの」を介して, 普遍的な「このも
の」に至る媒介運動なのである.

　かかる対象(「このもの」)の媒介運動は,「この私」の知のはたらきでもあ
る. 感覚的確信は, 最初, 自分の前にある「このもの」という対象を, 自分と
は独立したある自立的な存在として受け取る. この意識自身の知は, 対象無く
しては存立しえないがゆえに, 自分を, 対象に依存する非自立的な意識である
とみなし, 他方, 対象は意識に依存することのない無媒介で自存的な存在とし
て定立される.

　しかしながらこのような感覚的意識の確信は, 思い込みに過ぎず, 対象
(「このもの」)が辿る個別から普遍への運動は, 対象自体がそうしたものであ
るからではなく, 私の知の運動の成果なのである.

　「確信の真理は, 私の対象としての対象のうちに, すなわち私念のうちにあ
り, 対象は私がこれについて知るから存在するのである」. かくて対象(「この
もの」)と自我(「この私」)との対立を固定する自然的意識(=感覚的意識)
の直接的なあり方が否定され, 自立的で無媒介な存在であると思いこまれてい
た対象は, 自我に依存し媒介されたものとして, 他方, 対象に依存していると
私念された非自立的な自我は対象の真理として, すなわち対象を対象たらしめ
る主体として, 証示されるのである.

　かくて最初, 自己(自我)と対象とを無媒介で対立したものと思い込んでい
た反省意識(=感覚的確信)は, 自らの知のはたらきを通じて, 自己も対象も
それぞれ媒介された普遍的なものとして受け取ることになり, こうして自己
(自我)は対象の真理として生成する.

　感覚的確信の対象である「このもの」が, 普遍的なものとしての「物」一般
として受け取られると, 周知のように, それは,「知覚」の対象となる.

　ヘーゲルにおいては, 感覚から知覚, さらに悟性へと高まる意識の運動は,
個別的なものから, 規定を媒介として, 普遍的なものへと上向する運動である

と同時に，抽象的な普遍者から規定を媒介として個別へ至る運動でもある．さらに，対象の概念規定の運動は，実は自我（＝意識）の運動であり，ヘーゲルにおいては主体＝概念＝媒介という関係が成立し，最終的に媒介の総体を自覚した「絶対精神」としての自己が生成することになる．

●章末問題●

1．ヘーゲルのいう「人間の堕落」を説明しなさい．
2．ヘーゲルのいう「反省文化」を説明しなさい．
3．ヘーゲルの弁証法が「意識内容の弁証法」である理由を説明しなさい．

【参考文献】
［1］　ヘーゲル（樫山欽四郎訳）『精神現象学』（上）（下），平凡社，1997年
［2］　ヘーゲル（伴博訳）『キリスト教の精神とその運命』平凡社，1997年
［3］　ヘーゲル（山口祐弘・山田忠彰・星野勉訳）『理性の復権—フィヒテとシェリングの哲学体系の差異』批評社，1994年
［4］　大田孝太郎『ヘーゲルの媒介思想』渓水社，2018年

---

# 第3章　実存主義

## 第1節　人間の歴史性・現実性

　ヘーゲルにおいて，主観が絶対精神として規定され，古典古代以来の哲学の問いにあらためて一つの答えが与えられたのであるが，ヘーゲル以後のドイツ観念論の崩壊のなかでこの答えが再び批判に曝されるようになる．哲学が求めてきた最高の存在者をヘーゲルが絶対精神と規定したことは，人間精神こそ自己自身が究極の説明原理であることを自ら認識すべきであることを明らかにしたのであるが，他方で，人間という概念そのものが相対化され，人間の本質そのものが，歴史のなかで変転するものとして受け取られるようになり，文化のすべての形態は歴史的に変転しうる人間の本質にともなって相対的なものであるという確信（歴史主義）が強められることになった．

　デカルトの提唱した自律的理性主観としての人間という思想は，中世世界の崩落のあとで，人間に一つの支えを与えることになった．このような態度の特徴は，人間を宇宙・神・仲間・すべての事物と結び合わせるものが，理性のみとなるということである．人間は何よりも個別的な自我主観であり，自己の内面にある理性の光のみを，唯一の欺くことのない手引きとして持ち，これによって「外界」の確実な認識への道を開き進むことが出来る．人間は中世的世界秩序崩壊後に新しい人間的現実存在の新しい地盤を得たのであるが，それは人間の権力の未曾有の高揚であると同時に，人間の最高の孤独化を合わせ意味したのであり，この孤独化を止揚しようとするする試みは近代を通じて繰り返され，ヘーゲルにおいてその頂点に達したともいえるが，その際にも人間の本

質規定を主観性とする根本思想は放棄されなかった.

　自我が出発点として固執されている限り，そしてすべての事実的なものが意識の構成的作用に還元されると説くことは，構成的分析のあらゆる可能性が既に出発点の歴史的事実性によって始めから限界づけられていて，主観はこの歴史的地平そのものを自分の能動的な意識作用の所産として把握することが出来ないという事実と矛盾することになる. フッサールも晩年の『ヨーロッパ科学の危機と超越的現象学』では，科学と科学的世界解釈という事実に規定された歴史的地平に住まうヨーロッパ人の歴史的状況の研究に集中し，人間とその意識一般の普遍的本性ではなく，この歴史的状況のなかにおける人間が彼の根本の関心事であることを示した.

　本章で扱うのは，この主観性の哲学を克服し，デカルト以降の哲学を支配してきた近代哲学の根本的態度を克服しようとする試みの一つである.

## 第2節　ハイデガーの人間理解と科学批判

　ハイデガーは近代の合理化あるいは科学の発展についての批判的見解を持っており，また人間理性の検証を受けた知，理論的な知，すなわち古典古代のアテネの哲学者たちにこの種の問題の起源があると考えている.

　ギリシア本来の意味でのテオーリアの概念，すなわち中立的・不偏不党の公平な観察，あるいは「どこでもない場からの視点」は，好ましいもののようにも見えるが，理論的であろうとする姿勢が，本来はもう一つ別の了解の様態から立ち上がっているにも関わらず，その様態を否定しにかかる点にハイデガーは注目した. そして，この古代ギリシア以来の傾向の発展の先にあるものとして現代の科学をとらえ，その一面性を批判したのであった. 無時間的な視点，どこからのでもない視点を求める伝統的な形而上学的傾向とは違って，ハイデガーは，西洋の思想に深く根を下ろす人間中心主義を追究し，人間の有限性・歴史性を受け入れることに立脚しようとする.

　ハイデガーは，テオーリアの根底にある，すべてのものが我々に隠れなく現われる地平を問題にし，この地平自体がこれまでいかに変化してきたのか，そ

れがいかに歴史的であるのかを考える（「存在の歴史」）. これはふつう我々にとって自明とされていることをあらためて問うことであるが，ある特定の存在理解は，誰にも気づかれることなくやって来て，しかもすべてのなかに浸透し西洋思想全体を，「常識」を方向付けてきた.

　古典古代の哲学者以来，西洋思想は，宇宙や人生についての無時間的で無条件の真理であるべき知へとかりたてられてきたが，そのような理論的な知，知の理想に合致し，その理想を正当化するために，宇宙や世界は一定の仕方でとらえられなければならない. 事物や存在に関するこのような姿勢は，何が普遍的に真実であると解しうるか，何が知性による把握の対象として存続し現前していると解しうるのかという観点から，それらを問うことになる. しかし，それは，あくまで真実であろうと想定される世界，精神によってのみ知覚しうる世界であり，我々が生きる感覚や情念，利害の世界に比べてあまり直接的ではない世界である.

　現象の背後にある不変の本質と真実の領域に到達しようとするとき，その動きは必然的に，このような時間を超越した態度の担い手になりうるのは人間理性であるということになる. ハイデガーは，これが我々の倫理・実存の歴史的な性格を否定する可能性があることを問題視するのである.


　ソクラテスやプラトン以来，哲学者や科学者たちは，何かあるものについて合理的な根拠のある知識を持つというのは，そういったものの根底にある原理を透明で首尾一貫した形で定式化することだと考えてきた. 合理的な探求は公理的な体系の形を取る必要があり，問題はまず基本的要素へと分析され，人間の持つ知識はすべて第一原理から演繹されることが望ましい. したがって，真に実在的であると言えるのは，我々が知性と数学的確実性でもって知りうるものだけだと考えられることになり，哲学はその種の根拠を与える試みとみなされるようになる.

　しかし，ハイデガーはここで，我々が事物や人間相互について日々持っている通常の理解，当たり前の理解に立ち帰る. これまで自明視されてきた伝統的

考えによれば，世界を理解し，そのなかで我々が巧みに活動できるのは，我々が世界についての有効な内的モデル（理論）を持っていて，そのモデルを一つのコンテクストから別のコンテクストへ容易に移すことができるからである．何かを理解するとは，その理解される対象について，何らかの理論をもつことであり，人間のあらゆる営みは何らかの形で一種の認識である．このような根本的想定が我々の世界理解には潜んでいるのである．

　しかし，ハイデガーによれば，我々が世界とかかわる能力というのは，世界について我々が内に持つモデルや理論を外に対して応用することであるとは限らない．人間の理解の多くは，漠然として主題化されないままに他の人たちと共有している存在様態に依存しており，例えば休暇が何であるかを認識するには，労働の意味するところを漠然と知っていなければならない．休暇が必要であることや，疲れを感じるということも，同様である．そこに，何か「休暇」という概念についての理論が含まれているというのではなく，具体的な人の世，その限界や疲れやすさに対する感情移入が含まれているというのだ．この種の感情は理論などというものではない．

　人間存在は，巨大な広がりを持った，本質的に定式化しえないコンテクスト的な知を備えている．ハイデガーによれば，それは「すべてに先立つ一つの親しさという背景」であり，「この独特の親しさは，意識されることも，そもそも思念されたりすることすらなく，むしろこのように目立たない形で現前している」．ごく単純な類の仕事や発言に際しても，我々には「世界」感覚が付きまとう．「世界」は，ハイデガーの思索の重要な術語の一つであり，気づかないままに前提されている親しみや了解の場，空間などを意味する．我々の身の回りのものはすべてそのなかで姿を現し，我々にとって存在しているのである．個々の事物や人々，歴史，文書，建物，計画などが，互いに意味と前提，含意の地平を共有し，その中で共存しているのであるが，それが成り立つための基本的な了解，そのようなものが「世界」である．


　人間は，本質的に歴史的な存在である．「現存在の本質は，その実存にある」

という，ハイデガーの言葉が意味することは，我々の生は，無時間的にあらかじめ与えられた何か人間の本質のようなものを表現しているのではないということである．我々は，気がつけば様々な日常的な経験や行為のなかにいる．我々は，本質的にそういった日常の経験や行為を構成する様々な営み，想定，先入見，習慣，伝統などの結ぼれなのである．しかし，気がつけば私たちの経験が営まれているその「世界」というのは，何か固定したものではない．根本的な態度や想定は変化する．計算や予測がつかないような形で変わってゆく．これが，ハイデガーの中心概念「存在の歴史」の要点である．

　ここでの「歴史」Geschichte という言葉は「存在」Sein という言葉ともども，ハイデガー特有のものである．ドイツ語で歴史を表す言葉としては Historie と Geschichte の二つがあるが，ハイデガーはこのことを利用する．Historie としての歴史は単なる年代記，今では済んでしまって片が付いた明確な現実を順繰りに展開してゆくことを意味する．これに対して Geschichte としての歴史は，よく，ある出来事や決定が「歴史的」であるというが，そのような場合の「歴史」である．それらの出来事や決定は事態を大きく変容させてしまうことがあり，我々はその決定によって開かれた空間のなかに今なお生きていたりする．

　ハイデガーの存在の歴史のなかでは，世界の根本的な意味，すなわち「真理の本質」に変化が現れるという点で，おそらく三つの出来事だけが真に「歴史的」といえる．

　第一の転換は，ギリシア語からローマのラテン語への翻訳である．ギリシア人はまだ，根源的な存在との関わりのなかで生きており，人間の思考こそ唯一の権威であって，他の事物はこの権威の前に申し開きする必要があるなどとは考えなかった．反省に先立つこの存在の経験は，古典期のギリシア哲学において明確な形で考えられたわけではない．しかし，それらの思索は，この主題化されることのない経験を拠り所として紡がれたのであった．ところがギリシア語の術語がラテン語に翻訳されることによって，ギリシア人のこの思考特徴は失われ，世界の別の様態が幅を利かせることになる．

　存在の歴史における第二の決定的な転換は，ローマ的な特質が中世キリスト教のなかに根を下ろし変容していったことである．キリスト教によって，西洋思想の製作主義的な基盤に目的論的な傾向が付け加わることになる．神は偉大な作り手，「製作因」と見なされ，自然はもはやピュシス，隠れなさの開けではなく，神の創造行為の所産ということになる．これら「創造」や「創造主」といった概念からは，製作的な思考に深く根ざす人間中心的な傾向がうかがえる．

　第三の転換が，17世紀における近代形而上学，科学の登場である．ここでは真理の追究に際し常に方法の問題が優越し，自然もできる限り数学化しようという傾向が出てくる．この隠れなさの様態からすれば，存在も，単に，人間が自分の確実性を確保するために自らの知と技術で支配すべき対象の総体としか映らなくなる．

　ハイデガーによれば，問題は，ただ単に，もっぱら対象的世界を表象するのを旨とする科学に関わるだけではなく，存在するものに対する姿勢全般に関わる．近代は，表象の確実性，予見性，さらにはこれに基づいて，自然支配に向けて舵を切る決定を行ったのだった．この結果，自然もそれに呼応して，活用したり搾取したりすることのできる対象の総体との観を呈することになる．理由律の呼びかけに呼応するとは，「理由を挙げる」こと，原因による結果を説明し，根拠を述べ，正当性について弁明し，原理や法則に基づいて説明することを意味するようになる．

## 第3節　サルトルの主体論

　ハイデガーは人間存在の歴史性を強調し，人間の固定的な本質の存在を否定したが，同様にサルトルは自我と世界との同質性を主張する．サルトルは自我を「意識や行為をつかさどる主体としての私」とはみなさないで，反対に自我を世界と併存するものとし，主客二元論を克服していくことになる．

　《自我》が《世界》と同時的なものとなり，純粋に論理的なものにすぎぬ主

観＝客観の二元性が哲学的関心事から決定的に消滅すればそれで十分なのだ．《世界》が《自我》を創造したのでもなければ，《自我》が《世界》を創造したのでもない．それらは，絶対的・非人称的な意識にとっての二つの対象であり，意識を介してこそ，それらは結び合うのである．この絶対的意識は，それが《我れ》から純化されているとき，もはや主体といったものを何も持たないし，それはまた，諸表象の集合でもない」（『自我の超越・情動論素描』）

サルトルはこのような意識把握をフッサール現象学に学んでいる．現象学的還元によって取り出される〈意識の志向性〉，つまり意識とは，自我や自己といった何らかの実態ではなく，「……の意識」という姿でしか存在しえないものであって，純粋な作用でしかない．このような意識をサルトルは「絶対的・非人称的な意識」と呼んだのである．このような意識を掘り下げても何も得るものはないのであるが，そのことについて『実存主義はヒューマニズムである』において次のように論じている．

私の代表する無神論的実存主義はいっそう論旨が一貫している．たとえ神が存在しなくても，実存が本質に先立つところの存在，何らかの概念によって定義されうる以前に実存している存在が一つある．その存在はすなわち人間，ハイデッガーのいう人間的現実である，と無神論的実存主義は宣言するのである．実存が本質に先立つとは，この場合何を意味するのか．それは，人間はまず先に実存し，世界内で出会われ，世界内に不意に姿をあらわし，その後で定義されるものだということを意味するのである．実存主義者の考える人間が定義不可能であるのは，人間は最初は何ものでもないからである．人間は後になってはじめて人間になるのであり，人間は自らが造ったところのものになるのである．このように人間の本質は存在しない．その本性を考える神が存在しないからである．人間は，自らそう考えるところのものであるのみならず，自ら望むところのものであり，実存して後に自ら考えるところ

のもの，実存への飛躍の後に自ら望むところのもの，であるにすぎない．人間は自らつくるところのもの以外の何物でもない．以上が実存主義の第一の原理なのである．

　サルトルは抽象的な人間の本質の存在を否定する．そのような本質の存在を肯定することから当然に主客二元論が帰結するのである．サルトルにとって人間の本質とは状況の乗り越えであり，乗り越えによる人間の自己形成あるいは投企である．

　人間はまず，未来に向かって自らを投げるものであり，未来のなかに自らを投企する（projet）ことを意識するものである．人間は腐蝕物やカリフラワーではなく，まず第一に，主体的に自らを生きる投企なのである．この投企に先立っては何ものも存在しない．何ものも明瞭な神意のなかに存在してはいない．人間は何よりも先に，自らかくあろうとした投企したところのものになるのである．自らかくあろうと意志したもの，ではない．というのは，我々がふつう意志といっているのは，意識的な決定であり，これは我々の大部分にとっては，自らが造ったところのものの後に来るからである．私はある党派に加入し，書物を書き，結婚することを意志しうる．しかし，それらは全て，いわゆる意志よりもいっそう根源的ないっそう自発的なある選択のあらわれに他ならないのである．しかし，もしはたして実存が本質に先立つものとすれば，人間は自らあるところのものに対して責任がある．

　投企は他方で人間と自然との根源的な対立を前提とする．人間が自由だということは，人間外の自然界との間で，人間が根源的な矛盾に陥っていることを意味する．本来自然は，我々人間から自然本能を奪ったのだから，いわば自然界から我々を放逐したのである．したがって，それ以降の人間の生活は，自然との闘争である．
　我々は，どれほど文明・文化が発達しようと労働しなければ生きていくこと

はできない．人間は，自然必然的な存在ではなく，偶然的な存在なのであり，反自然的な存在なのである．自然と闘いながら生きていく行為が人間社会の根底なのである．

ドストエフスキーは，「もし神が存在しないとしたら，全てが許されるだろう」と書いたが，それこそ実存主義の出発点である．いかにも，もし神が存在しないなら全てが許される．したがって，人間は孤独である．なぜなら，人間はすがりつくべき可能性を自分の中にも自分の外にも見出し得ないからである．人間はまず逃げ口上をみつけることができない．もし果たして実存が本質に先立つものとすれば，ある与えられ固定された人間性を頼りに説明することは決してできないだろう．いいかえれば，決定論は存在しない．人間は自由である．人間は自由そのものである．もし一方において神が存在しないとすれば，我々は自分の行いを正当化する価値や命令を眼前に見出すことはできない．こうして我々は，我々の背後にもまた前方にも，明白な価値の領域に，正当化のための理由も逃げ口上も持ってはいないのである．我々は逃げ口上もなく孤独である．このことを私は，人間は自由の刑に処せられていると表現したい．刑に処せられているというのは，人間は自分自身を作ったのではないからであり，しかも一面において自由であるのは，ひとたび世界の中に投げ出されたからには，人間は自分のなすこと一切について責任があるからである．

人間はたえず自分自身の外にあり，人間が人間を存在せしめるのは，自分自身を投企し，自分を自分の外に失うことによってである．また一面，人間が存在しうるのは超越的目的を追求することによってである．人間はこの乗り越えであり，この乗り越えに関連してのみ対象を捉えるのであるから，この乗り越えの真中，核心にある．人間的世界，人間的主体性の世界以外に世界はない．人間を形成するものとしての超越と，人間は彼自身の中に閉ざされているのではなく，人間的世界の中に常に現存しているという意味での主体

性と，この二つのものの結合こそ，我々が実存主義的ヒューマニズムと呼ぶ
ものなのである．


●章末問題●
1．ハイデガーの Geschichte とは何か．
2．サルトルの絶対的非人称的意識を説明しなさい．
3．ヘーゲルまでの哲学と実存主義との相違について説明しなさい．

【参考文献】
［1］　ハイデガー『存在と時間』上＆下，細谷貞雄訳，筑摩書房（ちくま学芸文庫），
　　　1994年
［2］　ラントグレーベ『現代の哲学』細谷貞雄訳，理想社，1978年
［3］　サルトル『実存主義とは何か』伊吹武彦訳，人文書院，1996年

## 第4章　価値形態論と宗教批判

### 第1節　ヘーゲルの弁証法とマルクスの弁証法の相違

　マルクスはヘーゲル弁証法の逆立ちについてしばしば論じているが，例えば『資本論』第1巻第2版後記では次のように述べられている．

　私の弁証法的方法は，根本的にヘーゲルのものとは違っているだけではなく，それとは正反対のものである．ヘーゲルにとっては，彼が理念という名のもとに一つの独立的な主体にさえ転化させている思考活動が現実的なものの創造者なのであって，現実的なものはただその外的現象をなしているだけなのである．私にあっては，これとは反対に，観念的なものは，物質的なものが人間の頭の中で転換され翻訳されたものに他ならないのである．……ヘーゲル弁証法の神秘的な面を私は30年ほど前に……批判した．

　また，これと近い時期に書かれた『経済学批判序説』では次のように言われている．

　具体的なものは，それが多数の諸規定の総括であり，したがって多様なものの統一であるからこそ具体的である．それゆえに具体的なものは，それが現実の出発点であり，したがってまた直観と表象との出発点であるにもかかわらず，思考においては総括の過程として，結果として現れるのであって，出発点としては現れない．第一の道では，完全な表象が蒸発させられて抽象的

規定となったのだが，第二の道では，抽象的諸規定が思考の道をへて具体的なものの再生産に向かっていく．それゆえヘーゲルは，実在的なものを，自己を自己のうちに深化してゆき，そして自己自身から発して運動する思考の結果として把握するという幻想に陥ったのであるが，しかし抽象的なものから具体的なものへ上向する方法は，具体的なものを自己のものとし，それを一つの精神的に具体的なものとして再生産するための，ただ思考にとっての方式であるにすぎない．しかしそれは，具体的なものそれ自体の成立過程では決してないのである．

マルクスが問題視したのはヘーゲルの「実在的なものを，自己を自己のうちに深化してゆき，そして自己自身から発して運動する思考の結果として把握する」方法であり，この思考こそが『資本論』の引用にもあった「一つの独立した主体」としての理念であるが，この点をさらに詳細に展開したのが「30年前」の『ヘーゲル国法論批判草稿』であり，さらに『経済学・哲学草稿』の第三草稿「ヘーゲル哲学ならびに哲学一般の批判」である．

『ヘーゲル国法論批判草稿』におけるマルクスのヘーゲル批判を簡単にのべるなら，〈欲求の体系〉，〈全面的依存性の体系〉を基盤として，ヘーゲルの社会哲学は〈家族 - 市民社会 - 国家〉として編成され，〈近代の超克〉は国家においてなされるべく図られんとしたが，この編成様式にこそヘーゲルの矛盾と洞察の深さが集中されている．つまりヘーゲルにおいては，家族→市民社会→国家と順次その矛盾が展開され止揚されることになってはいても，その止揚は，現実の〈国家 - 家族市民社会〉の二重化の矛盾を残存させたままでの，理念としての，そして結局はヘーゲルの意識のなかでの矛盾の止揚なのである．

これに対して，マルクスは「国家」と「市民社会」との分離を近代社会に特有の歴史的事実として把握し，しかも無媒介的な分離というのではなく，国家と市民社会とが相関関係を保ちながら分離している点を強調する．すなわちいわゆる市民革命は「共同体からの人民の分離の表現であった一切の身分，職業団体，同職組合，特権を粉砕」することによって，「市民社会の政治的性格を

揚棄した」．つまり政治的革命は，一方では「市民社会をその単純な構成部分，個々人」および「これらの個々人の生活内容である市民的状況を形成する物質的および精神的要素に粉砕し」，他方では「いわば封建社会の様々な袋小路のなかへ分割され分散していた政治的精神を釈放」して，「散逸状態から寄せ集め，……それを共同体の領域として，すなわち市民社会のあの特殊な諸要素から観念的に独立した普遍的な人民的事項の領域として確立したのである」．

　こうして中世には特殊な身分の特殊な職務であった国家政治は，普遍的な事項となった．しかし，市民社会がその「利己的な精神を縛りつけていた絆」，すなわち「政治的な軛」をかなぐり捨てた結果は，事実上封建社会の「基礎となっていたままの人間，利己的な人間」への社会の解消であった．このように「政治的革命は，市民生活をその構成部分に解消するが，これらの構成部分そのものを革命し批判することはしない．それは，市民社会，すなわち欲望と労働と私利と私権の世界を，自分の存立の基礎，それ以上基礎づけられない前提，したがって自分の自然の土台としてそれに臨む」だけなのである．こうして「国家の観念主義の完成は，同時に，市民社会の物質主義の完成」となる．そして，政治的世界を市民社会から切離さなければならない点に，近代社会の限界を見出し，この分離を産み出す機構を「市民社会」の経済機構のなかに求めて行くことになるのである．

　ヘーゲルの弁証法が現実的で具体的なものを，論理自体の添え物にしてしまい，もっぱら自己意識の中で展開されるのに対して，マルクスにおける弁証法は，世界と人間との間で，あるいは人間と他者としての人間との間で起こる具体的な過程であり，その中で意識は弁証法的過程の媒介者として，意識作用として機能するものである．この点でマルクスの意識はサルトルの「絶対的・非人称的な意識」と同様のものである．

　このことは既に旧ソ連のミハイル・バフチンや映画監督エイゼンシュテインらによっても理解されていたところであり，ここでとりあえず，芸術における観念の弁証法的形成過程を論じたエイゼンシュテインの『モンタージュ』の一節を引用しておきたい．ここでは，古代インド人の細密画を題材としたマヤコ

## ヴィシュヌ神を運ぶ天女たち

出典：イヴァノフ・ロートマン他（桑野隆編訳）（1984）『ロシア・アヴァンギャルドを読む』勁草書房，195頁

フスキーの詩作を利用して，その細密画の表現するイメージを解明しながら芸術における観念の形成過程が論じられている．

　「そのときにわれわれの関心を惹く〈瞬間〉となるのは意識の形成過程からすれば一般化や概念が個々のケースの対象性からまだ完全には〈分離しえず〉にいる，まさにそのような瞬間であろう．それは，一般化された，たとえば〈運び〉といった概念が，もっともなじみの〈運搬者〉という観念からまだ分離しえずにあるときである．ちょうどこの動作に関するそのようなケースが，はるか昔のインドの，はなはだ興味深いひとつの細密画のなかに記録されている．……この場合には，一般化を行なう構成上の輪郭は一般化された動的な図式となってあらわれるのではなく半抽象的な描写の要素を保っているであろう，と予想せざるをえない．実際，この細密画では，これ以上望むべくもないほどにまで判然と，そのようになっている．この細密画は，ヴィシュヌ神を運んでゆく天女の群を描いている．座している男の像を運んでゆく娘たちが描かれている．動作はまったく正確に描かれている．しかし作者には，この表現力だけでは不足である．かれは，娘たちがヴィシュヌを運んでいるという観念を，あ

ますところなく完ぺきに伝えたいとおもっている．……

　われわれは，対象の描写以外に，さらに構成的要素——ことに輪郭——が，おなじ内容——ただしその内容に関してもっとも一般化されたかたちで示された内容——をくりかえすよう強いてきた．われわれは，直接的な描写の枠外の，描写対象の構成的配置の領域へと一般化を引き出した．ここでとりあげているインドのひともおなじことをしているのである．だがかれは，よりのちの発達段階でなされるであろうようなことに限定してはいない．かれは，ある者たちが別の者を運んでいるという〈観念〉を，対象間の戯れや，マッスのバランスや，輪郭への緊張の分配に詰めたりはしない．また，人物像の動作の内容をまねてくりかえすことにより，空間の表現力豊かな区分けのなかに〈観念〉を詰めこんだりはしない．かれはちがったやり方をしている．かれは，王を運ぶことが象に乗ることと関連していることを知っている．インドの王侯や支配者たちは祝典のさいに，象に乗って民衆のなかを進みゆくのである．そして，祝典の運びという観念が，この作者においては，象，つまり祝典で王侯を運ぶ者と不可分にむすびついている．しかしこの場合に神を運んでいるのは，娘たちであって，象ではない！　あと何をしなければならないであろうか．運んでいる娘たちの描写と，象が〈運ぶというイメージ〉をいかにして同時に結合させるべきであろうか．この巨匠は，出口を見いだしている！　娘たちとそのなびく衣裳が集まっている輪郭に目をやるがいい．これらすべての像とディテールは，象の……シルエット，要図と一致した輪郭にそって集められている．この驚くべき，類まれな例は，一般化が具体的な描写のレベルの前提からいかにできあがっているかを，われわれにあざやかに示している．まだ浄化されていないかたちにおいてすら一般化が構成的機能を引き受けているのである．われわれは検討の過程で一度，たんなる運びでは，なく王の運びであるといった．ここにとりあげている例は二重に読みとることができるようにおもわれる．本質的にあらゆる言葉がそうであるところの第一次の単純な転義のケースとしてと，隠喩的特徴付けのケースとしてである．つまり，運んでいることを示すほかに，さらに運ぶこと自体の観念をも表現しようとした希望として，象の輪郭を解釈

するのである．あるいは王を運ぶことという観念を表現しようとした希望とし
て，象の輪郭を解釈するのである．考察は双方のケースに適している．後者を
支持するならば，われわれは考察の地平を容易にいっそう広げることになる．
いま一度強調しておくが，このタイプの一般化は芸術的タイプの一般化，つま
り芸術的，情緒的に彩られうる一般化である．構成をとおして描写に適用する
あれこれの一般化が，描かれている事象にわれわれがそえたいと願っている音
調で描写をひびかせるのである．……観念となっていたのは，〈運び〉である．
イメージとなっていたのは，王を運ぶことである．手段となっていたのは，象
の〈隠喩〉である」（イヴァノフ他（1984）194〜197頁）

## 第2節　商品の物神性と宗教批判

　貨幣が富であるという認識に通常我々は何の疑問も抱かない．実際，貨幣が
多ければ多いほどより多くの財・サービスを利用できる．しかし，一国にとっ
て貨幣が多いほどその国は豊かであるといえるのであろうか．

　ニクソン゠ショックによるドルの金との交換停止以降，アメリカはドルの発
行量に対する金準備の制約を完全に廃止し，本来自国の対外的な負債でもある
はずのドル銀行券を多くの国々に外貨準備として保有させ，あるいは財務省証
券を積極的に購入させ，かえって外国におけるドルの流動性を向上させること
に成功し，またアメリカ資本の海外進出を容易にもしたのであった．金が貨幣
の価値の裏付けになっているという常識は怪しいものなのである．

　19世紀前半には産業革命を完了し世界の工場と呼ばれたイギリスは，やがて
後発資本主義国のドイツやアメリカに追いつかれると，今度はその世界貿易に
おける枢要な地位を活かして国際的な決済の中心となり，ポンドが国際基軸通
貨として君臨することになった．しかし第一次世界大戦で欧州各国は経済が疲
弊し逆にアメリカが戦争特需で経済が急成長したため，基軸通貨が機能面で英
ポンドから米ドルへ移り，第二次世界大戦後はアメリカがIMF体制の下で各
国中央銀行に対して米ドルの金兌換を約束したこと及びアメリカの経済力を背
景に米ドルが名実共に基軸通貨となった．このように，国際的には通貨間の競

争関係が存在し，このこと自体，貨幣そのものに価値が内在するという思い込みを否定する証拠となる．

　ではそれにもかかわらず，貨幣が価値物，価値の具現化・象徴と見える（物神性）のはなぜなのか．

　マルクスが物神性的世界の始元たる商品神を詳細に論じたのは『資本論』第1巻の商品論末尾，第4節「商品の物神的性格とその秘密」においてである．この節の冒頭でマルクスは商品の物神的性格を規定して，「一つの商品は，見たばかりでは，自明的な平凡な物であるように見える．これを分析してみると，商品は極めて気難しいものであって，形而上学的小理屈と神学的偏屈に満ちたものであることが分かる」．ところが例えば机という「商品を使用価値としてみる限り……机が木であり，ふつうの感覚的なものであることに変わりない．しかしながら，机が商品として現れるとなると，感覚的にして超感覚的な物に転化する．机はもはやその脚で床の上に立つのみではなく，他のすべての商品に対して頭で立つ」，と述べている．

　ここでマルクスは，商品が使用価値である限りでは「少しの神秘的なところもない」とし，商品が商品として把握される限りで，感覚的にして超感覚的な物として現れるとしているのだが，商品は使用価値と価値との統一体なのであるから，使用価値に神秘性が由来せぬ限りは，価値にこそ商品の物神性＝物象化の根拠が存することになる．

　そして，「労働生産物が，商品形態をとるや否や生ずるその謎に満ちた性質はどこから発生するのか．明らかにこの形態自身からである」と述べ，マルクスは商品の物神性発生の根拠を商品形態に求めたのであった．マルクスは「人間自身の特定の社会関係」が，人間の目には「物の関係という幻影的形態」をとって現れるという商品形態に特有のこの「取り違え Quidproquo」を物神礼拝 Fetischismus と名付けるに至る．さらに，この物神礼拝に類似した世界を見たければ，「人間の頭脳の生産物が，それ自身の生命を与えられて，相互の間でまた人間との間であい関係する独立の姿に見える」宗教的世界の夢幻境に行けばよいとする．つまり天上の神が「人間の頭脳の産物」の自立化・独立化

であり，また人間を支配するものになっているのと類似して，地上の神である
商品神においては，「人間の手の産物」が自立化・独立化し，人間を支配して
いるということである．宗教的世界と比較されることで，我々が日常的に慣れ
親しんでいる商品経済の世界の有する宗教的構造が眼前に浮かんで来るのであ
る．

## 第3節　価値形態論

　さて，資本主義における生産と労働の目的は貨幣と言う普遍的な富であるが，
貨幣は土地・奴隷・家畜などの実物的富と違って，交換と分業（流通）の体制
を前提とした富である．ところで交換においては，交換の両当事者の欲求が完
全に一致しなければいわゆる物々交換による取引は成立しない．そして，取引
される対象の種類，品質，数量その他の条件が完全に合致することなどふつう
はあり得ない．このことが価値形態論理解の第一歩となる．

### A．単純な価値形態

$$リンネル20エレ＝上着1着$$

　この等式は，実は等式ではない．一般に，物々交換は成立しにくいので，こ
の等式はリンネル所有者の頭の中にだけ存在する一方的な願望の表現である．
リンネル所有者は上着の使用価値に関心があり，上着所有者が所有する上着を
消費したい，着用したいと思っており，そのため自分の所有するリンネル20エ
レと上着とを交換したいと思っている．そのことをこの「等式」は表現してい
る．しかし，これはリンネル所有者の一方的な願望の表現であるので，リンネ
ル所有者の交換願望が成就する保証はほとんどない．しかし，もし上着所有者
がこの交換を希望すれば，この交換は容易に実現する．この「等式」はそのよ
うな非対称的な関係を表現している．あるいはリンネルを基準として上着のほ
うがより高いポテンシャルエネルギー（位置エネルギー）をもっていると呼べ
るような関係である．そしてこの非対称性こそが価値関係の端緒である．この

場合，リンネルは相対的価値形態にあるといわれ，上着は等価物であるといわれる．リンネル所有者の上着への願望が強ければ強いほど，等価物としての上着の地位がかえって上昇し（ポテンシャルエネルギーが増加し），相対的価値形態にあるリンネルは貶められる．

上着

リンネル

　上着はこの関係の中でリンネルに対する支配権を持つのであるが，その支配権は上着自身から生じるのではなく，リンネル所有者の欲望によって生じるものであり，等価物である上着の支配力はリンネル所有者の欲望に基づく反省（反射）規定であると言える．リンネル所有者の上着への一方的な「片思い」が上着の「傲慢な」態度の根拠というわけである．

　ここで上着はこのリンネルに対してだけ，貨幣のようにふるまうことができる．貨幣でものを買うことは容易であるが，商品を販売して貨幣を手に入れることが困難であるように，リンネル所有者が上着を手に入れることは困難であるが，上着所有者がその気になりさえすれば，リンネルを手に入れることは容易である．

　しかし，この関係は，このリンネル所有者と上着所有者との間で，ある特定の時点に成立した，偶然的かつ個別的関係に過ぎない．これから等価物は，貨幣に向けた発展過程をたどることになる．

### B．展開された価値形態

リンネル20エレ＝1kgの塩・米

リンネル20エレ＝1kgの金・銀


物々交換の成立は困難であるが，交換と分業の体制にあっては，それでも交換をする必要がある．その困難を乗り越えるための一つの方法は，多くの人々が欲する財ととりあえず交換することを目指すことである．

ここでは，リンネル所有者は交換対象物の使用価値に関心があると同時に，その間接的使用価値にも関心がある．すなわち，塩・米・金・銀は他の多くの人々にも需要される可能性が高いので，他の対象を入手するための交換の媒体として利用することもできる．これらの商品は，したがってそれら自身の中において使用価値（消費・使用の対象としての商品）と交換価値（商品交換の媒介者の役割）という二つの性質の矛盾がかなり明確化・表面化している商品と言える．これらの商品は入手して自分のために消費することもできるし，他の商品を獲得するための媒体として使うこともできる．したがって消費がもっぱらの目的である商品と，交換の仲立ちであることがもっぱらの目的である貨幣との中間的存在である．

単純な価値形態においては，実際の交換（リンネルと上着との交換）が起こることは極めて偶然的であったが，ここではリンネルを塩・米・金・銀に交換することができるなら，リンネル所有者がその交換を通じて，二次的に上着を獲得できる可能性が高まることになる．

また，ここでは単純な価値形態の場合に比べて，商品間の関係あるいは等価物の偶然性・個別性がある程度解消され，必然性・普遍性の萌芽が現われてきているともいえる．単純な価値形態の場合に比べて，交換価値が強調されるより普遍的方向へと等価物は発展し，等価物との交換を願うリンネル所有者の欲望も具体多岐な商品の使用価値への欲望から，普遍的な交換価値への欲望へと発展している．

## C．貨 幣 形 態

$$リンネル20エレ＝1万円$$

　リンネルは交換の媒体であること以外の使用価値をもたない商品，すなわち貨幣と交換される．単純な価値形態ではリンネル所有者の一方的で一時的な「妄想」であった等価物が社会全体で一つに定まり，「客観性」を獲得し，リンネル所有者個人の意志だけでは動かし難い社会的必然性になる．等価物は，その使用価値はもはや問題ではなく，その交換の仲立ちとしての性質だけのために求められるようになる．

　貨幣とはもっぱら交換の媒体となるという有用性（交換価値）のために需要される財であり，しかもその地位が社会的に認められ，必然的・普遍的な価値象徴となったものということができる．

　さて，こうして成立した貨幣は，本来商品所有者の間での商品交換の媒体であるのだが，蓄積の目的物に転嫁することは資本主義的生産様式の萌芽である．貨幣が必要となるのは，交換と分業の体制のためであるが，今度は貨幣があるから交換と分業の体制が生み出されたように見える．あるいは，貨幣を中心に経済制度が設計されているように見えてくる．そして，貨幣そのものに「価値」なる実体が宿っているかのように考える倒錯現象が起こることになる．貨幣は価値の象徴となったのである．しかし，本当は，流通と分業を前提として生じる，社会的・歴史的存在にすぎないのである．


●章末問題●
1．単純な価値形態において上着のリンネルに対する支配力はどうして生じるのか．
2．物々交換はなぜ起こりにくいのか．
3．ヘーゲルの弁証法とマルクスの弁証法との違いを説明しなさい．

【参考文献】
［1］　マルクス（向坂逸郎訳）『マルクス資本論』第1巻，岩波書店，1967年
［2］　マルクス（武田隆夫・遠藤湘吉・大内力・加藤俊彦訳）『経済学批判』岩波書

店（岩波文庫），1956年

［3］　マルクス（真下信一訳）『ヘーゲル法哲学批判序論─付：国法論批判その他』
　　　大月書店（国民文庫），1970年

［4］　イヴァノフ他（桑野隆編訳）『ロシア・アヴァンギャルドを読む』，勁草書房，
　　　1984年

# 第5章　本源的蓄積と階級社会

## 第1節　本源的蓄積

　マルクスは1852年3月5日のヴァイデマイアー宛の手紙の中で，階級論と自己の研究との関係を次のように書き送っている．すなわち「近代社会における諸階級の存在」や「諸階級間の闘争」の発見は，マルクスの功績ではなく，「ブルジョア歴史家」と「ブルジョア経済学者」のものであり，彼の「新たにおこなった」功績は「(1)諸階級の存在は生産の一定の歴史的発展段階とだけ結びついているということ，(2)階級闘争は必然的にプロレタリアート独裁に導くこと，(3)この独裁そのものは，一切の階級の廃止への，階級なき社会への過渡期をなすに過ぎないということ，を証明したこと」であるという．そして，マルクスにおいては(2)や(3)は(1)の探求から派生してくるものであって，階級意識論や階級自覚論ではなく，階級存在論が彼の議論の基軸となっている．

　マルクスは労働者階級の発生，したがって資本主義的生産様式成立の前提として，労働や生産手段が自由に貨幣で売買できる社会の到来を挙げ，資本主義の誕生について，資本の「創成 Urgrundung」という言葉を使って『経済学批判要綱』のなかで次のように論じている．「……資本の創成は，貨幣財産として存在する価値が，古い生産様式の解体という歴史的過程を通じて，一方では労働の客観的諸条件を購入することができるようになり，他方では生きた労働自体を，貨幣と引き換えに自由になった労働者から手に入れることができるようになるということで，単純に行われるのである．これらすべての契機は手近にあり，それらの分離自身が一つの歴史過程であり，一つの解体過程である．

そして貨幣を資本に転化することを可能にさせるのはこの過程なのである．貨幣自身は，それが歴史のうえで一役受け持つについては，それ自身が極度に強引な分離手段として歴史的過程に食い込み，そして剥ぎ取られて無一文となった自由な労働者の生成に協力する限りでだけ，そのような働きをするに過ぎない．しかしそれとても，貨幣が労働者のために，彼らの生存の客観的条件を創造することによってでは決してなく，貨幣が労働者を客観的条件から切り離すこと——労働者の無所有性——を促進する一助となることによってである」．これは農民解放，営業の自由，関税同盟の成立といった過程を通じて，前近代を否定して生み出されてくる新しい状況を貨幣の購買力の変化（労働力と生産手段の両者をほぼ「自由に」売買できるという状況），そして貨幣の資本への転化（貨幣を目的とした労働と生産），客体的労働条件と主体的労働力との分離として整理するものである．

　また，『資本論』第 1 巻第24章「いわゆる本源的蓄積」では，資本制的生産様式が成立するための前提が，本源的蓄積として説明されている．マルクスによれば，本源的蓄積とは生産者と生産手段との歴史的分離過程であり，その基礎は農民からの土地の収奪であり，一方では生産手段の資本への転化として，また他方では直接的生産者の賃労働者への転化として行われる．こうして資本は生産過程を把握し，産業資本として確立する．本源的蓄積は，経済外的強制から解放された労働者と，あらゆる生産物の商品化を前提とする資本主義に固有の生産関係を創造するのである．


　「資本の蓄積は剰余価値を前提し，剰余価値は資本主義的生産を前提するが，資本主義的生産はまた商品生産者たちの手のなかにかなり大量の資本と労働力とがあることを前提する．だから，この全運動は一つの悪循環をなして回転するように見えるのであり，われわれがこの悪循環から逃げ出すためには，ただ，資本主義的蓄積に先行する「本源的」蓄積（アダム・スミスの言う「先行的蓄積」（"previous accumulation"）），すなわち資本主義的生産様式の結果ではなくその出発点である蓄積を想定するよりほかはないのである」．

　このように，商品や貨幣，あるいは生産手段や生活手段が資本となるために
は一定の事情が必要である．その事情とは，貨幣や生産手段の所有者が自らの
労働力を売って生きる以外のない労働者と出逢うということであり，前者は後
者を買入れ自分の生産手段と結合することによって価値を増殖することができ
るが，この関係こそ資本関係に他ならない．「資本関係を創造する過程は，労
働者を自分の労働条件の所有から分離する過程，すなわち，一方では社会の生
活手段と生産手段を資本に転化させ他方では直接生産者を賃金労働者に転化さ
せる過程以外のなにものでもありえないのである．つまり，いわゆる本源的蓄
積は，生産者と生産手段との歴史的分離過程にほかならないのである．それが
『本源的』として現われるのは，それが資本の前史をなしており，また資本に
対応する生産様式の前史をなしているからである」．

　こうして生み出される「自由な労働者というのは，奴隷や農奴などのように
彼ら自身が直接に生産手段の一部分であるのでもなければ，自営農民などの場
合のように生産手段が彼らのものであるのでもなく彼らはむしろ生産手段から
自由であり離れており免れているという二重の意味で，そうなのである」．

　「資本主義社会の経済的構造は封建社会の経済的構造から生まれてきた．後
者の解体が前者の諸要素を解き放したので」あり，封建社会の解体過程を描く
ことは，他ならぬ本源的蓄積の過程を描くことであり，この過程は労働者に
とっては領主制的隷属や同職組合的強制からの解放として現われ，これは他面
では，身分的従属と引き換えに与えられていた彼らの生存の保障が奪われる過
程でもあった．またこの過程は，産業資本家にとっては封建領主や同職組合の
親方の特権を打ち破り，生産の自由と搾取の自由を獲得してゆく歴史であった．
市民革命あるいは人間の政治的解放という近代化の政治上の輝かしい成果は，
資本主義的生産様式の成立過程（＝本源的蓄積）に並行するものであった．

## 第2節　階級存在論

　マルクスの階級存在論は本源的蓄積に関する議論にとどまらず，階級の再生
産および固定化の過程の証明にまで及んでいる．ここで注目され無ければなら

ないのは，貨幣が分業と流通を前提とした富であり，分業と流通なくしては貨
幣の交換価値は考えられず，分業と流通が無ければ，紙幣は単なる紙切れ，鋳
貨は単なる金属塊になってしまうということである．

　　「そのものとしては，金銀の蓄積はまだ資本の蓄積ではない．そのために
　は，蓄積されたものが流通それ自体の中に再び投入され始めることが，蓄積
　することの契機および手段として，措定されていなければならない」
　　「貨幣の自立は仮象に過ぎない．つまり，流通からの貨幣の独立性は，た
　だ，流通を忘れないことのうちにだけ，流通への依存としてだけ，存立して
　いるにすぎない」
　　「純粋な流通のうちに存在するような諸交換価値の単純な運動では，資本
　を実現することはできないことも明らかである．それは，貨幣を引き揚げ，
　ためこむようにすることはできるが，しかし貨幣がふたたび流通にはいりこ
　むやいなや，貨幣は，消費される諸商品との一連の交換過程の中に溶け込み，
　したがってその購買力がつきはてるやいなや，失われていくのである」（『経
　済学批判要綱』）

単なる貨幣は，商品の購入，商品との交換によって，所有者から失われてい
く富である．新大陸からの銀の輸入で多大な富を蓄積したハプスブルク家も，
富を単に退蔵によって蓄積し，支出によって消尽するなら，絶えず富を失うほ
かなかった．
　また，貨幣とその交換価値の前提である流通は，その原因を自分自身のうち
に持っておらず，その持続は外的事情に左右される．

　　「流通は，それ自体のうちに自己更新の原理を含んではいない．自己更新
　の諸契機は，流通にとって前提されているのであって，流通それ自体によっ
　て措定されているのではない」
　　「流通の直接的存在は全くの仮象である．流通はその背後で進行している

過程の現象である．流通はいまや，その諸契機のそれぞれにおいて——商品
としても——貨幣としても——そしてその両者の関連として，つまり両者の
単純な交換および流通として，否定されている．もともと社会的生産の行為
が諸交換価値を措定する働きとして現われ，またこの措定する働きが，さら
に展開されると，流通として——つまりもろもろの交換価値相互の完全に展
開された運動として——現われたのだとすれば，今や流通そのものが，交換
価値を措定する活動へ，すなわち交換価値を生産する活動に立ち返るのであ
る」（『経済学批判要綱』）

　交換が余剰生産物によって，例外的に行われてる場合，貨幣の存在も不安定
なものであり，持続的流通の原因は，労働による商品生産に求められる．

　「流通の前提とは，労働による諸商品の生産であるとともに，諸交換価値
としての商品の生産である」
　「余剰を交換することは，交換および交換価値を措定する交易である．し
かしこの交易は，ただ［余剰の］交換を範囲とするだけであって，生産その
ものに付随して行われるにすぎない．しかし交換を勧誘する商人の出現が繰
り返され，一つの持続的な商業が発展すると……生産の余剰は，たんに偶然
的な，おりおり存在するものであるにとどまらず，絶えず繰り返されるもの
であらざるを得ず，こうして国内生産そのものが，流通を目指し，諸交換価
値の措定を目指す傾向を持ってくる」（『経済学批判要綱』）

　交換と分業の体制，流通を前提とする社会的存在であるため，貨幣と言う富
を蓄積しようとする場合には，退蔵という方法による蓄積は貨幣の存在に矛盾
する，貨幣の自殺行為である．貨幣という富を蓄積しようとして，すべての人
が貨幣を流通過程から引き揚げて，隠匿するなら交換と分業の体制は一気に崩
壊し，貨幣の価値は消滅してしまうであろう．
　貨幣の蓄積に必要なのは，蓄積することが，交換と分業，流通に矛盾しない

方法であり，そのような理想の蓄積方法を提供してくれるのが，資本主義的生産様式である．

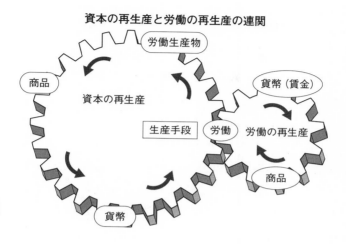

労働の再生産においては，生産手段を持たず，自分の労働を販売するほかのない労働者が，労働と引き換えに貨幣（賃金）を得て，それで生活手段たる商品を購入する．労働者は，貨幣を消費的に使用するので，労働を再生産したのちには，再び労働を販売して貨幣を得て，自己を再度再生産しなければならない．

資本家による資本の再生産においては，資本家は貨幣によって労働を購入し，それによって労働生産物を生産・獲得し，商品として販売し，貨幣を獲得する．この過程で，貨幣は増殖することが可能になる．

資本の再生産：貨幣⇒労働⇒労働生産物⇒商品⇒貨幣

労働の再生産：労働⇒貨幣（賃金）⇒商品⇒労働

この二つの再生産過程は，資本によって購入された労働が，もはや労働者のものではなく，資本家のものであり，その労働を用いて生産された労働生産物も，労働者のものではなく，資本家のものであることによって，繰り返されて

いくことになる．例えば，ハンバーガー店でアルバイトする学生が，自分で作ったハンバーガーを勝手に食べるなら，それは窃盗である．これは，「労働と所有の分離」あるいは「生産物の労働（者）からの疎外」と呼ばれる事態であり，マルクスが私的所有の本質と呼んでいるものである．すなわち，マルクスによれば，私的所有制度の経済学的本質は労働と所有の分離（生産物からの労働者の疎外）によって，資本主義的生産様式を永続化することである．

　二つの再生産過程の労働を通じた結合によって，労働者は貨幣を消費的に使用し，資本家は生産的に使用することを運命づけられ，それによって，この過程の終了ごとに，労働者は再び無産の労働者として登場し，資本家は有産者として再登場する．いわゆる本源的蓄積が再現され，階級関係が持続的に再生産されることになるのである．この過程において，労働者はたとえ自分が生産したものであったとしても，生活手段（＝商品）は，自分の労働を販売することによって得られた貨幣によって購入しなければならない．したがって，この過程において労働者は資本家にとって富の源泉であり，他方労働者にとっては自分たちを支配する手段を自ら生産する過程でもある．この点で，労働者は私的所有制度に敵対的な階級と評価されることができる．

　資本主義的生産は，歴史的に与えられた生産者と生産手段との分離から出発する．そして「資本家階級と労働者階級とに目を向け，商品の個別的生産過程ではなく，資本主義的生産過程をその流れと社会的な広がりとの中で見るならば」，前提された歴史的分離を，現存的にも繰り返し措定するのが資本主義的生産なのである．

　資本の連続性を保持させる再生産過程は，こうして前提された資本関係（分離の関係）の絶えず繰り返しなされる措定として現れる．この分離の関係は自立化の関係ではない．「物象的依存性」の関係である．ブルジョア・イデオロギーの牧野では，この物象の依存関係が自立化と見える．それは彼岸としての活動に自己を限定するからである．活動的疎外ではなく，疎外の状態にあるからである．

## 第 3 節　階級意識論

　マルクスの本来の議論に反して，いわゆるマルクス主義においては，しばしばプロレタリア階級の階級意識が問題とされる．ブルジョアジーに対する階級闘争においてプロレタリアートは，当初自己の階級利害を自覚しない即自的階級にとどまっているが，やがて資本主義の発展とその矛盾の増大とともにその階級利害と歴史的使命を自覚した対自的階級として社会変革の途につくことになり，したがって，社会変革の原動力となるプロレタリアートの対自的な自覚的意識だけが真の階級意識であるとされるのである．

　例えばルカーチによれば，前資本主義社会では，階級意識は身分意識として隠蔽され，経済的な存在と社会の経済的総体との間の連関を覆い隠し，意識されないままにとどまっていた．このような身分意識は，現実的な「生き生きとした経済的統一性とは異なる総体性へと向けられており，その時代には身分的特権を形作っていた社会を，過去の形で固定化することへと向けられ」，現実的な歴史的要因としての階級意識が現れることを妨害していた．「『歴史的に行動する人間の動員の背後にある』真の『原動力』というものは，資本主義以前の時代においては決して純粋に（いまだかつて純粋に階級利害に結び付けられたことはない）意識にもたらされたことはなかったのである．本当のところこの原動力は，動員の背後に歴史的発展の盲目的な力として覆い隠されたままになっていたのである」．したがって，資本主義以前の社会では，階級そのものが史的唯物論という歴史的解釈を媒介としなければ直接に与えられた歴史的現実からは引き出せなかったのであった．それに対し，資本主義社会では，もはや身分的社会構成は少なくとも形式上は廃棄され，階級が直接歴史的現実となっているので，「階級意識は意識されうるという段階」に入ったという．（『歴史と階級意識』）

　マルクス主義は，労働者階級に「プロレタリアート」という特権的な地位を与え，自らをその思想的表現者とした．そして，プロレタリアートは高度に発達した資本主義社会の産物であるのだから，マルクス主義は当初は「先進国革

命」の思想であると見なされたが，「近代的統治」が定着した資本主義世界システムの中核地域でマルクス主義が大きな政治勢力になったのは稀なことであった．

　マルクス主義者による政権獲得は「後進地域」のみで成功したのであって，「先進国」において革命が成功することは無かった．中核地域（「先進資本主義国」）の現実の労働者は，マルクス主義者が想定したような「革命的」な「プロレタリアート」ではなく，一方，半周縁と周辺（「後進地域」）では，様々な反システム的な諸勢力が革命党の「外部注入」によって「プロレタリアート」に陶冶され，革命的な主体として形成され，革命党の支配が生まれることになった．

　農民ではなくプロレタリア階級が特権的な革命主体であることを強調するのが，ナロードニキに対抗するロシア・マルクス主義の顕著な特徴であったが，ロシアにおける労働者階級の存在はドイツよりもはるかに微小なものであった．共同体的秩序が強固に残存するロシアの農村に「プロレタリアート」を発見するために，レーニンは独自の「貧農」概念を創り出した．これによって，ブルジョアジーとプロレタリアートという近代的な階級闘争が存在することになり，ロシアの農村にも『資本論』の論理が貫徹していると主張できると考えたのである．

　また，レーニンは商品生産と資本主義的生産の差異を重視せず，商品生産の拡大を資本主義的生産と等値することがしばしば見うけられる．このような資本主義発展観は，『ロシアにおける資本主義の発展』において，彼がロシアの資本主義的発展を過大に評価した点に顕著に見られるところである．

　レーニンは，農村における革命主体として「貧農」概念を創り上げたが，中農や富農も革命勢力の一翼たりうるという主張をもおこなっている．当面する革命の性質はブルジョア的なものであるという革命の段階規定の論理である．ロシアでは資本主義が着々と進展しているが，前近代・前資本主義的な要素がロシア社会を覆っている．反動的な専制政治と農村における地主の存在である．この前近代的な要素を一掃するのが，当面するロシア革命の課題である．この

革命においては都市のブルジョア民主主義派とともに農村の富農および中農も参加できる，というのがレーニンの展望であった．1905年の第一次革命後の時期には，反地主闘争は「アメリカ型」の農業資本主義化を目指すものであり，反地主闘争を担う農民はブルジョアであるという性格付けがなされるまでに至る．

　毛沢東は，初期の著作『中国社会各階級の分析』で，中国社会の階級構成を検討し，当面する民族解放革命に対する諸階級の態度を分析している．彼は中国の4億人を以下の5大階級に分類する．(1) 大ブルジョア階級100万人は，外国資本と密接な関係を持つ買弁資本家を意味する．ここには大地主や軍閥および一部の反動的知識人も含まれ，この階級が民族革命運動における主要な敵になる．(2) 中ブルジョア階級400万人．この階級はいわゆる民族資本家階級であり，多くの知識人もこの階級に含まれる．(3) 小ブルジョア階級1億5000万人．自作農，小商人，手工業経営者および下級官吏などがこの階級に含まれる．この階級は流動的であるが，革命の波が高揚すれば革命に参加すると考えられている．(4) 半プロレタリア階級2億人．半自作農，小作農，貧農，手工業労働者，店員，行商人が含まれる．この階級は革命に参加する傾向のある階級とされる．(5) プロレタリア階級4500万人．この階級には，工業プロレタリア階級200万人，都市苦力300万人，農業プロレタリア階級2000万人，ルンペン・プロレタリア階級2000万人が含まれる．この階級が革命の中核的勢力となる．

　工業プロレタリア階級はわずかに200万人，中国4億人の0.5パーセントに過ぎない．しかし毛沢東は，工業プロレタリア階級以外の(5)のプロレタリア階級も(4)の半プロレタリア階級も，革命に積極的に参加するという点においては，工業プロレタリア階級と区別がないと見なす．この概念膨張によって，「プロレタリアート」は200万人から2億4500万人にまで増大させることが可能になった．

　さらに，民族革命という観点から考えれば，革命への参加の可能な勢力はさらに広範なものになる．非革命勢力と考えられる(1) 大ブルジョア階級100万人と(2) 中ブルジョア階級400万人，合わせて500万人を除けば，残りの3億9500

万人は革命勢力となる可能性がある．これは中国の人口の98.75パーセントが革命勢力になる可能性があるということであり，帝国主義列強の蚕食に抵抗する農民国である中国の現実に，マルクス主義の階級理論が強引に接合されているといえる．

　マルクス主義は，プロレタリアート概念の膨張と特定の政党による革命の指導を内容とする変容によって地球規模に拡散した．マルクス主義者は特定の社会集団を特権化することで資本主義の崩壊と将来社会の到来を主張し，その「成功」を勝ち得たのである．また，それは「革命」が成功した国々における共産党の指導的地位を正当化することにもなった．


● 章末問題 ●
１．労働者が私的所有制度に敵対的であるのは何故ですか．
２．階級意識論と階級存在論との違いは何ですか．
３．本源的蓄積について説明しなさい．

【参考文献】
［１］　マルクス（岡崎次郎訳）『資本論』(1)，大月書店（国民文庫），2000年
［２］　マルクス（高木幸二郎訳）『経済学批判要綱』第１分冊〜第５分冊，大月書店，1958〜1965年
［３］　マルクス（城塚　登訳）『経済学・哲学草稿』岩波書店（岩波文庫），1964年
［４］　ルカーチ（平井俊彦訳）『歴史と階級意識』未来社，2018年

# 第6章　ローマ帝国と古代ゲルマン社会

## 第1節　『共同体の基礎理論』

　経済史研究の主要目的は依然として資本主義の発生と発展の歴史にむけられているが，資本主義の発生と発展の過程は，他面からみれば封建制の崩壊の過程であり，そのなかに「共同体の解体」という重要な画期を含んでいる．したがって，資本主義の発展史を研究しようとする場合，われわれはどうしてもこの「共同体の解体」の問題を避けて通ることはできない．そうした共同体の崩壊を論ずるためには，前もって，どうしても一度ひろく，およそ共同体なるものの本質，成立と解体の諸条件を総体として少なくとも理論的に見通しておく必要が生じてくる．共同体と呼ばれる生産関係こそは，前近代社会の一般的な経済的土台をなしており，それの終局的な解体が資本主義形成の歴史的かつ理論的前提だからである．以下，大塚久雄『共同体の基礎理論』に沿って，基本事項を整理しておきたい．

### 第1項　共同体の一般的規定

　まず第一に，資本主義以前の諸社会における富の基本形態は土地であり，資本主義以前の社会では土地所有がその一般的基礎をなしている．前近代諸社会では「有用的諸労働は相互に独立的に私事として営まれる」ことなく，社会的分業は共同体的に編成され，労働の自然的形態が，労働の特殊性が，労働の直接に社会的な形態である．したがって，自然発生的分業にもとづく人と人との交渉関係が商品生産の土台の上では商品流通の形態をとるのに対応して，土地

所有の基盤の上では共同体の形をとる．土地は共同体占取の対象であり，かつその物質的基盤をなす．共同体は，それを構成する諸個人の自然発生的な社会組織である原生的な血族共同体を土地占取の前提とし，かつその後の存続の基本的な外枠とする共同組織である．土地は直接に共同体によって占取されるが，個人的生産活動の結果として得られた物財は個人によって占取される．かくて土地の共同体的占取と労働用具の私的占取は，共同体内部の固有の二元性を形成する．

　共同体は次のような営みの繰り返しによって存続する．共同占取した土地にもとづいて生産活動で成員の生活需要を充足する．労働用具や土地の私的占取による諸個人の私的活動の恣意性を統制するための共同体規制が共同体生活の生産＝再生産を媒介する．その規制原理は平等にあり，多く宗教的・道徳的な共同体意識によって裏打ちされている．土地は外部に対し排他的に独占されるので，共同体成員の仲間および外部の人に対する対人的態度は異なり，外部の人間は敵視される．共同体相互間には社会的真空地帯が形成される．

### 第2項　共同体の諸類型

　共同体に固有な二元性がはらむ矛盾は共同体が様々な形態をとることの根拠である．特に，共同体内部での土地の私的占取の程度と，共同体内部における血縁関係の弛緩度が重要である．ここでは以下のように共同体の3形態を取り上げておく．

#### 1）アジア的形態

　部族ないしその部分体である血縁集団が土地占取・規制の主体になっている．しかしすでにイエによって宅地庭畑地が私的に所有されている．規制原理は実質的平等であり，イエの大小に応じて土地の分配も規制されている．イエは単数または複数の核家族を含みつつ，家父長制的な家長権の統率するイエ権力の下に成立する生活共同体であるが，アジア的形態ではイエは傍系家族を支柱としている．共同体規制が圧倒的に有力で，共同体内分業は一定程度で抑制されている（例　カースト制度）．

　2）古典古代的形態

　土地占取については市民たる各家長によって個別に占取される私有地と，共同体全体によって占取される公有地に分かれている．私有地は宅地庭畑地に公有地の一部を占取して加えたものであり，戦士たる市民の自立の基盤であり，また家族の生活もそれで保証される．

　血縁関係の規制力が弱化し，戦士共同体が前面に現れ，全市民は戦士として絶えず共有地の防衛と新たな占取に向かわねばならないが，この共同労働としての戦闘への参加が各市民による戦士持分（フンドゥス）の私的占取に正当性を与える．

　この形態の共同体はもはやアジア的形態のような同族団ではなく，外婚制区族から発展した父系地族が内部編成の基本体制をなし，さらに複数の地族の集住が行われていることもあった．地族はさらにいくつかのイエから構成されるが，イエはもはや傍系親族ではなく，家長権の強固な直系家族を中核としている．この直系家族は奴隷をも包摂していた．家長の権力は強大で初期には妻子の生殺与奪権すらも有していたが，他面一夫一妻制が実現した．

　血縁規制力は相対的に弱体化し，土地占取の基本原理はいまだ実質的平等原理に貫かれていたが，それはむしろ戦士としての実力差等によって裏打ちされていた．それはまた宅地庭畑地の強固さと，それを拠点とする諸個人の私的活動の高まりを表現した．

　ただし，手工業労働は奴隷・解放奴隷・寄留民のなすべき卑しい仕事と考えられ，これが社会的分業の限界を形成した．

　3）ゲルマン的形態

　村落全体によって土地は共同占取され，さらにフーフェ制によって土地片は各成員にくまなく私的に占取・相続される．村落の中心は集落をなし，宅地庭畑地から構成され，それは私的に占取される．その周辺に耕地があり，一定の共同体規制に服している．各地は数個の耕区に分けられ，村民は各耕区に土地を分散占取し，一耕区内の村民占取地は家族の大小に関係なく各戸に平等に配分されている．耕区の周辺に共同地があり，これは村民によって総有され，各

村民は一定の大きさの共同使用権をもっている.

　土地配分はもはや実質的平等ではなく形式的平等原理に立脚し,血縁団体ではなく地縁的団体である村落が社会組織の基本単位となり,また村落はさらに直系家族を中核とするイエの連合から成り立っている.ただしローマの家長権に比べて家長の支配権は緩和されており,家族構成員は家長権に服しながらも,身分上ないし財産の私的占取面でも家長から独立し始めている.

　共同体内分業も一層の展開を見せて「村抱え」手工業者のほかに,半農半工の出職の手工業者などが存在し,徐々に中世都市やギルド制度という封建制の枠内で農村との分業を展開する共同体を形成するに至る.

### 第3項　共同体の解体と資本主義への移行

　マルクスのいわゆる三段階論によれば,歴史の大枠は労働と生産手段との結合,その分離,再結合という道筋をたどることになる.前近代的な共同体の世界は労働と生産手段との結合の段階に当たり,その分離段階が資本主義に相当することになる.

　マルクスはこの分離を生産手段の一層の発展のための不可欠の契機とみなし,また生産手段が分離されて純粋に無産の労働者が形成されること自体についても決して否定的に評価しているわけではない.共同体の解体は,生産手段の分離だけではなく,統治機構や経済機構の疎遠化をも意味した.統治機構はやがて官僚制・軍隊などのかたちで肥大化し発展し,市場機構への依存度が高まり,これらの機構は本来人間が作ったものであるにもかかわらず,独立した存在をもって人間に支配力を及ぼすかのように振る舞う.しかし生産手段・統治機構・経済機構の分離はすべてのものに平等に起こるのではなく,これらに他の人々よりもより多く関与できる人々が存在し,このことが階級関係のもとになるのである.

　マルクスが考えていたような「再結合」についてのビジョンを得ることは困難であるが,本書では情報化革命とグローバル化の進展に期待して,メタマンについての議論を紹介してある(第25章).ただし実現の保証まではしていない.

## 第2節　古代ゲルマン農牧社会

　共同体論はあくまで理論モデルを提供するものであり，現実に存在する共同体社会がこのモデルどおりであることを保証するものではない．ゲルマン古代社会についての考察は，共同体のゲルマン的形態以前の古代の共同体に関して，理論モデルとは異なる条件が重要な役割を果たしていることを見取り，またそこからゲルマン的形態の成立に関してもモデルの想定とは異なる知見を得ることを可能にする．ここでは野崎直治の研究を手がかりに，古代ゲルマン社会の基本構造について検討してみよう．

### 第1項　集落形態と社会経済の特性

　タキトゥス『ゲルマーニア』では「ゲルマーニア諸族によって住まわれる都市は一つもないこと，また彼らはその住居が互いに密接していることには，堪えることさえできないのは，人のよく知るところである」（タキトゥス『ゲルマーニア』第16章）といわれているが，これはゲルマン古代の定住形態が単居定住＝個別農圃もしくはそれを基調とした農民ホーフの小グループ，すなわち散居型の小集落であったことを示している．中世初期の「原初村落」も4〜10戸の農民ホーフからなる小集落でしかなく，ここでも住居の密集化は見られない．

　ここに生産共同体の存在を想像させるような契機はまったく存在しない．このような村落に存在した耕地は，大小雑多な方形またはブロック形耕地であり，その運用が共同体的に規制される必要は全くなく，個別経営であったことは否めない．

　またこの村落はすでにタキトゥスの時代に単なる血縁集団ではなくなっていた．『ゲルマーニア』第20章には「主人と奴隷とがおのずからみわけられるような，育ての上での柔弱さは少しもない．なんとなれば，年齢が自由民を〔奴隷より〕引き分かち，勇敢さが彼ら〔の真に自由民たること〕を承認せしめるに至るまで，彼らは〔主筋の者も奴隷たちも〕，共に同じ土地の上に起臥するから

である」という記述があり，この村落は自由人と隷属民とによって構成されていた小村であったらしく，さらに分散した小村を結びつける社会秩序のレベルでは，血縁外の要因が一層重要になり，村落首長や大小の貴族などの役割が重視されるようになる．

　農耕定住は行われたが，牧畜が農業に対して優位に立っていた．タキトゥスによれば「食物は簡素であって，野生の果実，新しいままの獣肉，あるいは凝乳」（『ゲルマーニア』第23章）であり，いまだ農業は副次的なものでしかなかった．また「耕地はまず耕作するものの数に比例して，それぞれ一つのまとまりとして村落に〔その共有財として〕占有され，ついで〔各村落における〕耕作者相互のあいだにおいて，各人の地位にしたがって配分される．配分の容易さは，田野の広さが保証する．年々，彼らは作付け場所を取り換える．しかし，耕地はなお剰っているのである」（タキトゥス『ゲルマーニア』第26章）という記述からもわかるように，人口過疎と農産物需要の低さを物語る土地事情も粗放的な農業を示唆し，農業の意義の低さを裏書きする．

　「最近ラエティアの仕上工場でこの種の犁で小さい車のついたものが発明された」（プリニウス『博物誌』第18巻第48章）という記述から有輪犁の存在が想像されるが，これが中世中期以前に広範に普及していたとはとても考えられない．この時期のゲルマン人の食料供給の基盤を農業に求めることはできないのである．


　　第2項　社会構成
　19世紀の古典的法制史家たちが描いた自由と平等とを基調としたゲルマン古代社会像はもはや通用しない．今日ではタキトゥス『ゲルマーニア』の記述からしても，貴族（ノービレス）・自由人（リーベリー）・解放奴隷（リーベルティー）・奴隷（セルウィー）という諸階層の存在，私的主従結合である従士制の存在，社会的地位に応じて配分される土地分配の不平等などが読み取れる．

　また，考古学的な墓地の発掘によれば，一般住民と異なる集落首長の存在が

確認され，また墳墓に埋葬された副葬品，とりわけ副葬品たる武器による相違が明らかになっている．例えば，(1)剣・槍先・鉄製の中高のある楯をもつ墳墓，(2)剣・槍先だけで楯のない墳墓，(3)槍先だけか，槍先と鉄製中高のある楯だけの墳墓，(4)小さな槍だけの墳墓，(5)副葬品に武器のない墳墓，というように戦士層とほかの住民層の分化の詳細が，副葬品の武器の種類とその有無からはっきりと認められ，墳墓間の格差も歴然としている．各墳墓の埋葬者の社会的地位や機能・支配範囲などについてそのほかの資料からも推定することが可能である．

### 第3項　盛土集落フェーダーゼン＝ヴィールデ

北海沿岸のヴルステン地方の盛土集落フェーダーゼン＝ヴィールデについての研究からこれまでの議論の重要な論拠が得られる．この土地の占拠が始まったのは紀元前1世紀後半であり，その後5世紀に廃村化するまで，洪水や海面上昇などを避けて何度もの盛土の造成が行われてきたため，時代の異なる複数の定住層をこの村の発掘から確認できる．住居の形態は，一般に家畜部屋が付属する長い住居であり，大きいもので30頭あまりの牛を収容することができた．

定住層1a（紀元前1世紀後半）では農家5戸，住居の規模は長さ20メートル，幅5メートルですべて同じ，入植者は自由農民で，各個の家畜所有数は均等であった．しかし，定住層1c（1世紀）になると，定住民がすべて自由農民であることには変わりないが，家畜の所有数には異同が現れてくる．さらに定住層2（1～2世紀）になると，総戸数15と増大し，集落は円村状になり，住民は大農，自由農民，隷属農民および隷属農民的手工業者に分化する．このことは住居の規模の多様化によって立証される．

保有牛頭数と住居の数とを比較すればおのずと牧畜の比重が明らかになる．定住層2の場合で，牛の所有数は大経営が28，中経営が20～24，小経営が12～16と推定され，また飼養家畜の割合は牛48.3％，羊23.7％，馬12.7％，豚11.1％，犬4.2％と推定されている．

このような牧畜に対して農業は副次的役割しか果たしていない．耕地は不規

則で小型のブロック形耕地であり，農家 1 戸あたりの平均耕地面積は 2 ヘクタールを超えなかった．住民は畜産と農業を中心に生活し，その余暇に狩猟や漁労に従事していたものと考えられる．

　農業生産性の低い古代においては，事実上の大土地所有は存在したけれども，「土地所有にもとづく支配」が成立する基盤が欠如していた．この状況は中世前期になっても変わらない．

　農業の土地生産性の上昇が見られ，領主も農業経営の拡大・充実に関心をもつ中世中期になると，牧畜が徐々に後退し，また農作業の効率を上げるために，散居制村落の集村化が行われるようになり，ブロック形耕地や方形耕地に変わって混在耕地制が出現する．こうした変化については，後の章で扱われるであろう．

## 第 3 節　ローマ帝国の支配と自由ゲルマニア

　ライン河がローマ領とゲルマン領域の境界となり，ゲルマン人とケルト人との相違がローマ人にはっきり認識されるようになるのは，前 1 世紀ころガリア全土を征服したカエサルの時代以降である．

　カエサルについでアウグストゥスはライン以東の地にまで勢力を伸ばそうと企てるが，ローマの貢税の重圧に反発したゲルマン諸部族が，アルミニウスの下に結集して蜂起し，西暦 9 年，ウァールスの率いるローマ三軍団をトイトブルクの森で全滅させた．アウグストゥスはこの敗戦の結果，ライン・エルベ両河間の地域の併合を断念した．

　後にヴェスパシアーヌス帝，ドミティアーヌス帝の時代にライン河を越えてネッカル河上流地域等が新たに征服地域に加わり，これらの地域の保全のためにライン中流域とドナウ上流を結ぶリーメスが建設され，西暦160年ころ完成する．このリーメスとライン河・ドナウ河で囲まれた地域は，アグリー＝デクマーテースと呼ばれた．260年頃リーメスがアレマン族によって破られ，アグリー＝デクマーテースはその占拠するところとなる．ライン・ドナウ流域は約400年間ローマの支配下におかれたが，このローマ領ゲルマーニアに対して，

ローマの支配を受けないゲルマン領域は大ゲルマーニアまたは自由ゲルマーニアと呼ばれた.

　自由ゲルマーニアでは民族移動期にいたるまで基本的には第2節で見たような社会が存在したものと思われるが, 流通経済の繁栄するローマ文化圏に包摂されたローマ領ゲルマーニアでは多様な変化が見られた.

　ローマ統治下に入ったライン左岸地方では, 軍団の駐屯基地や城砦の周辺に都市的集落が形成され, 国境守備隊や官吏の消費需要を満たしていた. コローニア=アグリッピネーンシス (ケルン), モゴンティアークム (マインツ), ボンナ (ボン), コローニア=ウルピア=トラーヤーナ (クサンテン), アウグスタ=ウィンデリコールム (アウグスブルク), カストラ=レーギナ (レーゲンスブルク) などは, いずれも属州統治や国境防衛の軍事拠点から成長したドイツ都市である. またアウグストゥスによって建設されたアウグスタ=トレウェロールム (トーリア) は, ドイツにおいて属州文化が最も栄えたモーゼル流域の中心都市であり, 一時ローマ帝国の首都となり, 皇帝に随行した多くの文化人の往来が見られた.

　アルプス越えの軍道は, 新しい属州と地中海地域とを結ぶ重要な通商路となったが, これは属州におけるローマ文化の浸透と経済の発展に資するところ多大であった. ガリアとゲルマーニアとを結ぶ道路 (マルセイユからライン前線への道路) はアウグストゥスの時代に建設された. これによってライン流域地方は, ローマの経済・流通圏に包摂され, ドナウ流域に対しても経済的に優位に立つことになった. この道路網を通じて, 各種の工業がイタリア・ガリアから進出し, 製陶業・ガラス製造業・青銅器製作業などが移植された.

　またライン流域地方にはガリア・スペインから穀物・ぶどう酒・オリーブなどが供給され, ブドウ栽培も移植された. ゲルマン人がローマの合理的な農業経営, とりわけ果樹栽培を習得したのは, このようなルートを通じてであった.

● 章末問題 ●
1. 共同体の3類型についてまとめなさい.
2. 共同体的経済組織と資本主義との相違をまとめなさい.
3. ローマ帝国のゲルマン社会に与えた影響について調べなさい.

【参考文献】

［1］ 野崎直治『ドイツ中世農村史の研究』創文社, 1985年
［2］ 大塚久雄『共同体の基礎理論』岩波書店（岩波現代文庫）, 2000年
［3］ タキトゥス（泉井久之助訳）『ゲルマーニア』岩波書店（岩波文庫）, 1979年

# 第7章　古典荘園と封建制

## 第1節　封建制（レーン制）の成立過程

### 第1項　フランク王国の成立

　もともとライン河流域に住んでいたフランク人は，ローマの同盟軍として活動しながら次第に西方へと重心を移していった．やがてクローヴィスがフランク族を統一し，メロヴィング朝を建てる．6世紀初頭にフランク王国はガリア全域を支配し，ライン右岸のゲルマン諸族に対しても強い影響力を行使するようになった．

　クローヴィスの死後分割されたフランク王国は7世紀にはアウストラシア，ネウストリア，ブルグンドという3つのブロックが形成され，フランク王国の覇権を巡って激しく対立するようになった．この対立から台頭したのがカロリング家で，やがて政治的実権を掌握し，751年ピピンの時にメロヴィング朝を廃し，カロリング朝を創始した．カロリング朝は次のカール大帝の時に最盛期を迎え，ランゴバルト，バイエルン，ザクセン族を征服し，領土を拡張したばかりではなく，800年には皇帝として戴冠し，ヨーロッパに君臨した．

### 第2項　封建制（レーン制）の形成

　公権力が非常に弱体である時代，弱い者が自分より強い者の従属者になることは自然の成りゆきであろう．封建制（レーン制）の成立期の状況というのもまさにそのようなものであった．しかしこの弱者たちが自由人という身分を失うことなく，有力者の保護を受ける道が開かれていた．それは託身と宣誓の儀

式を通じて成立する主従関係である.

　まず託身はすでにメロヴィング朝期に文献で確認される，自由身分の人間が国王などの強力な主君の保護支配に服するという儀礼である．それは明らかに従士団への加入ではなく，支配的要素がより強い従属関係への服従であった．託身という法的行為によって，封臣は自由身分を保持しながら封主の保護を受け，定められた義務を負った．託身によって成立する関係に関しては次の資料が情報を提供してくれる．

　　他人の権力に身を託する者．私某から大いなるご主人某様へ．すべての者も知っての通り，私はたいへん貧しいので，食べたり着たりしなければならないことのためにあなた様のご慈悲を求め，あなた様の保護に身を委ね，託すべきことを決心しました．私はこれを次のような条件で行いました．すなわち，私は食料と着物があってあなた様にお仕えし，お役に立つことができるのですから，あなた様は衣食について私を助け，癒してくださる義務がおありです．一方私は，生きている限り，自由身分のままであなた様にご奉公申し上げ，ご命令に従う義務があります．その際，私は，私の存命中に，あなた様の権力と保護のもとから勝手に立ち去ることはございません．しかし，わたしが生涯あなた様の権力と保護の下にとどまる義務を負わない場合は，この限りではありません．（『西洋中世史事典．国制と社会組織』ミネルヴァ書房，1997年，42頁）

　さらに託身の儀式においては封臣は，自分の合わせた手を主君の手の中に置いたが，この行為はきわめて古い奴隷の儀式であった．隷属する者は，自分の手を差し出し，鎖につながれたのである．この象徴的行為は，封建制（レーン制）の起源のひとつが極めて低い社会層にあることを示唆するものである．

　封建制（レーン制）の第二の起源はゲルマンの従士制であった．ゲルマン的伝統を源流とする従士制思想，特に誠実の概念は，封建的な人的関係に持続的に影響を与えた．これによって服従の義務に誠実の義務が徐々に代わっていっ

た．それは封臣だけではなく主君をも義務づけるものであったから，封臣の社会的評価はいちじるしく高められ，また託身は奴隷の儀式というその本来の性質をなくしていった．

　封臣が主君に強く従属するガロ＝ローマの封臣制が，双務的な誠実関係に基づく従士制の諸要素と融合し，その結果中世初期に封建制（レーン制）が誕生したのである．

　カロリング朝期にはこの制度は広く展開し，シャルルマーニュ（後のカール大帝）は779年から何度か勅令を出して，フランク王国のすべての自由人が自分への忠誠宣誓を行うように命じ，国王巡察使は宣誓者のリストを宮廷に持ってくるように義務づけられた．

### カール大帝の一般巡察使勅令（802年）

1.　皇帝陛下に派遣された使節について．それゆえ静朗にして最もキリスト教的な主カール皇帝は，彼の最も賢明なる貴顕の士たちのなかから，大司教であれ，他の司教たちであれ，もっとも知識に富む者たち，そして尊崇すべき修道院長，信仰篤き俗人たちを選んで，彼の王国全体に派遣し，そして彼らを通して，次に続くすべての箇条により，正しき法に従って生きるべきことを命じた．しかして正しいと見られるのとは異なる何かが法のなかにあるときには，忠実な心でそれを探し出し，明らかにし，自ら神の助けによってそれを改善することを欲する．……そしてその使者[国王巡察使]たちは，全能の神の恩寵を自らに保持し，自ら約束した誠実によって維持することを欲すべく，誰か人が，自らに不正が行なわれたと訴えるところではどこでも，巡回調査を行なうべきである．それは聖なる神の教会においてであれ，貧民，孤児，寡婦，そしてすべての人民においてであれ，すべての人々，すべての場所において，神の意思と神への畏怖に従って完全に法と正義を示すということによってである．そしてもし彼らが土地の伯たちとともに是正し，正義に戻しえなかったものがある時には，それはいかなる不明瞭さもなく，彼らの書状とともに，彼[皇帝]の判断に

回付すべきである．そしていかなる人の追従や賄賂によっても，いかなる人の血縁関係による防御や有力者に対する恐れによっても，正義の正しき道が誰かによって妨害されるべきではない．

2．皇帝陛下に対して誠実を約束するべきことについて，聖職者であれ俗人であれ，彼の王国全体にあるすべての人は，以前に王の名前で誠実を約束したその制約および意図に従って，今度は同じ約束を皇帝の名に対して行うこと．そしてこれまでその約束を行っていないすべての者は，12歳の者まで同じように行うこと．そしてすべての人が，この宣誓にどれだけ重大なこと，どれだけ多くのことが含まれているかを知ることができるように，すべてを公に述べるように，そしてこれまで多くの人々が考えてきたように，単にその生命に関してのみ皇帝に誠実であり，そして誰か敵を，敵対的関係のゆえに彼の王国の中に導きいれ，誰か謀反を起こそうとするものに同意したりそれを黙っていたりしない，ということだけではなく，すべての人が知りうるように，この宣誓が以下のことを自らの文言の中に含むべきである．（ヨーロッパ中世史研究会編『西洋中世史資料集』東京大学出版会，2000年，24頁）

　こうして本来は私的な関係でしかない人的ネットワークが，国家的統治の原理ともいうべき重みをもってきたのである．宣誓による人的関係が社会的紐帯の最も重要な原理となったのである．

　この主従関係に，君主が従士に勤務の対価として土地その他の財産（知行）を与える恩貸地制が結びついて，いわゆる古典的封建制（レーン制）が完成するが，この時期には託身と誠実宣誓による人的紐帯が重視され，主君に対する家士の奉仕義務が恩給地貸与の前提とされた．双務的な誠実義務に基づく人的関係と封の授受にもとづく物的関係が分かちがたく有機的に結合した法的関係を封建制とすれば，カロリング時代の封建制は前者に力点をおいた，したがって萌芽的封建制と呼ばれるべきものであった．

　第3項　キリスト教帝国としてのカロリング帝国

　カール大帝によって完成されたカロリング帝国は，キリスト教を指導原理と
する国家であっただけではなく，教会によって指導される「キリスト教世界」
＝「国家」と考えられ，その意味でそれは教会を基礎とした国家，あるいは国
家が教会そのものであり，教会が国家そのものであった．

　国家の最高会議である帝国会議には大公や伯などのほかに大司教，司教，修
道院長などの高位聖職者が参加し，教会に関する重要事項も帝国会議で決定・
公布された．すなわち帝国会議が同時に教会会議の役割を果たした．皇帝の発
布する勅令には世俗的事項と教会に関する事項が盛り込まれ，その履行をはか
るため各地を巡回・査察する国王巡察使にも世俗の有力者とならんで司教など
の高位聖職者が登用された．

　カール大帝の統治は西ヨーロッパの諸民族がひとつのキリスト教世界を構成
し，宗教や文化において一体だとする共属意識によって支えられていた．しか
しこの一体性にはカール自身の個性と政治力がものをいっていたのも確かであ
り，カロリング帝国も直接の人的関係を越えた客観的な法規や制度にもとづく
統治機構をもっていたわけではない．それゆえにこそ統治の一体性をはかるた
め教会に多くを依存したのであるが，教会の組織も客観的な法規にもとづいた
教皇を頂点とするヒエラルヒーを形成するまでにはいたらず，聖職者たちの人
的な結合にその基礎を置いていた．一方，封臣たちとの間に形成された封建制
（レーン制）もまだ法的に整序されず，人的な要素が優先した関係にあった．
また王家においても男系の長子による単独一括相続の原理がまだ成立せず，
カールの死後に国内分裂することは十分に予想されたのであった．

## 第2節　農村経済秩序としての古典荘園制度

　第1項　古典荘園の基本構造
　農村人口と農村経済の大部分は12世紀までは古典荘園に組み込まれていた．
　古典荘園は当時の農業発展段階から見て，領主世帯の需要を満たすための最
適な経済形態であり，この経済単位における分業の発展とほぼ完全な自給自足

68

とを特徴とした．農業も製造業も非常に生産性が低く，領主は農民の農業余剰からの収奪を期待できず，農民からの収奪はもっぱら賦役や農産物以外の現物給付の形態で行われ，また自己の需要を満たすための独立的な製造業生産を行えたのも大規模な古典荘園に限られた．

古典荘園には多様な人々が居住したが，たとえばヘニングは次のような分類を行っている．

1．古典荘園の中心地の領主農圃（領主屋敷・直営地・直領地）

　a．領主家族ないし同様の機能をもつ修道院内居住者

　b．自由僕婢や不自由僕婢が領主の家と農圃での作業に従事

　c．賦役農圃で労働する不自由民で自己のための農地を与えられているもの

　d．手工業者

2．領主屋敷に近い村落や農場に居住し，賦役労働や現物給付を行う農民

3．領主屋敷から遠い村落や農場に居住し，現物給付を行う農民

大古典荘園の最も有名な事例は修道院の領主制である．所領の継続性が高かったので，所領の蓄積（8，9世紀には寄進がかなり頻繁に行われた）による拡大が容易に行われ，また文書による記録が普及しており，多くの資料が伝承しているのである．森本芳樹の紹介するプリュム修道院領もそのような事例のひとつであり，その所領は広大で東西300キロ，南北500キロあまりの地域に100以上の所領が分散していたが，その所領明細帳などから大古典荘園の経営の状況が読み取れる（『西欧中世史（上）』ミネルヴァ書房，1995年，151-2，163頁）．

「エッテルドルフに教会堂2があり，そこから馬が提供されなければならない．ここに5マンス半がある．それらのうちレインゲルスが1マンスを持つ．棒材50，板材車1台分，鶏4，卵20.5マンスで軍役税の牛1．次の年には，4デナリウスに値する子豚1．重量運搬賦役として，ワイン車1台分と，木材の代わりにもう半台分を運ぶ．スペルト小麦15モディウスを修道院まで運ぶ．3グラヴィスを囲む．亜麻1リブラを与える．犂耕賦役2回，3回目

は施肥に際して，３ユグム．修道院に貫板100を運ぶ．週に彼に命じられた
だけ働く．森で順番に従って１週間豚の番をする．ドングリを５モディウス．
パンとビールとを作り，夜警をする．国王の来訪に際して，鶏１，卵５．布
を作る女達は，亜麻を集め，水中を引いて整える．草刈と穀物収穫に働き手
２，ブドウ収穫に１．仕事部屋で縫い物をする．葱を植える．馬を差し出す．
ここに水車がある．彼の順番に従って，ワインと塩を売る．キイチゴを集め
る．メーリンクの漁場で，マンス保有者もハイスタルドゥスも働く．ラトベ
ルトゥスがモンツェルフェルトで，エッテルドルフと同じように賦役をし，
支払わねばならないマンス６を持つ」(『プリュム所領明細帳』第10章)

　「プリュム修道院は，かつては十分ふさわしいほど立派であった．３つの
主たる座を持っている．それらのうち，プリュムが１つ，ミュンスターアイ
フェルがもう一つであり，ザンクト=ゴアに第３がある．これら３つの集落
は，修道院長とその教会および信者の部屋であり，住宅でなければならない
と言いたいが，古い時代から教会守護の全ての暴力から免れており，これに
ついて多くの皇帝や国王から特権状を得ている．教会守護はここでいかなる
搾取をしても，暴力を振るってもならず，広場=市場で行われる裁判集会の
収入の３分の１以上を，徴収してはならない．修道院長が欲するときには，
前述の集落に両替所と，その造幣所とを持つことができる.」(カエサリウス
の注釈)

## 第２項　農業生産

　農業は基本的に自然環境に左右される生産活動であり，特にアルプスの南北
での相違は中世農業の状況を検討する上で重要である．南の地中海地方では，
乾燥した地中海性気候のためにもともと小規模な森林しかなかったので，冬小
麦のほかブドウやオリーブなど乾燥に強い作物の栽培が農業の中心になった．
　これに対してアルプス以北の平原地帯には森林が古代以来未開のまま残され
ていた．この森の利用なしには中世ヨーロッパ人の生活は成り立たない．樹木

は建築用材や薪炭となり，果実や木の実をもたらした．蜂蜜の巣からは蜂蜜や蜜蝋が得られた．またオークやブナのドングリは飼育された豚のえさであった．また何より，広葉樹林の腐植土のおかげで地味の高い土壌は，穀物栽培の潜在的耕地であった．中世中期以降の大開墾時代以降にヨーロッパの農村は本格的に発展し，その開墾地で生まれた村落秩序や領主農民関係が中世農村全体の基本モデルにすらなった．

このようなアルプスの南北の2つの農業様式が中世前期から徐々に融合していく．フランク王国時代に進行した社会の様々な領域でのローマ的要素とゲルマン的要素との融合は，農業部門も例外ではなかったのである．

ローマ文明の遺産としてはまずパンとワインを中心にする食習慣がある．ローマ帝国が生滅した後もその食習慣は先進文明として尊重され続け，人々の間に広まっていった．小麦とブドウという地中海的作物から作られるパンとワインが，アルプス以北のヨーロッパ全体に普及するにあたって大きな影響力があったのは，キリスト教の修道院である．

ローマ時代のガリアでは，小麦とブドウの典型的な栽培は，平野部に散在するウィラを中心に奴隷労働によって行われ，二圃制とよばれる輪作が一般的で，そのほかにブドウ畑と牧畜のための放牧地が別にあった．

これに対してゲルマン社会での農耕のしめる地位は，ローマ支配地域に比べてはるかに低かった．アルプス以北の湿潤な耕地は，水はけをよくするために種蒔き前に深耕して畝を作る必要があったため，原始的な耕作用具しかないこの段階ではこの作業に非常に多くの人手を要し，このため耕地は拡大せず，休閑期間も2年以上に及ぶなど粗放的な農業が行われていた．そしてこの粗放的な農業を狩猟・採集や牧畜が補っていた．

牧畜はローマ社会におけるよりもはるかに重要で，チーズ，バター，肉などの畜産品がドイツ中部のゲルマン人の必要カロリーの3分の2近くを賄っていたという試算もあるし，アーベルの計算によれば中世前期の一人当たり食肉消費量は年間100kgと推定され，これに対して1800年に25～28kg，1900／10年に50kg，1972／73年に80kgである．肉食された動物の種類は地域ごとに多様

で，森林が多い地域では野獣肉，沿岸地域などの平地では牛肉，森林肥育に適した地域（ブナやオークの森林）では豚肉の比率が高かった．

　収穫が終わった耕地が長く放置されて家畜の放牧場となったり，森林でも放牧が行われるなど，牧畜が農耕や森林での採集と結びついていたことが，ローマ社会には見られない特色であった．

● 章末問題 ●

1．封建制の成立過程をまとめなさい．

2．古典荘園の特質をまとめなさい．

3．古代ゲルマン農牧社会の経済組織と古典荘園との関連について調べなさい．

【参考文献】

〔1〕　森本芳樹『西欧中世初期農村史の革新──最近のヨーロッパ学会から』木鐸社，2007年

〔2〕　佐藤彰一・早川良弥編著『西欧中世史　継承と創造』（上）ミネルヴァ書房，1995年

〔3〕　ハンス=K. シュルツェ（千葉徳夫他訳）『西欧中世史事典』ミネルヴァ書房，1997年

# 第8章　中世中期の社会

## 第1節　支配基盤としての王国教会と叙任権闘争の起源

　オットー1世は数次の大公反乱を乗り切って国内を平定し，ハンガリーの脅威を最終的に除去し，西方キリスト教世界最高の権威である皇帝の地位につくことによって，東フランク王の支配権力をいちじるしく高めると同時に，王国の統合も強化した．しかし，オットーの王国も，決して体系的な統治制度をそなえた集権的統一国家ではなく，王は逆に，各地の実力ある有力者に対し，王国諸官職とその支配権限を王領ともども授与し，彼らとの間に人的な忠誠関係を結ぶことによって，この有力者たちの王国奉仕を確保したのである（封建制＝レーン制的関係）．

　フランク王国はカロリング朝以来，ローマ・カトリック的キリスト教をもって統合された宗教的政治団体であったから，その支配秩序を維持するのには教会とその組織が世俗の官僚組織にもまして重要な役割を果たした．王国の組織と教会組織は重なりあっており，教会組織の要である司教座教会と大修道院は王国教会としての手厚い保護を受け，王国教会は逆に王の統治を物心両面で支えてきた．両者のこの相互関係は東フランク王国において緊密の度をいちじるしく増したのであった．

　特に，この王国教会を支配手段として徹底的に活用したのがハインリヒ2世（在位1002～1024年）であった．彼は世俗貴族への対抗策として，王国教会とりわけ司教座教会の支配基盤を体系的に拡充，育成し，そこに国王の最も信頼できる権力・支配装置を作り出した．

　ハインリヒ2世は1004年にメルゼブルク司教座を再建し，1007年にはバンベルク司教座を設立するが，これは戦略上の要衝に国王支配の拠点を作り出そうとする政治的措置であった．バンベルク司教座はハインリヒ2世の本領地であるバイエルンとザクセン朝の伝統的支配基盤である東ザクセン・チューリンゲン地方ならびにライン・マイン地域を結びつける位置にあり，またベーメンやエルベ以東のスラブ人地域に発進するための基地としても最適の場所であった．ここにハインリヒ2世は国王直轄の司教座を作り，多数の寄進を行ったのである．

　ハインリヒ2世は様々な所領寄進と特権賦与によって物質的・権力的に強化された王国教会とりわけ司教座教会に対し，系統的に宮廷司祭のなかから選んだ優秀な聖職者を司教として送り込んだ．これらの司教たちには教会指導者としての資質以外に，王国統治を担うものとしての政治的能力，そして国王に対する忠誠と献身が期待されていた．またハインリヒ2世は，国王が司教座聖堂の参事会員資格をもつという，国王参事会制度を組織的に展開し，彼はパーダーボルン，マクデブルク，シュトラスブルク，バンベルクなどの大聖堂参事会員であり，参事会の祈祷共同体に参与し，参事会員の聖職禄を取得した．これは国王が司教人事に介入することの根拠であっただけではなく，ハインリヒ2世自身も教会も国王を聖職者とみなしていたことを示す．聖俗両側面を持ち合わせる最高の支配者という神権的観念が国王の王国教会に対する体制的支配を可能にし，存続せしめた基礎にほかならなかった．

　したがって，11世紀後半のグレゴリウス改革を通じて，こうした国王観念が批判され，国王が俗人の立場に引きおろされると，王国教会体制ならびにそれを基盤とする国王支配の全体が危機に曝されることになったのであった．

## 第2節　大開墾時代

### 第1項　中世中期の西ヨーロッパにおける転換

　都市建設が進んだ頃，ヨーロッパの農村社会も転機を迎えていたが，それには3つの要因が影響を与えている．第一は中世農業革命と呼ばれる一連の農業

技術の革新である. まず, 水車・風車の利用が飛躍的に拡大し, 粉挽きだけで
はなく鍛冶屋のハンマーなど用途が広がり, 人力や畜力に頼ってきた農民の生
活を一変させた. 鉄器具の普及によって貧弱な木製農具が鉄製になり, 森林の
開墾に十分な装備を手に入れ, また犂にも鉄器が用いられた. 輓獣が牛からス
ピードの速い馬に転換されたが, これは蹄鉄や首輪式の引具の利用が始まった
ことと, 馬の飼料として不可欠の燕麦の三年輪作による栽培によって可能に
なった. カロリング時代には大所領に限定されていた三圃制が各地に普及して
耕作の効率化に寄与した. こうした技術革新によって穀物の収穫率は上昇し,
13世紀までに少なくとも10世紀以前の3～4倍になった. 穀物以外の作物の栽
培も盛んになり, たんぱく質の豊富な豆類, 野菜, 果樹が盛んに栽培され, 商
業作物としてのブドウ, 亜麻, 大青なども広く栽培・取引された.

　発展の第二の要素は人口増加である. 紀元1000年から1340年までの人口増加
は, イギリス・フランス・ベネルクス三国では760万人から2,450万人へ
(200%増), ドイツ・スイス・オーストリアでは380万人から1,120万人へ
(200%増) と見積もられている. これは西ヨーロッパ世界の外部への拡大に影
響を与え, イベリア半島でのレコンキスタ, 東地中海における十字軍運動, イ
ングランドのノルマン朝とシチリア王国建設に見られるヴァイキング諸国家の
建設, さらに12～13世紀以降低地地方やドイツ西部からエルベ以東に大量の植
民者を送り込んだ東方植民運動などが行われた.

　しかし西ヨーロッパ内部の農村社会に目を向けるなら, このような人口増大
がもたらした最も根本的な変化は, 各地で進められた開墾であるといえる. こ
の場合既存の定住地の拡大あるいはこれまで全く, あるいはほとんど農業に利
用されてこなかった地域に新しい定住地が成立した. ドイツにおける人口増加
に伴う開墾の事例として以下のような発展は典型的なものである.


《パーダーボルン西北部デルブリュッカー=ラントにおける農村共同体内部に
おける階層分化過程の事例》
 • 1200年までに開墾地に完全マイヤー農囲および半マイヤー農囲が設置され

た（1農圃につき8から15ha）．2つの農圃集団が異なる時期に形成された
のか，すなわち，例えば，まず最初に103の完全マイヤー農圃が建設され，
それに続いて徐々に土地が不足し，80の半マイヤー農圃が建設されたとい
うような事実があったのかどうかははっきりしない．しかしその種の時期
区分は全くの空想とはいえない．

- 13世紀と14世紀には「マルク」，すなわちこれまで共同利用されてきた放
  牧地の周辺に，79人の「バルデンハウアー」（バルデとは開墾に用いられた
  鍬を意味する）集団が1農圃につき約3から4haの土地を与えられて定
  住した．1家族当たりの土地面積が小さかったために，12世紀から14世紀
  の時期には，ドイツの他地域に関しても明らかにされているように，すで
  に土地不足が顕在化した．

- 15世紀から17世紀初頭には約50のいわゆる旧ツーレーガー地が設定され，
  1農圃当たり約2haの土地を与えられた．バルデンハウアーがすでに畜
  耕可能農圃の限界であったが，旧ツーレーガー集団の土地はあまりにも小
  さく，輓獣も飼育できなければ家族全体を土地利用によって扶養する能力
  もなかった．

- 17世紀後半から18世紀に形成された366のいわゆる新ツーレーガー地は，
  1家族当たり1ha未満の僅かな土地しか与えられなかったので，追加収
  入への依存度がいっそう大きかった（特に製造業生産）．

　　デルブリュッカー＝ラントではもともと司教森林が重要であったようで
あり，そこにおそらく当初は最初の農民定住者の給付物集積地として副農
圃が建設され，古典荘園の解体とともに定住が行われたのである．

　　西欧の多くの地域に関しても様々な規模の完結森林地域で類似の定住過
程の存在が認められる．

　　デルブリュッカー＝ラントは孤立農圃が優勢で一子相続慣行，すなわち
農圃の不分割が普及している地域に属した．それゆえ，新しい定住地は個
人的に利用されていない土地，特に共同放牧地に成立したのである．分割
相続地域では事情は異なっていた．このような地域では当初存在した大農

圃の土所が維持されず，相続過程で子ども数にしたがって分割されたのである．そのため経営規模構造はデルブリュッカー゠ラントに比べて根本的にいっそう分散的であった．（F. -W. ヘニング『ドイツ社会経済史』学文社，1998年，82-83頁）

### 第2項　領主の農民への譲歩

　人口増加と大開墾運動の結果，西ヨーロッパの農民と領主との関係は一変してしまう．領主のイニシアチブで新しく作られた開墾集落の場合，その入植者には新村の建設特許状が与えられて，賦役労働ではなく定率ないし定量の貢租支払い，さらには建設当初の一定期間の貢租免除，十分の一税の免除，移動の自由などの有利な条件が認められる場合が多かった．そこではそれまでのような領主の農民に対する人身的支配が制限されて，農民たちの負担が大幅に軽減されたのである．このため近隣の古い村落の農民にとっては新村建設への参加はたいへん魅力的であり，彼らの領主は自領の農民の流出を防ぐために，旧村落に対しても同じ条件を与えなければならなかった．

　ドイツでもライン地方では，ハンドフェステと通称される村落共同体に附与された特権的内容の特許状が広まっていたし，エルベ以東の植民地域では，新村建設の特許状によって入植農民の特権が保証されていた．しかしドイツでそれ以上に一般的だったのは12世紀末から村の慣習や領主農民間の様々な権利義務を村落の裁判集会において領主役人と住民立会いの下に成文化させた判告録である．ドイツの農民たちはそこで領主と交渉を行いながら，領主の恣意的な課税要求や過度の収奪を制限し，自分たちの権利を確保することができたのである．

### 第3項　統一的農民身分の形成と村落共同体の成立

　これまで見てきたような変化は農民身分そのものにも大きな変化をもたらした．まず領主直営地では，支配下の農民の賦役が軽減されてゆく．領主直営地は消滅したわけではなかったが，以後は賃金によって雇用された農業労働者に

よって耕作されるようになる．これに代わって農民は自ら経営する農民保有地からとれた収穫物の一部を貢租として領主に納めることがその主な負担になる．12世紀までに毎年の収穫に対して定率の貢租を現物で納めることが一般化し，その後には貢租の定量化が進んだ．しかも14世紀からは収穫物にかわって定額の現金で支払うことが一般的になってゆく．13世紀までは一般に穀物価格が上昇していたこともあって，余剰の収穫を得ることができた農民には貢租の定率化や定量化は有利であった．こうして賦課租は保有する土地に対する貢租ないし地代へと変化していった（古典荘園から純粋荘園へ）．

　賦課租の地代化は農民身分の変化を表すものでもあった．すなわち領主農民関係において，領主直営地での賦役労働に典型的に見られたように，領主が農民の身体を直接に拘束し支配することから，農民の耕作する土地を介しての支配へと移行したのである．

　ただし，もしも大開墾時代に農民の移動の自由を認めれば，それは所領経営の破綻に直結するので，領主は農民の結婚や死亡が引き起こす人や土地保有権の移動をできるだけ制限しようとした．領外婚姻税や死亡税はそれを物語る．このため，いぜんとして大部分の農民は，保有地からの移動を禁じられているという点で不自由身分にとどまり続けた．

　10世紀後半から多くの領主が城を築き，そこを拠点として領域的支配権を行使するようになる．このように城主が裁判権を主とした公権力を保有する領主となって農民を支配するような領主制のありようは裁判領主制と呼ばれている．そこでは城主自身の所領の農民も，それ以外の農民も，事実上は区別なく城主の支配に服し，地代とは別に様々な税を支払うことになった．領主は軍事力，警察力，裁判権を独自に行使して治安維持に当たる代償として裁判収入を得たほか，支配地域を通行する商人などからも通行税を徴収した．農民は12世紀頃から裁判領主の下に従属する「領民」として，統一的な農民身分として登場することになる．

　地域的偏差も大きかったが，判告録などによって裁判領主権を含む領主の恣意的収奪が制限され，領主地に住む農民に対する人格的支配や不自由は，隷属

性の弱いものになっていったものの，全体として11〜12世紀のヨーロッパでは，土地を介しての領主支配に服し，社会的な自由の一部を拘束された，統一的な農民身分が形成されたと考えられる．またこれに少し遅れて，騎士身分というかたちで統一的な貴族身分が成立してくることをあわせて，この段階で西欧の中世社会が成立したとみなすこともできる．

中世農業革命と大開墾運動，古典荘園の解体と裁判領主権にもとづく一円支配の成立，農民身分の均質化の結果，農村の集落のあり方も大きく変化した．カロリング朝期に一般的だった散居制村落に代わり，三圃制が発展した結果，共同耕作を実施する必要から村のすべての耕地をひとまとめにすることになり，それに伴って農家が一カ所に集住するようになった．これが集村化と呼ばれる現象である．開墾集落もこれと同様の集落形態をとることが多かった．これによって現在見られるようなヨーロッパの農村景観も作られたのである．

集村化の核になったのは領主の築いた城や教会などであることが多かった．グレゴリウス改革の進展とともに農村の教区組織が確立していった結果，教会やそれに隣接する墓地を中心に人々が集まり住むようになるのは自然な現象であった．城の周囲に村落が形成される場合には，村全体が城壁に囲まれる防備集落であることも多く，このような集村化はイタリアや南仏の丘陵山岳地帯でよく見られ，インカステラメント（incastellamento）と呼ばれる．

こうして形成された村落では，耕地は区画整理でまとめられて，個々の農民の持分地の境界には柵や垣根が設けられない開放耕地制の形態をとった．農民たちは，共同で所有する重量有輪犂と馬によって耕地を耕し，収穫するのであり，すべての農作業は村全体で行われねばならなかった．また休閑地についても，そこには村全体の家畜が放牧されなければならなかったので，個人的な利用は制限されていたし，村落の周囲の未開地や森などの共有地の利用についても，共同体の慣習的規制の下におかれていた．

このような耕作強制，強制放牧，共同地慣行が円滑に実施されるためには，共同体としての公的な強制力が必要になるが，これを行使できたのは城を拠点に裁判権を強制し，それを収入源としていた城主に代表されるバン領主たちに

他ならなかった．こうしてバン領主と村落共同体とは，相互に依存しつつ，新しい農村と領主農民関係を作り出していったのである．

　新しい村落共同体は自治的な制度をもつ場合がある．その場合には，村の代表として村長などの村役人が村民によって選出され，領主の代官に会計報告を行ったり，徴税業務を領主から一部委託され，また年に何回か村落集会を開くことも許された．また領主への農民の負担が文書化され，村落集会で領主と農民が判告録の確認を行った．

## 第3節　中世中期の都市建設

### 第1項　都市の本質と起源

　ゲルマン人は民族移動以前には都市を形成しなかった．民族移動・ローマ帝国各地への侵入とともに都市生活に触れるようになったのである．ゲルマン人における都市生活の成立は，ローマ都市との接触，古典荘園中心地の発展，商人の自然発生的集住地の形成などを通じての緩慢な過程であった．

　こうして成立した中世都市の（今日の都市とは異なる）本質は次のようなことであった．

　都市は土地領主に取り込まれていた農村地域とは法的に区別される地位を獲得した．禁制圏は同一地域に位置する村落の手工業に対して都市手工業を優遇する制度であり，また農村に比べ進んだ独立性を認められ，これが後に土地（都市）領主からの解放および市民の自由の重要な前提となった．また防衛権を与えられていて，これも封建領主に対する独立化の傾向を包含していた．また市場権の独占は商業発展の重要な前提であった．初期の都市は人口や住民の職業では必ずしも農村と十分に区別がつくものではなく，こうした法的地位や特権の賦与が都市成立の重要な指標であった．

　かつてピレンヌが「商業の復活」と称した遠隔地商業活動の活性化も都市成立に無関係とはいえないが（特に大都市について），ますます増大する農業的余剰の集積，領主層という大口の消費者の存在と彼らの市場に対する積極的政策，相対的平和の確立などを背景とした地域経済の発展が都市の中心的役割を支え，

促進したと見るほうが適切であろう.

　さて中世都市の起源として重要なものとして以下の 3 つがあげられなければならない.

　元来キヴィタスと呼ばれたローマ都市の機能は, ローマ帝国の衰退とともに収縮したが, これはキリスト教会によって継承された. キヴィタスには司教座が設置され, 司教が在住してキリスト教布教の拠点とされたのである. そして後にはフランク王・神聖ローマ皇帝の保護を受け, 政治的・軍事的役割をも負うべき存在として裁判権・免税特権などを付与され, 領主として支配を行った.

　とりわけ修道院などの聖界領主によって行われていた大規模な土地経営 (古典荘園) の元では, 領主自身が領民を使役して領主の統括する市場で余剰の農産物や手工業品を取引する局地的交易を促進したと考えられており, 週市や年市の開かれる市場集落が多く成立した. そうした市場集落はブルグスと呼ばれ, しばしば貴族の城砦や修道院などの支配の拠点に隣接し, 領主による保護の対象となった. 大古典荘園の中心地は同時にその周辺地における物流の中心地でもあったのである.

　このほか北西ヨーロッパには, この時期ヴィークスなどと呼ばれる新しい非農業的集落 (商業地) が主要な河川沿いやバルト海・北海沿岸などに形成されてきた. これらの商業中心地はイングランドやスカンディナヴィアと北西ヨーロッパとの遠隔地商業の中継地であるとともに, 手工業や教会の所在地として, 在地の中心地としての機能を果たしていたのである.


### 第2項　都市の製造業

　当時の基準で大都市に成長した都市では製造業のかなりの分化が見られた. 14世紀央のレーゲンスブルクに関しては以下のような指摘がある.

- 金細工師を含む16の金属手工業 (武具手工業が圧倒的に優勢).
- 11の衣服・織物手工業. 衣服の基礎需要および近隣の封建領主の高級品需要を充足.
- 4つの建設手工業 (大工・壁工・屋根工・硝子工). 大聖堂建設と都市の

防衛施設が最も重要な職場.

- 木材加工業・粘土加工業（桶工・家具工・車大工・陶工など）.
- 製パン工と精肉工.

ケルンなどレーゲンスブルクより大きな都市ではさらに分業が進んでいたと考えられる．金属手工業・織物手工業・建設手工業などでは領主層の需要が大きな割合を占め，封建的収入の大都市の製造業への影響はかなり大きかったと考えられる．これに対して小都市の製造業は根本的に単純であった．

総人口のほぼ10％が都市に居住したが，農耕市民都市（住民数は1,000人未満がふつうで，住民の30％以上が農業に従事）の数が多かったので，都市人口の50％未満しか手工業には従事していなかった．村落手工業者や鉱山業などを考慮に入れても，総人口のほぼ7％程度が製造業に従事していたと考えられる．

手工業の発展とともに手工業従事者の団体（同職組合 Zunft：ツンフト）が形成される．業種が多く，手工業に従事する者の多い大都市ほど同職組合の形成が進んだことはいうまでもない．同職組合は以下のような任務を負った．

- 宗教上・社交上の任務．これは同職組合としての活動の大半を占めた．
- 社会政策的任務．病気や事故の場合の相互救援や寡婦・孤児の支援．
- 都市防衛の分担負担．個々の同職組合に防衛区域が割り当てられていた．
- 経済的任務が最も重要であった．原料調達，質・量に関する生産管理，雇用する雇職人と徒弟の数，価格設定，生産技術の固定，大規模生産施設（縮絨所・研磨所など）の共同運営．
- 都市貢租の代理徴収．

同職組合設置の最も重要な帰結は排他性要求，すなわち非構成員による手工業生産の禁止である．ただしこの同職組合による強制は一般的に存在したわけでもなかった．

手工業従事者の親方・雇職人・徒弟への分化はすでに12世紀には若干の都市で証明されている．建設業では親方も雇職人・徒弟も建築主によって募集されたが，通例は雇職人と徒弟は親方の監督の下でだけ働くことができ，同職組合によって個々の親方が雇える補助労働者の数は制限されていた．

親方の地位は徒弟・職人の期間を経て与えられることになっていた．親方の仕事場へ徒弟として入るには３つの条件があり，第一に男性であること，第二にキリスト教徒であること，第三に正嫡かつ自由民の生まれが要求された．同職組合（Zunft）は一貫して宗教的兄弟団であり，構成員は祝祭日，子どもの洗礼，婚礼，葬式，貧民救護に参加しなければならなかった．また同職組合の都市政府への奉仕の代償として，ツンフト加入資格の世襲を都市政府は個々の親方に認可した．親方の息子は優遇され，父親や父の友人の仕事場で修業したり，遍歴期間もごく短く，全く免除されることもあった．多くの都市では親方の寡婦が，未成年の息子がいたり，再婚のための時間をおく場合に仕事場を引き継ぐことができた．

### 第３項　都市の行政と内部制度

すでに都市建設期に，住民の自治機関が形成され始める．自治行政制度の発展過程は多様であるが，一般に13世紀初め以降，広い範囲の都市で参事会制度の導入が見られる．もちろん住民共同体による自治の発展は，古い司教都市では，都市領主たる司教の反対を呼び起こし，王権もしばしば都市領主の承認なく設立された参事会制度を禁止している．

参事会制度の成立は，都市を管轄する都市領主の官吏が市民によって代替されていくことによって成立することもあれば，都市建設と同時に商人の代表に行政上の任務が任されることによって成立することもあった．さらに，参事会は都市領主への独立性を強めるため，帝国都市としての特権を獲得しようとする場合もあった．以下はニュルンベルク市に帝国都市の地位を認める特許状である．

《皇帝ハインリヒ７世の特権付与状（1313年６月11日）》

　　神の恵み深き慈悲によりローマ人たちの皇帝にして絶えざる帝国の拡張者たるハインリヒ７世は，この文書を読む神聖ローマ帝国の全臣民に，その恩寵とあらゆる善を施すものである．……余の親愛なる忠実なニュルンベルク

市民たちの抱く好意に対して，求める嘆願に喜んで承諾を与えることが如何にふさわしいかを考慮し，余は以下に記した条文が，ニュルンベルク市とその市民の利益となる限り，とくに遵守されるべきものと定める．

1. まず最初にニュルンベルクの都市代官に今後なる者は，公道，あるいは俗に王道と呼ばれる街道を守り，誰であろうと通行する者を安全に護送しなければならない．

2. またニュルンベルクの都市代官と市民たちは，誰であろうと要望する者を法の定めるところに従って，彼らの同胞市民として受け入れることができる．

3. さらに，ニュルンベルクの都市代官は，毎年1回同市の参事会員たちの前で，参審人たちの理にかなった判断に従って貧しい者にも富んだ者にも公平に裁判を行なう，という宣誓をなすものとする．

4. 同様に，前述した同市の都市代官は，誰であろうと拘留された同市の市民を保証人の保証により保釈しなければならず，また参審人たちの正当で理にかなった判断に従ってその者に宣告を下さなければならない．ただし，事件が極悪であったりその者の拘留理由がそれとは別のことを要求し，必要としている場合は除く．

10. 最後に，ニュルンベルク市民は，全体としてであれ個々人としてであれ，そして彼らの財産もまた，逆にニュルンベルク市でそこの市民や財産がこれまで免除されてきたような都市や町で，流通税や通行税の徴収から免除される．（以下略）（ヨーロッパ中世研究会編『西洋中世史資料集』東京大学出版会，2000年，179-181頁）


　都市領主と市民との間の闘争があっただけではなく，都市内部に身分的区別が存在した．すなわち，都市貴族（都市に居住する貴族，遠隔地商人など），手工業者（親方層），下層民（雇職人・徒弟その他の都市民）の区別である．都市領主と争って参事会自治の拡充を目指したのはもっぱら都市貴族であり，その下には数の上では都市貴族を大幅に上回る手工業者が存在し，彼らは都市

防衛と都市財政の主要部分を担っているにもかかわらず，政治的な影響力を十分に行使できないことを不満に思っていて，ツンフト闘争と呼ばれる都市蜂起を起こすこともあった．他方で手工業親方たちは自分のもとで働く雇職人に脅かされていて，1380年のマイヨタンの蜂起（フランス）や1377年のチオンピの反乱（イタリア）はこの階層が中心になって起こした都市反乱であった．

● 章末問題 ●
1．集村化の主要因を述べなさい．
2．王国教会の意義をまとめなさい．
3．コミューン闘争についてまとめなさい．

【参考文献】
［1］　江川　恩・服部良久編著『西欧中世史　成長と飽和』（中）ミネルヴァ書房，1995年
［2］　堀越宏一『中世ヨーロッパの農村社会』山川出版社，1997年
［3］　W. レーゼナー（藤田幸一郎訳）『農民のヨーロッパ』平凡社，1995年
［4］　河原　温『中世ヨーロッパの都市世界』山川出版社，1996年
［5］　瀬原義生『ヨーロッパ中世都市の起源』未来社，1993年

# 第9章　中世後期の社会

## 第1節　身分制国制の成立

　1356年の有名な金印勅書は皇帝選挙の手続きと選挙権をもつ7人の選帝侯を定め，選帝侯に国王に準じる諸特権を認めた．これによって皇帝カール4世は，基本的には有力諸侯の権利を認めつつ，その諸侯の合意を得ながら政治を行っていくという方針を明確にした．通常，等族制ないし等族=身分制などと呼ばれているものである．この場合，封建的家臣としての個々の諸侯ではなく，同等の身分としての有力貴族=家臣団が，皇帝=国王のパートナーということになる．そして主として租税賦課を巡る国王と等族との協議・交渉の場となったのが身分制（等族制）議会であった．

　中世ヨーロッパ世界を全体として秩序づけていた，神聖ローマ皇帝権とローマ教皇権は，13世紀半ばの大空位時代と14世紀初めのアナーニ事件などをきっかけにいずれもその普遍的権力としての威信を低下させ，権力体系のバランスが崩れるという危機が生じ，それ以後の時代にはヨーロッパ的規模での秩序の再編が必至となった．しかしこの時代に行われた再編は「封建制の解体」や「主権国家の登場」ではなく，あくまで「封建制の枠内での再編」であった．以下，若干の論点について説明しておく．

(1)　**傭兵の利用と軍制の変化**　中世後期における軍事史上の大きな変化は傭兵軍団の大量出現と，国王や諸侯がこれらの軍団との割符契約によって軍事動員を行う方式の導入であった．しかし，これは従来のような無償での軍事力提供の習慣が廃れたことを意味するだけで，有償で軍事力を提供するように

制度が改められただけであり，兵を集めて国王に提供する指揮者としての諸侯の軍事上の地位に大きな変化は見られなかった．

(2) **官僚制**　中世後期に官僚組織の整備・拡大が見られたとしてもそれは王権が国家官僚を掌握していたことを必ずしも保証しない．国家諸機関は国王の政策や統治方針に不満をもつ諸侯やその加担者たちの，国政における発言権を主張する場合のよりどころとして利用される場合もあり，その発展は必ずしも諸侯の封建的特権を侵食したわけではなかった．また官僚の人事においても国王の意向が常に通るわけではなく，官僚制の整備と，それに伴う中央集権的外観は，封建諸侯からの権力奪取を意味するわけではない．

(3) **身分制議会**　身分制議会のもつ君主への圧力は地域，状況，時代により多様である．身分制議会には都市の代表も参加させられていたが，都市を一概に非封建勢力とみなすことは誤解を生む危険がある．国王が都市に特許状を与えて献金を得ることもあれば，都市が国王から軍事義務や貨幣代納義務を負わされることもあり，このような都市が身分制議会に召集される場合には，身分制社会の中の一員，等族として理解することもできる．中世後期以降に議会が安定的に開催されるようになるか，あるいは少なくとも議会に召集される身分として王権に認定されることによって，諸侯は議会貴族身分として連帯する理由をもつことができた．議会に出席する資格を得た諸身分は，王権と協議することを何よりも期待されている．協議が不調で結果的に議会外で戦争などによって決着がつけられることもなくなりはしなかったが，議会という制度や議会貴族という身分制度は中世後期に崩壊はしなかった．

　封建制の枠内での統治機構の再編は，中央集権的行政制度が未整備な段階における国王と等族との利害調整制度の整備とでもいうべきであろうか．ブルンナーはこの時期の国制，特にドイツの主だった領邦の国制を領邦の平和を守ることを共通利害とする，領邦君主と等族との政治的・法的共同体を核とする国制と特徴づけている．等族は領邦君主の一般的守護の下にあるが，直接の支配には属さず，自衛能力をもつ局地的権力主体である．領邦権力は君主と等族とからなる二元的構造をもち，一方が他方の権益を損なうことは国制に反するも

のとみなされるのである．これは封建制（レーン制）における誠実関係の一類型ともみなせ，封建制そのものに矛盾するものではない．

## 第2節　中世後期の農業恐慌

### 第1項　農業恐慌

　中世後期の危機は何よりも農村社会の衰退として現れた．それはヨーロッパのほとんど全域にわたって人口減少，耕地や屋敷の放棄，廃村，穀物価格の長期的低落，領主の収入減少などをもたらした．これらの現象は通例，黒死病の流行と結びつけて説明されてきた．クリミア半島のカッファからジェノヴァの商船により1347年秋にイタリアにもたらされたこの病疫は，続く3年余の間に全ヨーロッパを席巻し，全人口のおおよそ3分の1を奪った．1350年代の再流行に続いて，65年頃，80年代前半，95年頃と流行は間欠的に起こり，15世紀にはどの10年間にもヨーロッパのどこかの地域で流行するという具合であった．そのため15世紀末まで出生率は死亡率を下回り続けた．

　W. アーベルは人口減少に伴う廃村の進行を全ドイツにわたって検証し，これを穀物価格の低下，その都市生産物との鋏状価格差，耕地面積の縮小などを伴う農業危機と不可分の現象であるとした．廃村現象はアーベル以後，注目を集め，本格的な考古学的研究が地域ごとに進められているが，1937年のドイツの村落数13万に対し，中世の廃村数は約4万に達したと見積もられている．しかしこれらの廃村のうちどれだけがアーベルのいう農業危機を原因とするものであるかは不明である．つまり廃村は集村化の過程でも生じたように，常に人口減少と結びつくとは限らないし，またライン左岸では1300年頃から顕著になるように，一般に開墾期の終了後まもなく中世後期の本格的な廃村が始まっている．加えて厳密な意味での廃村のほかに，部分的な耕地の荒廃や屋敷の放棄をも把握し，さらに地域差をも踏まえて人口動態や人口移動を考察しなければならないであろう．

　この人口減少は様々な影響を及ぼした．黒死病は戦争や自然災害とは異なり，土地と生産用具はそのままに，人間のみを奪った．穀物生産は低下したが，需

要はそれ以上に縮小し，穀物価格は年ごとの作況によって変動しつつも，ヨーロッパの大半の地域で低下した．

　生き残った農民は残された耕地を集積し，より粗放に経営することで穀物価格の低下に伴う収入減を補填しようとしたと考えられる．ただし穀物価格低下は市場向け生産をなす富農層にとっては打撃であったにしても，そもそも自家消費を基本とした中小農にはさほどの影響はなかったし，また自ら食糧を購入しなければならかった零細保有農や賃金労働者にとっては生活条件の改善となった．他方，農村における深刻な労働力不足のために多くの領主たちは，たえず所領の荒廃の危機に直面しており，よりよき労働条件を求めて他の領主の下へ，あるいは賃金の高かった都市へと移動する農民たちを自分の所領にとどめるためには大きな譲歩をなさねばならなかった．こうして農民は領主への人格的従属から一層解放され，終身保有や世襲保有などの有利な土地保有条件を獲得していった．もちろん領主財政の危機，領主制の危機といわれるこのプロセスは地域によって多様であり，それに対する支配権力・領主の対応も多様であり，それによって領主制の以後の存在形態も異なっていく．

### 第2項　農業制度の変化

　領邦の再分化がいちじるしかった西南ドイツでは，自身が小領邦でもあるいくつかの帝国修道院は一元的な大木制の導入による所領経営の危機克服を試みたが，農民戦争にまで連なる持続的な農民の反抗によってこれを確立するにはいたらなかった．ケンプテン修道院ではこの過程で農民がラントシャフト（自治的領邦臣民団体）を形成し，同修道院領邦の財政において積極的な役割を担った．14世紀には各領邦で主として課税問題を契機として身分制議会が形成されたが，15世紀後半からはティロル，ザルツブルク，その他少なからぬ小領邦などで農民のラントシャフトとしての議会参加が実現された．P. ブリックレはこのような共同体を基盤とした「平民」（農民・市民）の国家形成機能を重視し，14，15世紀に農民の地域的共同体（カントン）と都市の連合によって事実上の独立を遂げたスイス誓約同盟をその典型としている．

　しかしドイツ全体ではこうした「共同体・同盟」的タイプの国家再編は一般的ではなく，農民戦争をピークに平民のラントシャフトも衰退していった．これと対照を成すのがエルベ以東におけるグーツヘルシャフトである．ここでは騎士領所有者は裁判権を手段として15, 16世紀に農奴制を強化し，その賦役労働によって西ヨーロッパ向けの輸出用穀物栽培のための領主農場を形成しえた．16世紀以後本格的な発展をみるこの新しい封建貴族の農場経営は，中世後期の危機の克服の過程で成立したヨーロッパ規模での分業システムの「辺境」に属するものともいえる．

　このような領主制の再強化はこの地域の領邦権力がなお脆弱であったことにもよるのであり，この点はポーランドについても指摘しうる．すなわち14世紀後半に成立したヤギェウォ朝下でポーランドは，15世紀にはドイツ騎士団を破って国家としての自立を完成したが，前述のようなグーツヘルシャフトの形成は同時に西ヨーロッパ経済への従属を強めた．そして貴族＝グーツヘルは強力な存在として国家統合を阻害し，17世紀には王国の危機をもたらすのである．これに対し，バイエルンなどの大領邦ではむしろ領邦君主が秩序の再建・維持の担い手となった．具体的には君主は領邦条例により，一方では農民の移動の制限や最高賃金統制によって領主（等族貴族）の所領経営を支援するとともに，他方では賦役や死亡税などの農奴的負担の恣意的徴収の禁止や非自由人の結婚制限の禁止など，領主権を制限することによって，公権力としてのヘゲモニーを強化していったのである．バイエルンにおける農民蜂起が14, 15世紀を通じて1例のみであるのは，在地領主権力の弱体化，領邦君主の優越的地位と関連している．

　イングランドでは農民経営の発展を阻止するような領主権力は存在せず，むしろ農民層の階層分化が進み，富農層は農民保有地の買収や領主直営地の賃借によって集積した土地を雇用労働を用いて経営するようになり，次第に資本家的借地農へと成長していく．こうした富農経営は一方で15世紀の雇用労働者の賃金高騰と穀物価格の低下，他方で羊毛価格の上昇という現実に対応して，特にリンカンシャ，ヨークシャ，ミッドランドなどでは牧羊経営に重点を置き，

そのためにしばしば囲い込みを行ったが，農民保有地や家屋，集落を犠牲にしたそのやり方は16世紀には厳しい批判を浴びた．いずれにせよ彼らの一部はやがて富裕市民や騎士層とともに地方の社会的指導者たるジェントリ層を形成する．

### 第3項　農村前貸問屋制の成立

前工業期の農業部門には副業活動が普及していたが，その理由は以下の点にあった．

① まず労働に対する報酬が農村前貸問屋制では都市よりも低かった．過剰人口およびそれに起因する土地不足のために，農村では農村下層民および下層農が非常に増加したので，追加収入機会を必要とする労働力が利用できた（16世紀および18世紀）．② また人口減少（中世後期のペスト年，三十年戦争）によって農産物価格が低下し，農民人口は農業所得を改善しなければならなかった．農村下層民と小農は都市への流出ないし農民農圃の引受によって減少していた．③ いずれの場合も完全な労働能力のない人々（老人や子ども）も家族所得に貢献できるので，副業活動は特に有利であった．④ 農業は季節的に過小就業状態をもたらすので，１年のうちのかなり長い期間を製造業副業に利用できた．⑤ 農村での生産費は様々な理由から低かった．食糧への基礎需要が自給できる場合が多かった．生産施設も，自宅を作業場として利用できたので，安価に調達できた．また２人の労働者の副業活動に必要な亜麻はほぼ２ヘクタールの土地があれば生産でき，羊毛や綿花などの場合のように外部から導入される必要もなかった．

前貸問屋の重要な機能は，原料の調達の一部，販路の組織化，つなぎ金融である．村落の製造業生産者が禁制圏制度のために，たいていは都市市場から離れた地域に位置し，その結果経済的にだけではなく法的にも前貸問屋の重要な地位が確保されたという事実によって，前貸問屋の地位はさらに強められた．前貸問屋制は分散生産および生産者・最終消費者間の直接的接触機会の欠如のため，特に相対的に均質の大量生産に適していた．

　15世紀には前貸問屋制度は西南ドイツでだけすでに農村に広範に浸透していた．アウグスブルク，ウルム，シュトラスブルク，ボーデン湖畔がだいたいの境界線であった．ザンクト＝ガレン，コンスタンツ，ラーフェンスブルクを含むボーデン湖畔地域は，時間的にもまた質的にも最も先進的な地域であった．その理由は，15世紀よりもかなり以前から，すでに古典荘園内部あるいは都市織物業のなかにその手本が存在したこと，また12世紀以来北イタリアに存在した制度の経験から多くを学んでいた．たとえば，12世紀にすでにフィレンツェに生産規模の大きい前貸問屋製造業が存在した．ただしここでは毛織物製造業が都市内部で行われていた．

　当初農村前貸問屋制で優勢であった亜麻織物の販路は，地中海地域にも及んだ．14世紀末および15世紀初頭以来，ウルム，メミンゲン，ビーベラハ地域に強力に登場した綿麻交織織物生産（経糸に亜麻糸，緯糸に綿糸を用いる織物）は原料供給（綿花）と販路によって地中海を志向していた．

　これによって西南ドイツには新しい所得機会が生まれ，この新しい所得機会は19世紀までにドイツの多くの地域に広がり，農村の所得状況および全地域の発展にとって重大な影響を与えた．織物生産（毛織物）を施行したラインラント（ケルンなど）はほとんど農村を取り込んでいなかったが，ネーデルラントでは14世紀以降輸出向け織物生産が，前貸問屋制に組織されて，農村にも大規模に普及した．

## 第3節　中世後期の都市社会

### 第1項　南ドイツにおける商業の発展

　南ドイツにおける商業の発展の原因は，まず製造業の全般的繁栄，諸地域間での商業関係の強化，特に地中海地域や東欧への商業関係の強化にあった．また大市制度の変化からも利益を受けた．重要な大市は12世紀まではサン−デニ（Saint-Denis）とパリで開かれたが，12世紀以降大市開催地はシャンパーニュ地方に移動し，13世紀以降は新しい大市開催地によって補足されるようになった（シャロン＝スル＝シャオンヌ（Chalon sur Saone），ジュネーブ，フランクフ

ルト＝アム＝マインなど）．しかしまた大市を越える，あるいは大市を補足する
商業活動も徐々に重要性を増す．南ドイツ諸都市は14世紀以降，アルプス西方
（リヨン・ジュネーブ）から地中海，アルプスを越えて北イタリア（ヴェネチ
ア，ジェノヴァ），ドナウ河地域を経てバルカン半島および黒海地域，ベーメ
ン・ザクセンを経てカルパート山脈北方（ポーランド・プロイセン・ロシア・
リトアニア），フランクフルト＝アム＝マインを経て北西欧（ネーデルラント・
イングランド）などの商業路を強化し，アウクスブルク・ニュルンベルク・ウ
ルムなどの南ドイツ都市はヨーロッパ内商業における中心的機能を果たすよう
になる．ハンザ同盟との結びつきはたいていはラインラントやポーランドを経
て行われた．

　商業の強化と拡大は商業組織の改善にも関係があった．中世最大の商事会社
といわれる，大ラーフェンスブルク会社は1380年に設立された．この会社は特
に西地中海地域との商業に関心をもっていた．業務活動の端緒はラーフェンス
ブルク周辺で行われていた亜麻織物製造業で，それに前貸問屋として関与し，
広範な地域に売り捌いていた．この会社を構成した最も重要な３つの商人家族
は，ラーフェンスブルク（フムピス家），コンスタンツ（コンスタンツヘイタ
リアから移住してきたムントプラツ家），ブーフホルン（メッテリス家）の出
身であった．後にこの会社には10以上の家族が属するようになったが，大部分
は相互に姻戚関係を結んでいた．フッガー家，ヴェルザー家，その他の中世後
期から近世初頭の遠隔地商人家族は，参加者中の中心人物が業務を遂行する会
社制度をとる場合が多かった．

　遠隔地商業を行うこうした大規模な商事会社や個人商人は，事業の展開のた
めに本拠地以外にも拠点を設置した．支店会社制度の場合には，本店が外部の
都市にその都市の個人商人ないし会社と提携して支店を設置した．この形態の
場合，地元の事情に詳しい人物，追加資本，自己の利害を追求する独立的業務
遂行者が得られるという利点があった．在外支店制度の場合には在外駐在員な
いし代理人と呼ばれる業務施行者が本店によって所有される支店を指揮した．
フッガー家は当初は支店会社制度をとっていたが，後に在外支店制度に変えた．

## 第2項　ハンザ同盟とハンザ都市の発展

　ヴェルフェン家のハインリヒ獅子公によるリューベックの建設（1159年）は，ドイツ人のバルト海貿易を飛躍させた．ゴトランド島のヴィスビィに「ゴトランド渡航ドイツ人組合」が成立し，ノヴゴロドにもドイツ商人の「ペーターホーフ」が設立される．ドイツ人の東方定住の過程で建設された諸都市の商人も加入し，1280年代にリューベックがヴェンド地方諸都市を指導し，ヴィスビィにかわって指導権を確立した．「ゴトランド組合」はイングランドにも進出し，既存のケルン=ハンザと一緒になった．「ドイツ=ハンザ」の商館であるロンドンの「スティールヤード」は埠頭，倉庫・貯蔵庫・商店，宿泊場所を備え，ドイツ商人の集合地となった．

　「商人ハンザ」はフランドルをめぐる争いのなかで同地の織物商業を手中におさめ，ブリュージュを西欧貿易で唯一の集散特権地へ急速に発展させた．ハンザ商人の多くは自分の故郷の都市では参事会構成員であり，外地では自己の経済的利害に立脚して協同し，また都市相互間では特別な条約を結び，都市同盟・都市ハンザへの道が開かれた．英仏百年戦争が勃発した1338年に，フランドル伯がフランスに味方してイングランド貿易を禁止したが，ブリュージュのハンザ商人は方針変更をし，ドイツ諸都市がブリュージュの商館を引き継ぎ，1347年にブリュージュにおいて，リューベックとハンブルクのハンザが統合した．1358年，諸都市自体が「ハンザ」に連合し（「ハンザ」という呼称は，ここで初めて用いられた），リューベックでの会議はフランドルへの渡航を全面禁止し，規則違反は同盟からの除名で処罰されるとした．ここに「都市ハンザ」が成立した（1356年説，1366年説などもある）．

　最大で200あまりの都市を含み，ドイツ都市に限られず，多様な都市集団からなり，14世紀には6つの地区集団に編成された．リューベックを代表とするヴェント地区（ホルシュタイン・メクレンブルクを含む），ブラウンシュヴァイクを代表とするザクセン地区（ニーダーザクセン・ハルツ地域・アンハルトを含む），ケルンを代表とする下ライン−ヴェストファーレン地区，シュテンダルを代表とするマルク地区（アルトマルク・ミッテルマルクを含む），シュ

テッティンを代表とするポンメルン地区（ポンメルン・ノイマルクを含む），ダンツィヒを代表とするプロイセン地区（ヴェストプロイセン・オストプロイセンを含む）である．この地域分類は固定的なものではなく，ハンザ同盟史のなかで繰り返し変更されたが，それはハンザ同盟が統一的な経済的・政治的権力結集ではなく，矛盾した利害がここで主張されるという状況を示唆している．

　各都市では12～24名の市参事会が統治し，そのうちから2ないし4名の市長が選任された．原則として商人のみが参事会員資格をもっていた．経済的成功にもとづく都市（商人）貴族がハンザ都市の寡頭指導層を特徴づけた．慣行によりハンザ会議は毎年リューベックで5，6月の聖霊降臨祭頃に開催された．大都市は2名，小都市は1名の参事会員を代表として送り，審議の議決は議事録形式の「協定文書」に残されたが，ハンザは一度も全成員を拘束できなかった．協同の財産，艦隊，役人もなく，全部のハンザ都市が参加した戦争もなかった．

　毎年ニシンの主漁期（8月中旬から10月上旬）にはダンツィヒ，シュテッティン，シュトラールズント，ロストック，ブレーメン，リューベックなどのハンザ都市の商人がスコーネ地方南岸の商館に集まり，デンマーク漁民からニシンを買い付け，ヨーロッパ中に輸出した．バルト海地域の主要商品である穀物はドイツ騎士団の植民地域から大量に西・北欧へ輸出された．プロイセンの木材も西方へ輸出された．フランドルの染物業は東方からのタール=ピッチ（瀝青）に依存した．黒貂，熊，狼，リスなどの毛皮もライン地域の大市都市に送られた．ロシア産の蜜蝋は諸宮廷・諸都市の書記局の多数が文書の封印にも利用した．琥珀はドイツ騎士団が独占権を有した．


第3項　ツンフト闘争

　中世後期の都市ではツンフト闘争と呼ばれる都市内蜂起が頻発した．「ツンフト闘争」という用語には蜂起の主要勢力がツンフトに結集した手工業者で，その目的は市政の民主化であるという含意があるが，最近の実証研究でこの蜂起の革命性（体制変革の意図）は否定されている．

　蜂起の多くは新税導入に端を発している．蜂起が財政問題を軸とし，反税闘争として戦われたという図式はたいていのドイツ都市に共通する．しかし蜂起後に新体制が成立したとしても，租税徴収自体は行われており，したがって租税徴収自体が問題になったのではなく，その徴収の方法や課税の対象など租税にかかわる周辺的事項が問題になっているのである．そこで租税問題として表面化した都市の政治・経済的対立の本質がどこにあるのかが明らかにされなければならない．

　ブラウンシュヴァイクではマクデブルク大司教とのフェーデの結果，市財政がいちじるしく悪化したため，1373年に直接税が市始まって以来の高率に引きあげられ，さらに1374年に穀物税導入が決定された直後，手工業者の蜂起が勃発する．財政悪化の究極的原因は，周辺農村部に市が保有していた城砦の維持費にあった．このような施策が必要であったのは，当時強力になりつつあったイギリス，ネーデルラント，デンマークといった初期主権国家と競争し，商業活動を維持しなければならなかったことや，付近の諸侯が中央集権的行政組織を形成するため，おりあらば都市を屈服させようと狙っていたなどという状況のためである．またこの時期，多くのドイツ都市は周辺農村をその支配下に置こうとしていたが，それも同様の理由からであった．

　その一方リューベックの参事会員の大半は地代生活者で，その多くが都市境域外に領地を大規模に所有していた．そしてブラウンシュヴァイクにとって重要な商業路を守るべき城砦が，都市の利害に直接関係のない，地代生活者である参事会員の所領を守るべく配置されていたのである．となれば城砦に対する財政負担は都市のためではなく，都市支配層の私利のためだと一般市民に判断されても当然であった．高額の財政負担を強いる都市の防衛政策と地代生活者化した都市貴族への反感とが絡み合って対立が生じていたのである．

　ドイツの都市の蜂起において，蜂起が反参事会闘争の形態をとりながらも，参事会体制自体を破棄しようとした例は見当たらない．蜂起した人々は，参事会選出規定を変更し，自らも参事会員に選出されるような体制を目指していたということ，そしてその参事会選出が手工業者団体を基礎として構築された政

治組織としてのツンフトを基盤にして行う，いわゆるツンフト体制を目指した
ということがドイツ全体に共通していた．先のブラウンシュヴァイクでも1386
年に決められた新しい参事会体制ではいくつかのギルドからの代表者が加わる
ことが決まり，ツンフト体制が成立する．

　ツンフト体制の成立によって，それまで参事会職が特定門閥間での持ち回り
であった点が改められ，参事会員の選出の手続きが制度化される．しかしこれ
は民主化というよりも，支配層がかつての不満分子をその内部に取り込み，名
望家支配を再度確立していく過程であり，ツンフトが政治団体化し，政治生活
の基盤となることであり，経済的には都市経済の閉鎖性を強化することに帰結
する．ツンフト体制に敵対する新たな闘争が組まれたり，親方に対し職人組合
が結成されたりするゆえんである．


●章末問題●
１．ツンフト闘争についてまとめなさい．
２．東西ヨーロッパ（東西ドイツ）の農村社会構造の変化の過程をまとめなさい．
３．身分制国制の特徴を述べなさい．

【参考文献】
［１］　朝治啓三他編著『西欧中世史　危機と再編』（下）ミネルヴァ書房，1995年
［２］　ハンス=K. シュルツェ（五十嵐修他訳）『西欧中世史事典２』ミネルヴァ書房，
　　　2005年
［３］　M. モンタナーリ（山辺規子・城戸照子訳）『ヨーロッパの食文化』平凡社，
　　　1999年
［４］　ハンス=K. シュルツェ（五十嵐修他訳）『西欧中世史事典３』ミネルヴァ書房，
　　　2013年
［５］　比較都市史研究会編『比較都市史の旅』原書房，1993年

# 第10章　主権国家の登場

## 第1節　商 業 革 命

### 第1項　新航路の発見

　15世紀末からのヨーロッパのアジア・アフリカ・アメリカへの進出は，ヨーロッパ商業に広大な新市場を開き，多数の新商品をもたらし，中世以来のヨーロッパに大変革と中心地の大変動をもたらし，「商業革命」と呼ばれている．

　ポルトガルではエンリケ航海王子がセウタ（モロッコ）を1415年に攻略して以来，アフリカに精力的に進出し，1471年にはギニアに到達し，ここを拠点として砂金・象牙・黒胡椒と銅・毛織物との貿易を繰り広げ，さらに多数の黒人奴隷を大西洋諸島に送って，砂糖やブドウの栽培に使役した．1498年には，国王エマヌエル2世の命でヴァスコ＝ダ＝ガマがリスボンを出港し「喜望峰」を回って，インドのカリカットに到着し，ポルトガルによりインド航路の発見が達成される．ポルトガルは，ゴア（1510年）・マラッカ（1511年）をはじめ，インド洋やインドネシアなど各地に要塞や商館を築いて競争相手であるアラビア商人を排除し，香辛料の独占を企てた．ポルトガルの輸入した商品は，一部を除いてほとんどが胡椒などの香辛料で，その対価として銀や銅が送られた．とりわけ，銀は東洋の本位通貨であったのみならず，ヨーロッパよりも高く評価されたので，ポルトガルはギニアや東洋の金をヨーロッパに送ってこれを銀に替えては輸出していた．後に新大陸から大量の低廉な銀がヨーロッパに流入すると，ますます多くが東洋に流出した．

　一方，レコンキスタを完成させたスペインは，インドへの航海のパトロンを

探していたコロンブスをイサベラ女王が援助したことにより，新大陸を支配する機会に恵まれることとなった．コロンブスに始まる一連の探検征服は，インディオからの略奪や強制労働で得た砂金がヨーロッパに送られていたが，1545〜8年にメキシコやペルーに有望な銀山が発見されると，スペインは新しい精錬技術である水銀法を導入し，インディオや黒人奴隷の強制労働によって低廉な銀を大量に生産し，その大半が本国に送られた．このような銀山開発や入植に伴い，必要な農具や鉱山用資材，食料・ブドウ酒・衣料が，ほとんどすべてヨーロッパで調達されることになった．

　アメリカ大陸は東インドと異なって，全く新しい市場を開くことになり，スペイン本国の経済は一時，この需要から生じた好況に潤った．しかし，スペインの工業は，この突然の市場拡大に対応する能力を欠き，政府も工業保護の関心が低かったから，外国品の輸入を認めた．こうして，イギリス・フランドル・フランスの毛織物・亜麻織物などの外国商品が大量に流れ込んで，植民地への輸出の9割を占めるようになり，アメリカ植民地への輸出貿易も，実質的にこれらの国々の商人のものとなった．こうして，スペインはアメリカ大陸の市場だけではなく，その銀をも吸収されていくことになる．


　第2項　価格革命
　新航路の発見後，16世紀には価格革命といわれる物価上昇現象が見られたが，物価の上昇率が商品によって異なったため，受益者と非受益者の区別が発生した．1461／70年から1611／20年までのドイツにおける価格上昇率は，穀物260％，動物性生産物180％，賃金120％，製造業の投資財80％，日常需要のための製造品40％などであった．食糧を市場に依存する人々の多くが実質賃金の低下に苦しんだ．農業所得の受給者がこの物価上昇の受益者であった．

　この物価上昇の原因として新大陸からの銀の流入が指摘されることがある．1470年にヨーロッパで流通していた貴金属の量は銀換算で5千トンと推定され，これに対して1618年には2万トンから2万5千トンの銀が流通していたと推定される．増加はヨーロッパ内の鉱山（6千〜8千トン）およびアメリカ大陸の

スペイン領植民地（約1万トン）から生じた．銀が豊富に流通したのでその一部は中近東やアジアに貿易のために流出した．住民一人当たりでは貴金属量は1470年から1620年にほぼ倍増したと考えれている．

しかし貨幣量という点では帳簿貨幣の増加も過小評価できない．この時期，商業の発展とともに，多様な形態での貨幣支払約束文書が貴金属貨幣の長期輸送の代わりに用いられるようになり，実際の支払には大商業企業（フッガー家など）の支店網が利用されるようになった．これによって「信用創造」現象が発生し，貴金属の増加と合わせて1470年から1620年に貨幣量が400％以上増加したと推定される．

しかしまた，価格上昇率の商品別の相違には人口増加が作用したと考えられる．ドイツの人口は1470年の1,000万人から1618年の1,700万人に増加しており，この間におよそ70％の増加である．これは農産物価格の増加と実質賃金の低下の両者を説明するであろう．

こうした事情を勘案して，Fr.-W. ヘニングは価格革命の原因の3分の2は人口増加，3分の1は貨幣増加により，貨幣増加の大半は帳簿貨幣による信用創造が原因としている．


### 第3項　商業中心地の移動

新航路・新大陸の発見の結果，ヨーロッパ内部では東方貿易と商業の中心が，地中海から大西洋岸にシフトし，地球規模の貿易構造に大きな変化が現れた．15, 16世紀に新航路の開発を推進したのはスペイン・ポルトガルであったが，最終的にこれらの国はその利益を十分に活用することができなかった．

まず第一にジェノヴァ人がスペインの貨幣流通にとって重要なカスティーリャ地方の大市（メディナ=デル=カンポ・ヴィヤロン・メディナ=デル=リオセコ）を支配した．これらの定住地の立地（旧カスティーリャ）は，ジェノヴァ人がスペインの地中海商業だけではなく北スペインを通じた商業をも支配していたことを示唆する．

また，16世紀以降，ポルトガルとスペインの中心的地位は特にネーデルラン

ト，イギリス，フランスらの活動によって徐々に侵食されていく．

　16世紀におけるイギリス，フランス両国の探検・征服活動は主に2つの形態で行われた．ひとつは，アジアへいたる新しい航路をスペイン，ポルトガルの勢力が及ばない北方の海域に開拓するための海路の探索である．これによって両国は北米大陸開発を後に進めることになる．

　第二の形態はスペイン，ポルトガルの勢力圏への実力による割り込みである．最も顕著な例は，イギリス人ジョン＝ホーキングズによるスペイン領への奴隷貿易と，同じくフランシス＝ドレイクによるパナマ襲撃である．両人の行動は，スペインがもはや新世界の独占権を守り抜く力がないことを証明したが，やがて17世紀にはいるとともに，英仏両国は北米大陸とカリブ海域にそれぞれ恒久的植民地を建設するにいたる．

　一方アジアにおけるポルトガル商業帝国も，16世紀以降，ネーデルラント，イギリス勢力の進出によって急速に崩壊に向かった．ネーデルラントは1595年に最初の艦隊を喜望峰経由でジャワに送ったが，1602年に設立された合同東インド会社は，モルッカ諸島などからポルトガルの勢力を駆逐しつつ，香料貿易の支配権を手中に収めていった．ネーデルラントの東アジア支配はバタヴィアを中心として，17世紀中葉にその最盛期を迎える．イギリスも1600年東インド会社を設立してアジア貿易に乗り出したが，香料諸島の争奪戦でネーデルラントに敗北した後は，インド本土との貿易に主力を注ぎつつ，後のイギリス領インドの基礎を築いていった．

　ネーデルラントの海外進出は当時継続中の独立戦争の一部でもあった．ポルトガルやスペインの海外地域との商業の一部はネーデルラントを経てヨーロッパと結び付けられており，中世以来ヨーロッパ交易路の交差点として高度に都市化され，産業化されたこの地域は，一大金融市場となったアントウェルペンを擁する屈指の経済先進地域でもあった．カール5世の帝国政策を財政的に支えていたのもこの繁栄するネーデルラントであった．それが「スペイン化政策」を掲げるフェリペ2世の時代に，長年の「ネーデルラントの自由」が蹂躙されたことをきっかけに独立戦争が始まったのである（最終決着は三十年戦争

後のウェストファリア条約）.

## 第2節　主権国家の発展

### 第1項　カール5世の帝国

　1500年2月ネーデルラントのヘントに生を受けた後のカール5世（在位1519～1556年）は4人の偉大な祖父母の支配領域のすべてを一人で相続し，「太陽の没することなき帝国」を実現する．16世紀初頭になっても国家をひとつの主権に服する単一の空間としてとらえる領域的な理解はまだ熟しておらず，基本的には人的紐帯である封建的関係が重要な役割を果たしていた．なにより臣民も領地も支配者の家の財産ととらえる家産制的原理が強く働き，国家の政治は君主の家門政策と堅く結びついていた．その最大の成功例がハプスブルク家の家門政策であり，カール5世はその果実を一身に享受したのであった．

　もちろん，このカール5世の帝国も統一された領域的国家ではない．カールは，それぞれ独立した法・制度・伝統をもつ地域を個別に相続したのであり，大帝国もいわばその積み重ねに過ぎない．帝国の全域をおおう確固とした政治的紐帯はなく，カールは独立し，分散する支配領域が突きつける問題に対応し，独自の伝統を誇る臣民たちから忠誠を獲得するために，その広大な領域を東に西に自ら奔走しなければならなかった．

### 第2項　宗教改革

　ルターの贖宥状批判がきっかけとなり，ドイツに深く根付いていた反教権主義の土壌や，人文主義の潮流に共鳴盤を見出し，全ドイツに広がった宗教改革運動は，騎士戦争や農民戦争へのルターによる断罪と諸侯による弾圧を機に，領邦諸侯による政治運動の性格を強めていった．ザクセン選帝侯領では，選帝侯が任命する巡察使を経て，牧師の任命から教会，学校の監督，印刷物の検閲などの広範な権限と処罰権をもつ宗務局がおかれ，選帝侯領の全住民を包括するルター派教会が確立された．諸侯の政治権力の及ぶ空間と宗教的空間とが重複するこの体制は領邦教会制と呼ばれ，他のルター派諸侯もこれに追随した．

領邦教会制のもとで教会は領邦諸侯の行政組織のなかに組み込まれ，その権力を強化する役割を果たしたのであった．こうして教会は世俗権力の中に取り込まれた．

　領邦諸侯による宗教改革の導入とその拡大は，カトリック勢力や皇帝との厳しい対立を引き起こしたが，アウグスブルクの宗教平和令（1555年）で一応の終結を見た．「一人の支配者のいるところ，一つの宗教 cuius regio eius religio」を原則とするこの平和令は次のような内容を含んでいた．領邦諸侯には新旧両派のなかから自らの宗教を選ぶことが許され，これを領民に課す権利が認められた．個々の領民に残されたのは移住の自由だけである．またここで新教として認められたのはルター派だけであった．この平和令によってカトリックの普遍性喪失という状況が法的に承認されたことになる．そのことはまた，皇帝がもはや宗教問題に関する裁定権を失い，かわって領邦諸侯が宗教上の領域主権を獲得したことをも意味した．領邦教会制はルター派諸侯にとってかつてない財源と領民の内面におよぶ広範な権限を与えその統合力を強めたのであった．

### 第3項　三十年戦争

　神聖ローマ帝国に属するベーメン王国では，カール5世の弟フェルディナント以来ハプスブルク家が代々王位を占めてきたが，貴族たち等族はかつての選挙王制の伝統を忘れず，独立の気概を失わずにいた．またルードルフ2世の時代には，宗教的自由を認める勅許状も与えられた．しかしこの勅許状は以後の王，特に1617年にベーメンの統治を委ねられたフェルディナントの下で徹底的に無視され，プロテスタント教会は弾圧された．そして1618年のプラハの窓外放出事件を機にベーメンの武装蜂起が勃発する．おりしも1619年にベーメン王でもある神聖ローマ皇帝であるマティアスが死去し，フェルディナントがフェルディナント2世として神聖ローマ皇帝に選出されると，ベーメンの等族は選挙王制の伝統に立ち返り，フェルディナント2世のベーメン王としての廃位を宣言し，プファルツ選帝侯フリードリヒ5世をベーメン王に選出した．

　ベーメンの反乱は1620年11月のプラハ近郊ヴァイゼルベルクの戦いで皇帝軍の大勝利に終わるが，フェルディナント２世の過酷な報復が全ドイツに衝撃を与えた．フリードリヒ５世は，フェルディナント２世によって帝国議会に諮られることなく，1621年に帝国追放に処され，その２つの領邦であるライン=プファルツとオーバー=プファルツが没収され，さらに選帝侯位も剥奪された．オーバー=プファルツと選帝侯位はバイエルン公に与えられ，ライン=プファルツの統治はスペインとバイエルンとに委ねられた．

　皇帝にこのような権限があるとは前代未聞であり，諸侯は抗議の声を上げる．帝国の勢力バランスはカトリックに大きく傾いた．ネーデルラントとスペインの休戦条約が切れる1621年の直前になってスペインにライン=プファルツというネーデルラントをうかがう戦略拠点を委ねたことに，ハプスブルク家の野望を嗅ぎ取った周辺諸国もこれを黙視するわけにはいかなかった．こうしてベーメンの局地的反乱の戦後処理が，問題を全ドイツ・全ヨーロッパに火種をまくことになったのである．

　さらに皇帝は戦中の1629年３月に復旧勅令を発布する．この勅令はカルヴァン派を宗教平和の埒外におき，1552年以後プロテスタントによって世俗化されたすべての聖界領をカトリックに返還することを骨子としていた．ここ80年近くの間に起こった帝国のすべての変化，個々の取決めの積み重ねを，議会の承認も得ないで，皇帝の一存によって否認しようというのである．皇帝の狙いは単に宗教的次元にとどまるものではなく，皇帝と帝国等族の二元構造をなす帝国の改造であった．ハプスブルク世襲領，彼を君主とする諸王国，さらに神聖ローマ帝国を強力な皇帝権力の下に置き，中央集権化し，カトリック化し，さらにドイツ化したひとつの国家へと再編することにあった．これには「帝国等族の自由」を盾に個々の領邦で「国家化」の努力を続けてきたプロテスタント諸侯だけではなく，バイエルンなどカトリック諸侯にも反発が広がった．またヴァレンシュタインが武力にものをいわせて復旧勅令の執行を迫ったことも諸侯の感情を大いに害した．1630年のレーゲンスブルクでの選帝侯会議は，宗教的対立を乗り越えてヴァレンシュタイン罷免を皇帝に飲ませ，ここでもまた皇

帝のもくろみは挫折させられたのである.

　しかしその後，1635年のプラハの和平条約で，皇帝軍の圧倒的優勢によって
皇帝の帝国改革のもくろみは実行可能になったかのように見えた．新教徒も諸
侯もいまや皇帝に帰順していた．しかし，問題のこのような解決に納得できな
いスウェーデン，そして特にフランスが今度は公然と皇帝に宣戦布告した．カ
トリックのフランスが新教勢力と公然と同盟を組み，カトリックのスペイン・
皇帝と戦うことになったのである．もともと三十年戦争はその経緯からわかる
ように，新教・旧教いずれの陣営も純粋な使徒的情熱にもとづいて行動してい
たわけではなく，むしろ帝国の国制や，あるいは利己的な政治的思惑によって，
合従連衡を繰り返してきたのであった．当時の人々に衝撃を与えたフランスの
参戦によって三十年戦争の本来の性格があらわになってきた．これはヨーロッ
パの覇権を巡る戦争であり，相争うのは個々人の道徳律も宗教的倫理をも越え
た国家の論理，国家理性であった．フランスの参戦によって皇帝の優位は崩れ，
ようやく和平の機も熟してくる．

　和平条約であるウェストファリア条約の内容は3点に分類できる．まず領土
に関しては，スウェーデンがドイツのバルト海沿岸に領土を獲得し，フランス
はライン左岸やアルザス諸地域の権利を獲得する．またブランデンブルク公が
東ポンメルンを獲得した．国制に関しては，皇帝は法律の制定や，戦争，防衛，
講和，同盟の締結に関してすべて議会の承認を必要とすることになり，その反
対に領邦諸侯にはほぼ完全な主権を認められ，相互に，あるいは外国と条約を
締結する権利も認められた．外交主権の獲得である．フェルディナント2世の
皇帝絶対主義の道は完全に葬られ，スウェーデン・フランスが望んだ「ドイツ
の等族の自由」による皇帝の弱体化が担保されたのである．宗教に関しては皇
帝の復旧勅令が撤回され，帝国内の諸領域は1624年の状況を基準としてカト
リックないしプロテスタント（ルター派とカルヴァン派）のいずれかに属する
ことになった．

## 第3節　絶対主義国家への途

### 第1項　プロイセンの軍国絶対主義

ブランデンブルク＝プロイセンの権力国家への変貌は三十年戦争後，約100年のうちに行われ，もっぱらフリードリヒ＝ヴィルヘルム（大選帝侯，在位1640～88年）とフリードリヒ＝ヴィルヘルム1世（在位1713～40年）によって行われた．

権力国家への発展の出発点は常備軍の創設である．その法的基礎はヴェストファーレン条約と1653年，54年のレーゲンスブルクで開かれた帝国議会における最終決定第180条（領邦の城砦は領邦等族の財政援助によって維持される）にあるが，実際の過程において重要であったのは，まず第一次北方戦争であった．

バルト海の覇権をめぐってスウェーデンとポーランドが争うこととなったのである．プロイセン公国はホーエンツォレルン家に相続された後も依然としてポーランド王の宗主権の下にあったが，この宗主権からの解放を目指し，大選帝侯もこの戦争に関与することになったのである．そのためには大規模な軍事力が必要であるが，それには領邦等族の同意が必要であった．もとよりホーエンツォレルン家の支配下の各地の領邦等族は，他地方の戦争のために自領からの動員には反対であった．しかし大選帝侯はそれを押し切った．

しかも大選帝侯はこの戦争が終結した後にも，動員された軍隊を解散しないで常備軍化しようとする．それは常備軍を維持するための領邦等族の財政援助を恒常化することを意味し，それゆえブランデンブルク＝プロイセンのどの地方においても，大選帝侯と領邦等族との激しい争いを引き起こしたが，この対等族闘争のなかで，君主権がいちじるしく強化された．常備軍の設置，恒常的な税制の導入，徴税機関ならびに行政機関としての官僚制の集権化，国民の担税能力強化のための重商主義的経済政策などが連鎖的に発生し，大選帝侯はそのいずれにたいしても精力的に取り組んで，その後の発展の基礎を築いた．17世紀中はまだこれらの諸機関を自前で安定的なものにすることはできず，常備

軍の維持にもフランスやネーデルラントなどの外国からの援助金が必要であったが，その後，この体制を不動のものとして確立したのが大選帝侯の孫であるフリードリヒ=ヴィルヘルム1世であった．

　彼は，財政の強化を通じて外国の援助金なしで，自前でその軍隊を維持することに成功し，さらに彼の治世中に軍隊を4万人から8万人に増強した．また官僚制を整備・統合して，それを中央集権的に練り上げることにも成功した．1722年に軍事・財務・一般行政・御料地経営の諸分野を統合し，中央の総監理府，諸州の軍事御料地財務庁，その下の郡長と都市財務官を集権的なかたちで組織した行政改革は，その完成形態である．また1733年には徴兵区制度（カントン制度）を定めて，農民や都市の下層市民に軍役義務を課し，軍事面でも権力体制を完成させた．地味も資源も乏しい辺境の弱小国を，絶対主義的な軍事・官僚国家の強化によって，オーストリアにも匹敵する強国を作り上げたフリードリヒ=ヴィルヘルム1世の国家体制は，やがて他領邦にとってのモデルとなる．

### 第2項　領邦統治の諸形態

　ドイツには当時300あまりの帝国等族が存在した．彼らは帝国議会に参加する権利を有し，帝国と皇帝以外のいかなる上位機関ももたずに（帝国直属），それぞれ独立した支配領域，領邦国家を形成していた．そのなかにはプロイセンやザクセンのような大領邦もあれば，弱小領邦もあり，また俗界の領邦，聖界の領邦，帝国都市もあった．さらに帝国等族にはふつうは数えられないが帝国直属性を有した約1,500の帝国騎士も存在した．多様な領邦と地方分権が当時のドイツの特徴であり，帝国等族の自由を国是としながら，多様な諸領邦を連邦制的に緩やかに統合する，「法・平和共同体」としての帝国は依然として機能していた．

　これらのなかで多少とも自前の常備軍をもっていたのが有力領邦であるが，それはおよそ20～30に過ぎず，一時でも軍隊を維持したものを含めても60～70に過ぎない．

　領邦内部の統治形態については，絶対君主制が時代の趨勢であった．君主と領邦等族の二元主義が16世紀には一般的であったが，30年戦争以後は君主権が強化され，国家形成の中心的担い手となった．特に常備軍や官僚は君主にのみ忠誠を誓い，君主権の支柱となった．しかし，交通や通信の手段が未発達な当時においては，たとえ中央において身分制議会を排除しながら君主の一元的支配を確立しても，地方においては君主の官僚とならんで，あるいはそれ以上に，貴族や領邦都市などの地方権力が重要な機能を有しており，プロイセンもその例外ではなかった．

　さらに等族制的な体制を維持している領邦もあった．メクレンブルクのように貴族中心的な身分制議会に実権のある統治体制や，ヴュルテンベルクのように都市市民中心的な身分制議会に実権のある統治体制である．そして多くの領邦はその中間的な身分制議会を有していた．ハーノーファーやザクセンのような有力領邦もまた，等族の力が強かった．さらに聖界領邦では司教座聖堂参事会が重要な機能を維持しているが，それは身分制議会と類似の性格をもっているし，帝国都市における市参事会も同様である．三十年戦争以後絶対主義的な傾向が強化されたのは確かであるが，しかし等族制が消滅したわけではなく，君主と等族との力関係は個々の領邦ごとに様々であった．

### 第3項　国庫主義（Kameralismus）と国家の覚醒

　国庫主義とは国庫収入をふやすための政治・経済政策であり，国庫学はそのための政治・経済行政学である．重商主義は絶対主義的=軍事的権力国家の経済政策として，権力国家を支える富の集積を目指し，端的には貿易差額のできうる限りの大きな黒字によってそれを達成しようとしたが，その過程では輸入制限・輸出促進の関税統制と，輸出のための国内産業の育成も重要な国策となる．ドイツの国庫主義も基本的には同じ性格をもつが，海外貿易は先進諸国に制せられ，全ドイツ的経済政策の主体が欠如したドイツにおいては，経済政策も自邦の物的・人的資源を開発し，そこからいかに国庫収入を増やすかの政策に流れざるをえなかった．

108

諸国の君主は国庫主義の実をあげるために，財政管理の知識をもった官吏の養成には熱心であった．そのために奉仕したのが国庫学で，国民生活全般の官憲的管理行政の学である国庫学は，また警察学とも呼ばれる．1727年にプロイセンのハレ大学とフランクフルト（オーデル）大学に国庫学の講座が設けられて以後，この学問は大学における官吏養成学として講ぜられ，18世紀後半にはユスティやゾンネンフェルスによって集大成された．

国家目的のために国の物的・人的資源を総動員する絶対主義国家を哲学的理論で基礎づけたのが，ドイツにおける啓蒙主義の国家学である．それはハレ大学の二人の自然法学者，トマジウスとヴォルフによって体系化された．啓蒙の学者としてトマジウスは国家論をキリスト教倫理から解放してそれを世俗化・合理化し，ヴォルフは自然法的個人から出発して，社会契約説に基づく国家論をたてた．しかしそれは現存国家秩序を根底から批判するためではなく，国家への全権委譲を確認するためである．国家目的は「公共の福祉と安全」であるが，それを実現する責務はひとえに国家権力の側に求められ，個々人のイニシアチブは完全に否定される．君主がしかるべきことを人民ないし臣民に命ずるのも，臣民がそれにしたがうのも，ともに義務である．ヴォルフは，君主が命じ，臣民が従うべき「啓蒙的」政治行政の詳細なプログラムを提示した．

● 章末問題 ●
1．価格革命の原因とその影響について述べなさい．
2．宗教改革の国制史上の意義を述べなさい．
3．絶対主義国家と貴族との関係について述べなさい．

[1]　神寶秀夫『近世ドイツ絶対主義の構造』創文社，1994年
[2]　高澤紀江『主権国家体制の成立』山川出版社，1997年
[3]　ヨーゼフ＝クーリッシェル（諸田　実他訳）『ヨーロッパ近世経済史』（1・2）東洋経済新報社，1982，1983年

# 第11章　イギリス産業革命

## 第1節　弱小国家イギリス

　チューダー朝のヘンリ8世は，当時始まったルターの宗教改革に反対し，ローマ教皇から「信仰の擁護者」の称号を与えられる．ところが王妃離婚問題でローマ教皇と対立，1534年に首長法（国王至上法）を制定して，イギリス国王を教会の首長とする独自のイギリス国教会制度を創設した．これがイギリス宗教改革であるが，さらに王権拡張の障害となる修道院を廃止するなどして王権を強化した．

　ヘンリ8世の唯一の男子であるエドワード6世は9歳で即位し，16歳で死去．この間，議会で一般祈祷書が制定され，国教会の礼拝方式を整備した．そのあとを継いだメアリ1世はイギリス最初の女王であり，ヘンリ8世の娘であったが，母キャサリンがカトリックであったため国教会を否定してカトリックに復帰．スペインのフェリペ2世と結婚し，プロテスタントを弾圧して殺害し「血塗られたメアリ」と恐れられる．エリザベス1世はヘンリ8世の娘で母はアン＝ブーリンである．メアリの死去により女王となり，国教会を復活させた．1559年，首長法を復活させ，さらに統一法を制定して一般祈祷書による儀式の統一を図った．

　16世紀のイギリスにとっては，周辺国スペイン・ポルトガル・フランス・ネーデルラントなどと同様の豊かで強力な国家へと成長することが急務であった．これらの国々と比べてイギリスはいまだ発展途上国そのものであり，外貨を稼げる輸出品といえば羊毛や毛織物に限られ，イギリスの貿易商はこれらの

商品をアントワープに持ち込み，その売上代金で高価なスパイスなどを買い付け，これらの商品をロンドンに持ち帰って利ざやを得ていた．しかし，このような貿易を続けていてもイギリスは二流国どまりで，周辺諸国からの政治的脅威に抵抗することもできなかった．

エリザベス女王の治世は，イギリスがこの窮状を脱するために，積極的に海外進出を試みるようになった時代でもあった．ここでスペインやポルトガルの権益を打破するために私掠特許状によって，敵国の艦船を襲撃し，拿捕する権利を認められた民間の船舶，私掠船が活躍した．相手方の船舶をはじめ，いっさいの戦利品は，特許を与えた国王と私掠船の船長の間で，あらかじめ定められた比率に従って分配された．16世紀には，イギリス，フランス，ネーデルラントなどの私掠船が，スペインの銀船隊を襲うことが多く，新世界植民地をめぐる闘争の主要な戦術とさえみなされた．

このほか女王から勅許状を下付されたカンパニー制をとる貿易勅許会社が設立され，バルト海貿易を行うイーストランド会社，地中海・トルコ貿易を行うレヴァント会社などが活躍し，さらに1600年に設立された東インド会社は，資本の合同を認めて企業活動を行う「合本制会社」であった点で，株式会社に一歩近づいたものであった．これらの会社は，本国から遠く離れた地域における貿易活動を保証するために，しばしば国家に代わって外交交渉を行い，時には武力の行使も辞さなかった．これらの会社は，イギリスの海外進出の先兵としての役割を演じたのである．

## 第2節　イギリス商業革命

イギリスの帝国化および海外膨張の始まりは17世紀前半からの入植・定住活動の本格化であるが，特にピューリタン革命の主導権を握ったクロムウェルは王党派＝カトリックの討伐を口実にアイルランドを征服し，実質的植民地化を行った．

このように，アイルランドが大きな転機を迎えたのは，イングランドのピューリタン革命によって権力を握ったクロムウェルが，1649年にアイルラン

ドが王党派の拠点になっているとの口実でアイルランドを征服し，植民地とし
たことによってであった．6月15日に議会はクロムウェルをアイルランド総督
に任命する．クロムウェルは約12,000人の遠征軍を率いてダブリンに上陸し，
各地で情け容赦ない虐殺と大規模な土地の没収を行い，カトリック領主は西部
の貧しい土地へ追放された．これによりアイルランドの土地の大部分がプロテ
スタントの所有するところとなり，これ以降イギリスのアイルランド支配は本
格化する．

　こうしたブリテン島からアイルランドへの勢力拡張は，さらに大西洋を越え
てアメリカ大陸，西インド諸島への進出につながった．

　ピューリタン革命中の1655年のクロムウェルによる西インド諸島のジャマイ
カへの艦隊派遣と占領は，イギリス国家が大西洋を越えて軍事力を行使する最
初の事例となった．ジャマイカは1670年にマドリード条約によって正式にイギ
リス領になり，港町ポートロイヤルを首府とし，海軍の司令部が置かれここを
拠点に，イギリスはカリブ海への影響力を強めた．

　さらに，1672年に設立された王立アフリカ会社は，西インド諸島における労
働力を確保するために，西アフリカ沿岸地域で奴隷貿易に従事し，18世紀に形
成される大西洋をまたぐ大西洋三角貿易の原型が作られた．

　他方，アジアとヨーロッパとの間での遠隔地交易では1600年に設立されたイ
ギリス東インド会社の活動が顕著であった．東インド会社はヨーロッパで需要
が拡大した東インド物産である，香辛料・綿織物の輸入が中心業務となったが，
当時アジア物産の購入に充てるためには，イングランド産の毛織物は輸出品と
しては全く機能しなかったので，新大陸からもたらされる銀を交換手段とする
ほかなかった．東インド産の綿織物（キャリコ，モスリン）などは17世紀後半
には上中流のジェントルマンだけではなく一般庶民の間でも人気を博す商品と
なり，東インド会社の取扱うアジア物産のなかの主力商品となった．

　この後イギリスは18世紀後半までの間に貿易額を飛躍的に増大させ，イギリ
ス商業革命と呼ばれる変化を経験した．伝統的な貿易相手地域であったヨー
ロッパ大陸に代わって，非ヨーロッパ地域の比重が急激に上昇し，1770年代に

は南北アメリカ大陸とアジア諸地域が，貿易額の過半を占めるに至る．

　この変化は植民地物産の輸出入をイギリスの船舶に限定する1660年代の航海法と，名誉革命以降1763年までのほぼ100年間にわたってフランスとの間で断続的に行われた植民地・海外市場争奪戦争によって形成された植民地帝国によって支えられていた．また，この戦争遂行を可能にしたのは，イングランド銀行の設立や議会の国債への保証などによる財政改革であった．

## 第3節　イギリス産業革命

### 第1項　木綿工業の工業化

　イギリス産業革命は綿紡績業における工場制度の成立によって始まる．そもそも木綿工業はヨーロッパにはなかった産業で，ヨーロッパでの織物製造業といえば亜麻織物・綿麻交織織物（ファスチアン・バルヘント・フュテン）・毛織物などが主流であり，インドで生産される綿織物（キャリコ）は手工業製品であったが，ヨーロッパで珍重された．このインド産キャリコの模倣がイギリスにおける木綿工業の発端であった．

　木綿工業の技術革新の端緒は1730年代の飛杼とローラー紡績機の発明にある．これらは毛織物工業における考案であるが，結局木綿工業の革新に貢献することになった．

　英仏七年戦争（1756～1763年）に伴う植民地戦争によって，インド産キャリコの輸入が一時途絶えると，キャリコ代用品としての綿麻織物への需要が高まり，飛杼が綿麻織布機に導入された．織布機の生産性が上がると綿糸への需要も高まり，ハーグリーブズのジェニー紡績機が発明された（1764年）．

　次にアークライトの水力紡績機が発明された（1767年）．これによって太くて強い綿織糸を生産できるようになり，これを経糸にし，ジェニー紡績機の織糸を緯糸にして純綿布のキャリコが生産できるようなったのである．

　さらにクロンプトンのミュール紡績機が発明され（1779年），綿紡績業における工場制度が本格的に展開した．この紡績機は当初20～30錘の手動機械で家内工業で利用されていたが，優れたメカニズムのために機械の大型化が進み，

1790年ころには1基400錘の機械が登場し，1830年代には1基800錘ほどに達していたといわれる．またミュール紡績機は水力紡績機とジェニー紡績機の両原理の折衷であったところから特許をとらなかったこともその普及に貢献した．

　イギリス産業革命はこのように紡績部門を主導部門として始まるが，紡績機はやがて大型化し，さらに動力が水力から蒸気機関に代わると，紡績工程と織布工程との間に以前とは逆の較差が開いた．力織機はすでに1785年にカートライトによって発明されたが，機構が不完全ですぐには普及しなかった．そのため「手織工の黄金時代」が出現した．18世紀末から，紡績工場や問屋によって家内工業的に組織された手織工の数が急激に増大し，1820年ころには約24万人に膨張したのである．その後力織機の改良と普及によって1830年代以降手織工の没落が社会問題化した．

　こうして木綿工業は完全に工業化されたが，綿花の確保も重要な問題になる．18世紀末には西インド諸島や地中海諸地域が主要な給源であったがやがて限界に達し，19世紀に入ってアメリカ合衆国南部に奴隷労働に依存した綿花プランテーション地帯が形成されたことによって原料問題は基本的に解消し，さらに東インドが綿花供給地として成長してきた．

### 第2項　イギリス資本主義の確立

　木綿工業で開発された技術はやがて毛織物業や亜麻織物工業にも適用される．毛織物工業の機械化は繊維の伸縮性のために遅れ，紡毛部門でミュール紡績機が導入されたのは1830年代に入ってからである．なお毛織物工業で機械化に成功したのはヨークシャー地方だけで，伝統的な東南部と西南部の羊毛工業地域は消滅し，同時に従来の農村工業を基盤とする問屋制家内工業も崩壊した．同様に，亜麻織物工業も工場制度の成立とともに，アイルランドのベルファストに集中した．

　重工業部門では製鉄業，機械製造業，炭鉱業が重要である．

　製鉄技術の革新は，コークス高炉による製鉄とパドル法による精錬・圧延によって達成された．木炭製鉄と鍛冶工による手工業的な精錬・圧延を克服する

ことにより，拡大する鉄需要を満たすことができるようになった．アイルランドをのぞくイギリスの銑鉄産出量は1720年にはまだ僅か２万５千トン程度であったが，18世紀末から急速に増加し，1823年には45万５千トン，1847年には200万トンにのぼる．

　機械製造業は新しい産業であった．機械ははじめ工場や鉱山などの注文により，様々な職種出身の機械工によって作成されていた．蒸気機関のような複雑な機械の製作が必要になると，ボールトン＝ワット商会のような独立の機械製作企業が出現した．18世紀末からは工作機械が開発されるようになり，19世紀央には今日使用されている工作機械の大部分の原型がすでに存在した．

　石炭は早くから木材に変わって燃料として利用されたが，製鉄用のコークスや蒸気機関の動力などの工業用の用途が拡大するとともに，需要量が急速に増大した．イギリスの年間消費量は1800年にはすでに1,100万トンに達していたが，1830年にはその２倍，1845年にはさらにその２倍になった．イギリスは石炭に恵まれていたが，次第に竪坑による深部の採掘が必要になった．蒸気機関によるポンプ，換気装置，運搬設備などに多くの技術改善が進められたが，大量の需要は労働力の投入によって対応せざるをえなかった．

　製鉄業・機械製造業・炭鉱業の発展は，たとえば近代鉄道の成立の前提を生み出し，産業革命によって生じた交通手段の隘路をまた解消することになる．イギリスは産業革命によって産業社会の原型を生み出し，また資本主義の世界的展開のための技術的経済的基盤を提供したといえよう．


第３項　農業革命

　イギリス産業革命が論じられるとき，通例，農業革命が含められている．農業革命は製造業における変革と並行して進行し，それとの絡み合いのなかで産業革命に非常に大きな社会経済的影響を与えた．農業革命は技術的・経営的側面と，農地制度の側面という両面からとらえられる．商業的農業が進展するとともに，イギリスでは早くから三圃制度に代わる農法や農業の新技術が導入されていたが，18世紀の30年代から始まる一連の農業技術・経営法法の革新は近

代的農業の原型を生み出した．なかでもノーフォーク農法の意義は大きい．この農法はタウンゼント卿の開発によるといわれているが，穀物・クローバー・穀物・カブという四圃制輪作であり，クローバーとカブという飼料の大量栽培が特徴である．カブは糖分の高い高品質の飼料である．こうした飼料の栽培は家畜数を増大させて畜産収入を高めただけではなく，肥料（糞尿）の増大によって穀物収益率を大幅に高くすることができた．この農法は資本力のある大農業経営者に適しており，やがてはノーフォーク州からイギリス全土に広まっていった．農地制度の面をみると，この時期はいわゆる議会エンクロージャーの時代であった．議会エンクロージャーとは，議会制定法によって教区ないし村落全体がエンクロージャーされることであり，エンクロージャーの最終段階である．これによっていまだ残存する古い共同体的諸制度，三圃制度，混在地制度，共同地利用慣行は解体され，土地所有者別に土地は整理された．議会エンクロージャーは40年間に急速に進行し，年平均で36件，囲い込み面積は6万haに及んだ．この過程で最も被害を受けたのは村落内の貧困層であった．共同放牧の廃止，共同地の分割は，それまであった事実上の利用権を彼らから奪ったのである．これは農村からの労働者の引き離しに作用し，工業労働者の起源のひとつとなったのであった．

● 章末問題 ●

1．テューダー朝時代のイギリスの国際政治上の地位をまとめなさい．
2．イギリス商業革命の産業革命にとっての意義をまとめなさい．
3．産業革命における綿工業の意義をまとめなさい．

【参考文献】

［1］　トインビー（塚谷晃弘・永田正臣訳）『英国産業革命史』邦光書房，1958年
［2］　川北　稔『工業化の歴史的前提——帝国とジェントルマン』岩波書店，1983年
［3］　吉岡昭彦『近代イギリス経済史』岩波書店，1981年
［4］　玉木俊明『逆転のイギリス史　衰退しない国家』日本経済新聞社，2019年

# 第12章　ドイツの工業化

## 第1節　ナポレオン戦争とプロイセン改革

　ナポレオン支配がドイツ近代史においてもった意味は，きわめて大きい．前近代社会に決定的な打撃を与え，近代社会の幕開けを告げる役割を担ったのがナポレオンでもあった．

　神聖ローマ皇帝とプロイセン王はピルニッツで共同声明を出し（1791年），フランス革命に敵対する姿勢を明らかにしたが，フランスはその後これらにイギリス，ロシア等を加えた国々を打ち破り，ナポレオンは1807年ごろまでにヨーロッパ大陸の大部分を支配下におくことになった．

　ドイツ諸邦もナポレオンへの屈従を余儀なくされ，ライン左岸と北部沿岸部はフランス領となり，プロイセンとオーストリア以外のドイツ諸邦は，神聖ローマ帝国から離脱して新たに1806年に結成されたライン連盟に加わり，その「保護者」であるナポレオンに服従することになった．直後にフランツ2世は神聖ローマ皇帝位の退位を宣言し，これによって神聖ローマ帝国は名実ともに消滅した．ナポレオンの手で大規模な領土の再編が行われ，その領域は40程度の邦国に整理された．

　これらのドイツ諸邦の多くは敗戦の打撃から立ち直るため，領土再編から生じる問題を克服するため，フランスの直接間接の影響を受けながら改革を行った．この改革は市民革命が成功しなかったドイツにおいて近代市民社会とそれに対応する近代国家の形成を促すことになった．法の前の平等，私的所有と経済的自由の原則が確立され，農業部門では農民解放によって土地に対する私的

所有権が確立され，農民の領主に対する人格的従属が撤廃され，また商工業部門では同職組合の強制的諸制度が廃止されるなどの営業の自由が導入された．また近代的な国家機構が整備され，官僚機構は合理化，中央集権化され，地方自治制度も新たに整備され，軍制面では一般兵役義務が導入された．

　こうした改革の内容はドイツ諸邦にほぼ共通していたが，その改革のありよう，進行速度は多様であった．フランス領ないし衛星国家となった地域では，フランスの制度が直接導入されることによって，政治機構・社会経済構造の変革が最もラジカルに進められ，領主制・同職組合は徹底的に廃止された．またナポレオンの民法典が導入され，ナポレオン没落後にも影響力を残した．

　これに対して南ドイツ諸邦（バイエルン，ヴュルテンベルク，バーデンなど）は領土拡大に伴う官僚機構の整備・中央集権化は進み，一部の邦では憲法も制定されたが，農民解放や営業の自由などの社会経済面での改革はかえって遅れることになった．

　社会経済的改革の方面で先進的であったのはプロイセンである．プロイセンは1806年にナポレオンに対する戦争で敗北を喫し，翌年7月にフランスとの間で結ばれたティルジット条約で多くの領土を失い，多額の賠償金を背負うことになった．この国家の危機を乗り切るべくシュタイン・ハルデンベルクのもとでプロイセン改革が進められた．シュタインは同年6月の『ナッサウ覚書』において行政機構を合理化しつつ，都市自治制度の導入などによって国民の行政への参加を促すように訴えた．同年9月にハルデンベルクは『リガ覚書』の中で，危機にある国家を再興するために「よい意味での革命」が必要であると述べ，旧来の様々な規制と特権を撤廃し，自由と平等の原則の下に，社会経済制度と軍制を改革することを求めている．同年10月にシュタインがまず政権を担当して改革を開始し，彼が失脚した後1810年からはハルデンベルクが宰相の地位について改革を推進した．農業に関しては南独諸邦よりはるかに早く1807年の十月勅令を皮切りに改革が進められていった．

## 第2節　ドイツにおける近代鉄道と産業革命

### 第1項　リストの鉄道構想

　産業革命が進展し，輸送能力の隘路に達した時点で，必要に迫られて鉄道建設が行われたイギリスとは異なり，ドイツでの鉄道建設は産業革命の本格的展開に先駆けて推進され，むしろ鉄道建設に伴って重工業の需要を生み出し，その発展を促進した．そのためドイツにおける鉄道建設の必要性を早くから唱え，最も体系的な提言を行った Fr. リストは，ドイツ資本主義の発展史において独自の地位を占めてきた．リストにおいて鉄道システム構想の中心には，市場統合の促進，すなわちドイツ統一市場の形成がおかれていた．リストにとってドイツ国民経済の成立と鉄道建設の進展とは，相互に促進的な関係にあると意識され，鉄道はドイツ関税同盟と相補的に作用し，政治的統一に先行する経済的統一の重要な担い手であると把握されていた．

　リストの鉄道網構想も，実際のドイツの鉄道がその構想とほぼ同じ形で展開した点が注目に値する．リストはその路線を確定する原則として，① 商工業の活発な，人口の多い都市や地域を結ぶこと，② 原則として古来の商業路を辿るという観点を重視した．またリストは個々の鉄道路線を考えるときに，ドイツ全体の鉄道網という観点を常に考慮の中心においていた．当時のドイツはまだ統一国家を形成しておらず，個々の鉄道建設が各鉄道会社や，各領邦の固有な利害にもとづいて，ばらばらになされざるをえないという大きな限界のなかで進められたにもかかわらず，結果的にドイツの経済発展と経済的統合にとって必要な方向と合致した鉄道網の形成となったという事情を，リストのこの観点の正しさが見抜いていたといえるかもしれない．

### 第2項　鉄道網の形成

　初期の鉄道建設においては，邦国の役目は控えめで多くが民間主導で行われた．国有鉄道を初めて建設したのはブラウンシュヴァイクであるが，中小領邦は鉄道による国内経済の開発よりも，他領邦との連絡路の確保の重要性が強調

され，国有鉄道政策が採用される傾向があり，反対に，経済的自立の可能性が
ある限り，鉄道建設を民間に任せる傾向が強かった．また鉄道建設にかかる多
額の費用を考えると，各領邦は鉄道建設を国策にするためにはそれなりの理由
が必要であった．

　バーデン大公国は面積・人口規模が比較的大きいにもかかわらず，例外的に
私有鉄道の発展が見られなかった．とりわけライン河・ネッカー河の輸送事業
との競合が民間鉄道の成長を阻んでいた．1838年には国家による鉄道建設立法
が成立し，40年にはマンハイム－ハイデルベルク鉄道が開通し，その後も国有
鉄道が優位に立つ．鉄道が河川輸送と競合しているため，旅客輸送が鉄道経営
の中心になった．なおバーデン国鉄は広軌で出発したが，後に多大な犠牲を
払って標準軌に変更される．このことはバーデンにとって領邦間交通がいかに
重要であったかを示している．

　プロイセンは西部のザールブリュッケン鉄道（フランスとの交通に関与）やか
なり総延長の大きい東部鉄道（ロシアとの交通に関与）などの例外はあるけれ
ども，鉄道建設初期においてはドイツの他の大規模領邦（バイエルンやザクセ
ン）と同様に私鉄王国であり，ベルリンを中心とする鉄道網すら，すべて私有
鉄道によって放射状のネットワークが完成していた．上記の2つの例外のよう
に，国境を越える鉄道など国家利害の観点から重要と考えられるものについて
だけ，国有化の選択肢が検討に値した．

　プロイセンの鉄道建設は，私有鉄道として出発し，1848年以降，国鉄・私鉄
の並存を図る「混合鉄道制度」へと移行した．ハイトの主導の下に，一部の私
有鉄道の国営化（「国有化」ではない）が進められた．1860年代前半には，国有
鉄道がほとんど建設されず，政府の所有する私鉄株の一部も売却されるが，や
がて70年代に再び国有化問題が浮上してくる．私有鉄道が優位である時期は，
政府が鉄道建設の財源をもつ余裕がなかった時期に一致している．

　領邦レベルで展開される鉄道政策をドイツ全体に及ぶ統一的な政策に転換し
ようとする具体的な試みを北ドイツ連邦の鉄道条項（41〜47条），さらにこれ
を引き継いだ帝国憲法にみることができるが，最終的にバイエルンらの南独諸

邦の反対でこれは実現されず，プロイセン邦が独自で鉄道国有化を推進することになる．私有鉄道の本格的国有化が始まる1879年4月時点のプロイセンの鉄道の内訳は，国有鉄道5,255km，国営私有鉄道3,852km，私営私有鉄道9,430kmであったが，1909年には国有鉄道37,400km，国営私有鉄道0km，私営私有鉄道2,900kmとなり，国鉄圧倒的優位の体制が確立する．国有化された私有鉄道にはプロイセンを越える領邦間鉄道の重要路線も多く含まれ，南独諸邦との経営主体の統合はならなかったが，北ドイツにおける主要鉄道の経営主体はプロイセン国鉄に統一されたのである．

### 第3項　ライプチヒ–ドレスデン鉄道とマクデブルク–ライプチヒ鉄道

　初期の鉄道建設においては民間鉄道会社が中心的役割を果たし，軍事・国際的連関の形成といった国益は重要な役割を果たさず，各地域の経済的利害が路線の確定にあたっても重要な役割を果たした．そのため，初期の鉄道の多くが，河川や運河との連絡を重視して建設されている．

　ライプチヒ–ドレスデン鉄道も，もとは商工業が活発化する内陸部の大都市ライプチヒをエルベ河に結びつけるという観点から構想された．しかもエルベ河水運は冬期にはマクデブルクから下流でしか可能ではなかったので，ライプチヒ–マクデブルク鉄道の開通が理想であったが，商圏の独占権を巡るマクデブルク商人の利権意識が高く，当分この計画は実現できそうになかった．

　ライプチヒ–ドレスデン鉄道は1830年以前からその構想は存在したが，リストがアメリカ公使としてライプチヒに赴任（1833～1837年）し，その鉄道網構想についての論文を出版し，その中でライプチヒが重要拠点として取り上げられるに及び，ライプチヒにおいて鉄道建設の機運が高まり，ドレスデンの邦議会に請願がなされ（1833年11月20日）許可が下された．

　1835年にライプチヒ–ドレスデン鉄道会社が設立され，多くの市民が株主として参加した（特に，A. Dufour-Feronce(1798-1861)，G. Harkort(1795-1865)，C. Lampe(1804-1889) und W. Seyfferth(1807-1881)）．建設計画はイギリスから招かれた2人の技術者Sir J. Walker と Hawkshaw によって策定され，工事の

管理はザクセン王国の上級河川管理官（Oberwasserbaudirektors）である K.
T. Kunz(1791-1863) によって行われた．1839年4月7日に全区間（総延長約
120km）が完成する．イギリスから輸入された蒸気機関車をもってしてもこの
区間を走るのに当時およそ10時間を要したけれども（1884年までこの鉄道はイギ
リス風に左側通行だった），この鉄道建設によって鉄道の輸送力とスピードは当
時としては驚異的であった．

　1835年になって初めてマクデブルク商人たちも鉄道建設を真剣に考え始めた．
このとき，彼らはハンブルクやライプチヒの商人たちもマクデブルクに向けた
鉄道を建設する意欲があることを知らされ，また1835年のライプチヒ－ドレス
デン鉄道建設会社の設立にあたり多額の資金が僅かの期間の間に調達されたこ
とも驚きであった．また1830年代前半には，伝統的なエルベ河舟運がその輸送
能力の限界に達しており，渇水期には運輸業の麻痺や遅れをきたしており，従
来のままではマクデブルクの伝統的な交通の要衝としての利益を十分に享受で
きなくなっていたことも確かであった．

　当時のマクデブルク市長フランケ（August Wilhelm Francke）が鉄道建設の
イニシアチブをとった．彼の1835年6月13日のプロイセン政府宛の書簡では次
のように述べられている．「ライプチヒへの鉄道線を速やかに敷設し，疑いな
くまもなく北ドイツに広がると思われる鉄道交通網に参加し，もはやまもなく
エルベ河に接しているというその位置だけによっては確保できなくなる大規模
商業への関与を確実なものにすることは，マクデブルク市とその商業身分に
とって不可欠のことであるように思われます」．

　フランケはこの鉄道をさらにハンブルクまで延長することを考えていたが，
そこではリストの鉄道構想ではなく，マクデブルク市とその商人の利害が重要
であった．フランケはすでにライプチヒ－ドレスデン鉄道建設委員会の名誉委
員でもあり，ライプチヒの鉄道委員会からもマクデブルク市宛ての鉄道に関す
る協力の申し出があった．「……われわれは，すでに公式あるいは私的に述べ
てきたことを繰り返すことに躊躇しない．すなわち，われわれはライプチヒ－
ドレスデン鉄道をそれ自身として完結した全体とは考えておらず，出発点とし

か考えていない．我々はこの鉄道が拡大され，適切な方向へ延長される場合に，それをこの鉄道の成功と考えている」．

　ライプチヒからの協力を得て，マクデブルクの商人団（Kaufmannschaft）は鉄道委員会を設立し（1835年6月5日），プロイセン政府に許可を求める．当初プロイセン政府は否定的であったが，路線をハレに迂回する経路にするなどの修正を経て許可を獲得する．この路線はドイツで初の「国際鉄道」であったためさらにザクセン王国，アンハルト公国などの許可を獲得の上，1838年から建設が始まり，1840年8月13日に全路線が開通する．

## 第3節　鉄道建設の波及効果

### 第1項　商品輸送

　産業革命以前の主要な輸送手段は道路と水路であったが，道路の大半は未舗装で，舗装道路といっても石を敷き詰めた程度のもので，馬車による輸送は大量輸送，速度の面で大きな限界があった．水路も地形的な制約が大きく，産業革命の要請する貨物の大量輸送には不十分であった．鉄道はそのような限界を大きく突破し，速度・積載量・輸送費用のすべてを改善した．

　貨物輸送量に占める鉄道の比率は，1850年に25.1%，1860年55.4%，70年78.1%，80年80.7%と急激に増加している．鉄道による商品輸送の実態を石炭に即してみるなら次の事実が確認できる．① プロイセンの鉄道による石炭輸送は1858〜72年に8.6倍に，運賃収入は5.9倍に増大している．同じ時期に運賃はほぼ3分の1に低下し，貨物輸送にしめる石炭の割合が，30.7%から40.5%へと増加し，石炭が鉄道の輸送商品のうちで最重要になっていた．②ルール地方からの石炭搬出は1852〜65年に船が32%から8%へ，馬車が38%から14%へと比率が大幅に低下したのに対し，鉄道は30%から78%へと完全に支配的な地位を獲得した．③ ベルリンへの石炭搬入は1846年にはすべて船で輸送されるイギリスからの輸入品であったのに対し，60年にはほとんどが鉄道で搬入されるドイツないしベーメン炭が43%，71年には77%，81年には95%を占めるようになり，石炭輸送に鉄道が用いられるようになっただけではなく，鉄

道利用によってイギリス炭がベルリン市場から駆逐されてしまった.

### 第2項　石炭・製鉄業

　産業革命期には石炭に対する需要が増大した. 第一にこの時期に動力として利用されるようになった蒸気機関の燃料として, 第二に蒸気機関車の燃料として, 第三に製鉄業におけるコークス高炉とパドル炉の燃料として用いられた. この需要増大に応えるべく石炭業は19世紀初頭から発展し始めたが, やがてドイツの最重要石炭地帯になるルールにおける石炭採掘高の増大は19世紀に入ってから本格化し, 特に50年代以後の発展が急テンポになった. この時期の技術革新として重要なものは蒸気機関の利用である. 蒸気機関はまず揚水機として利用され, 100メートル以上の揚水が可能になり, 深い竪坑開発が可能になった. また鉱夫や鉱石の運搬に用いる運搬機（巻上機）も蒸気機関の利用によってその効率を高めた. さらにボーリングにも蒸気機関が用いられ始め, 鉱床の系統的調査が可能になった. 特に新方法による生産力上昇は, いままで泥炭岩によって豊富な石炭の採掘が妨げられていたルール北部において大鉱山開発が行われるようになったため目覚しかった.

　1851年から1865年鉱山法にいたるまで鉱山業にかかわる一連の営業の自由が認められたことは, 石炭業の発展にとって一層有利な状況を作り出した. また鉄道による輸送条件の改善が, それまで河川・運河しか使えなくて水路を離れた地域や鉄道によって始めて結びつきえた遠隔地への販売を可能にしたことが, 石炭の市場を拡大し, 石炭業の発展に大きく貢献した.

　19世紀初頭のドイツの銑鉄生産は, 木炭高炉での小規模生産という, 中世末期以来ほとんど変わらない技術水準にとどまっていた. 1800年頃木炭高炉がほぼ消滅したイギリスに比べて, 1835年ドイツ関税同盟で生産された銑鉄の96%は木炭高炉によるものであり, 37年のプロイセンの1高炉平均生産高は475トンで, 39年にコークス高炉が1基で4,333トンを生産していたイギリスとの差は大きい. しかしそれにもかかわらず, 1825～31年にプロイセンでは国内消費銑鉄の80%を, 関税同盟では1834～37年に85%を自給しており, 鉄道建設とい

うインパクトがない限り当時の鉄需要構造からはいかなる技術革新も生じ得なかったと考えられる.

ライプチヒ-ドレスデン鉄道が計画されたとき，レールの供給を公募したがドイツ企業で引き受けるものがなく，イギリスのレールを輸入しなければならなかった．また当時の生産規模も，関税同盟の製鉄量の大半を占めるプロイセンで36年に石炭を用いてパドル炉で生産した棒鉄が同鉄道の必要とするレールの２倍程度にしかならないという程度のものであった．また当時関税同盟に存在する生産能力は，銑鉄生産ではオーバーシュレージェンのみに存在した８つの小さなコークス高炉を合計しても年産8,000トン，パドル炉はプロイセンに50〜60程度しかなく，機関車工場はまだ皆無であった．かくして関税同盟への棒鉄輸入は1835／37年平均の8,750トンから38／40年平均の１万9,250トンへと急増し，イギリスはこの間にドイツの必要としたレール4,525トンの95％を供給した．

銑鉄生産は50年代に入ってからほぼ５年ごとに1.5倍というテンポで上昇を開始した．これは鉄道建設や工業化の進展によるものであるが，需要の増大と国内生産増加との関係を自給率によって考察してみると，自給率は鉄道建設による消費増大で40年代にはむしろ減少したが，50年代には一定に維持されるようになり，60年代にようやく増加に転じた．全般的にみて，鉄道建設の影響が見られた30年代末より銑鉄消費が増加し始めたが，40年代はそれに国内生産が対応しきれず輸入でカバーする状態が続いた．50年代になると国内生産の飛躍的増加で需要増に対応できる状態が作られるようになり，60年代には引き続く需要増を上回る国内生産の増加を達成した．この状況は50・60年代の技術革新の進展によって可能になったものである．

鉄道に利用できる良質・均質・堅牢な鉄はコークス高炉によってのみ生産しうるものであったので，コークス銑鉄への移行は鉄道建設推進のためには不可欠の条件であるとともに，鉄道建設がコークス高炉への移行を進めたのであった．1850年以前のドイツあるいはプロイセンにおいてコークス銑鉄生産は銑鉄生産の５％あまりに過ぎず，48〜50年のコークス銑鉄生産量は同じ危機に関税

同盟内で建設された鉄道用レールが必要とする銑鉄の52%にしかならなかった．実際ドイツの製鉄業はドイツの鉄道が必要とする銑鉄を40年代初めに25%，40年代末に33%供給しえたのみで，残りはイギリス，ベルギーからの輸入に頼っていた．

　50年代に入るとコークス高炉生産への移行が急速に進展した．特に50年代にドイツで最も重要な製鉄業地帯となったライン=ヴェストファーレンでは1848年には銑鉄生産7万1,000トン中コークス銑鉄の割合が3.6%だったのが，55年20万9,000トン中54.3%，60年29万トン中74.0%，70年76万7,000トン中92.8%とコークス高炉への急速な転換とそれによる銑鉄生産の増大が見られた．

　1870年にドイツはすでに銑鉄生産量でフランスを凌駕し，イギリス・アメリカに次ぐ世界第3位の製鉄国となったが，当時のライン=ヴェストファーレン地域の代表的な製鉄所の大部分（ヘルデ連合，フェニックス，グーテホフヌング製鉄所，ヘンリッヒ製鉄所など）が50・60年代に鉄道用のレールやその他の鉄道用銑鉄を主な製品とする企業であったこと，またそれらが鉄道用の鉄生産のためにコークス高炉の導入と企業の拡大を急激に進めたこと，その過程でそれまでプロイセン政府の保護の下でドイツのトップクラスの製鉄所だったシュレージェンの王立ケーニヒ製鉄所，ラウラ製鉄所などがコークス高炉への移行の点ではライン=ヴェストファーレンの後塵を拝したことなどが明らかにされている．

### 第3項　機械工業

　ドイツ機械工業の端緒は18世紀末であり，シュレージェンで殖産興業政策に支えられて，一連の王立特権企業がいち早くイギリスから蒸気機関を輸入し，まもなく自ら鉱山・精錬業揚の蒸気機関を生産し始めた．

　関税同盟の結成，鉄道建設の開始のみられた1830年代は機械工業の発展にとっても画期であった．ただし，ドイツ機械工業は鉄道建設開始期に機関車，車両を供給できる体制にはなく，1840年頃までは必要な機関車はほとんど輸入せざるをえなかった．既存の機械製造企業の生産設備は特に蒸気機関車製造には質・量ともに不十分であり，熟練労働者も不足していた．しかし40年代に入

ると，ボルジッヒ，マッファイ，エッゲシュトルフ，ヘルシェル父子工場など
その後のドイツの代表的な機関車製造企業が蒸気機関車製造を開始した．1853
年にプロイセンの鉄道で稼動している蒸気機関車729台の製造年次別のドイツ
製比率をみると，1838～41年 51台中 1台（2％），42～45年 124台中50台（40%），
46～48年 260台中185台（71%），49～53年 294台中243台（93%）と自国製の比
率を急激に上昇させ，イギリス製機関車への依存から短期間に脱却している．

　この時期のドイツ機械工業を牽引したのは石炭・製造業で用いられる蒸気機
関の製造であった．石炭業では揚水機，運搬機として，製鉄業では高炉の送風
機として蒸気機関が用いられた．蒸気機関の販売先は鉱山・精錬業が中心で
あったが，その他繊維工業をはじめ多くの産業部門で動力として用いられたの
で需要が大きく，たいていの機械製造業がその主製品は何であっても蒸気機関
製造を行っていた．

　1850年代以降，機械工業は一層の発展を遂げる．プロイセンの鉱山・精錬業
における蒸気機関台数（馬力数）は49～61年には4.6倍（4.4倍），61～75年には
6.2倍と目覚しく増加している．これは石炭業における揚水機，巻上機，製鉄
業における送風機の需要などによるものである．また，鋳鉄・鍛鉄・鋼鉄生産
の進歩によって，蒸気機関の改良が進み，蒸気機関の普及はドイツ工業の発展
の中心的存在となる．

　鉄道用機械の製造も発展する．1871年には729台の機関車が製造されたがそ
のうち146台がすでに輸出されていた（輸入46台）．ドイツは60年代に蒸気機関
車自給体制を整え，70年代には機関車輸出国になったのである．また鋳鉄・鍛
鉄・鋼鉄の利用は機関車，車両の耐久性・耐重性・速度・牽引力を増大させた．

　1850・60年代の機械工業の発展は各種の作業機，動力機とともに工作機械製
造の発展の可能性を与え，この時期に初めて工作機械の改良とその本格的製造
が進展した．機械製造工場において40年代までは万能旋盤が工作機の役割を一
手に引き受けていたが，50年代になると特殊な用途をもつ旋盤やその他の工作
機が出現して工作機の分化が始まり，水平・空洞・垂直削りの可能な旋盤やフ
ライス盤，機関車製造，蒸気機関製造，武器製造などの用途に応じた特殊旋盤

やボール盤などが出現し，機械製造に要請された複雑で特殊化された作業・工程に応じうるようになった．60年代にはこの傾向が一層進展する．

　60年代後半のベッセマー鋼の出現は良質な素材を必要とする工作機にとって画期的な意味をもち，工作機の精密度，強度がさらに強化され，旋盤・ボール盤・平削盤の特殊化，フライス旋盤・ねじ切り旋盤の普及を進め，機械工業においても手労働を駆逐し，従来熟練工の手による労働に依存していた加工工程も，しだいに機械化されていった．総じて60年代にはドイツの工作機製造は，従来の外国製品の模倣から脱し自己の創造になる型や構造をもつにいたり，その物質的，技術的基盤を確立した．

　重工業基幹産業の発展の結果，イギリスより半世紀あまり遅れて産業革命を開始したドイツは鉄・鋼・石炭生産で70年代には世界的にも一定の地位を確保し，第一次世界大戦前夜にはイギリスをすでに追い越し，アメリカ合衆国とともに世界を代表する重工業国家となっていた．鉄道に大きな刺激を受けたこの時期の製鉄業・機械工業・石炭業の発展がそれを準備したのであった．

●章末問題●
1．ナポレオン戦争とドイツの近代化との関係をまとめなさい．
2．産業革命の主導部門としての鉄道建設について論じなさい．
3．鉄道建設の波及効果について論じなさい．

【参考文献】
［1］　フーベルト＝キーゼヴェター（高橋秀行・桜井健吾訳）『ドイツ産業革命——成長原動力としての地域』晃洋書房，2006年
［2］　Fr.-W. ヘニング（林　達・柴田英樹訳）『ドイツの工業化』学文社，1997年
［3］　山田徹雄『ドイツ資本主義と鉄道』日本経済評論社，2001年

# 第13章　金融資本の成立

## 第1節　銀行制度の発展

### 第1項　19世紀前半

　1815年のドイツ連邦結成時点でなお，品位を異にする9つの鋳貨体系が並存するなど，貨幣制度や発券制度の整備・統一はドイツにおける国民的統一市場形成に向けて解決されなければならない重要問題であった．こうしたなか19世紀初頭に存在した広義の金融機関として以下の4類型をあげることができる．王立・国立銀行（Staatsbank），地主金融組合（Landschaft），貯蓄銀行（Sparkasse），個人銀行業者（Privatbankier）である．

　王立・国立銀行は領邦政府の財政的必要，特に七年戦争後の経済復興のための貨幣需要増大を賄う目的で構想されたものであった．1765年に設立されたプロイセン振替・貸付銀行など各地で次々と設立され，政府に対する直接貸付，公債の引受発行，公金の管理・送金業務，さらに国家の政策に沿った貸付業務，商人・地主層などに対する動産担保貸付，不動産抵当貸付などを行った．手形割引や発券業務は19世紀初頭にはまだ低水準にとどまった．また，プロイセンの海外貿易会社（Seehandlung）のように貿易独占権を付与されたものもあった．

　地主金融組合は七年戦争後の農業の疲弊と，地主の財政的急迫，信用危機の救済のために，フリードリヒ大王（在位1740〜1786年）の奨励のもとに創設されたものである．これは不動産，土地を抵当にした抵当証券を発行することにより，農業改良投資等のための資金調達を目的とする，不動産抵当金融の方式による農業金融機関であった．19世紀の10年代後半以降，地主金融組合の不動

産抵当証券の流通が拡大し，プロイセンの農業部門への資本流入が促進され，1835年には抵当証券の流通額は１億ターレルにものぼった．

　個人銀行業者は19世紀前半のドイツの金融構造における最も重要な構成部分であったが，その起源は古く，主要な商業・交通中心地で，商業・運送業に従事するかたわら，その副業として商品取引から派生する貨幣取扱業・金融業を営む，個人銀行業者の活動が見られた．当時の主要な商業中心地は，手形取引や貨幣・金融取引の中心地でもあった．

　こうした商人銀行業者たちは19世紀初頭のナポレオン戦争を機に銀行業者として純化・自立化を促進される．まず直接には戦争に伴う軍需物資や戦費の調達に商人銀行業者が深くかかわり巨額の利益を上げ，ここで蓄積された富が銀行業務拡大の基礎を与えることになった．また他方で戦時・戦後の巨額の財政支出を賄うためにドイツ諸邦政府やヨーロッパ各国政府が公債発行を急増させたこと，そしてドイツにおける産業発達に対する種々のインパクトが与えられたことによって，銀行業務の拡大と新規の蓄積機会の開発の機会が与えられた．しかし，この機会への対応は銀行業者によって異なり，公債の引受・発行業務に活動基盤の拡大を求めるものや，産業革命の進展に伴って産業金融に重点を置くものなど多様であった．

## 第２項　産業革命と金融

　産業革命初期の資金調達，特に創業資金は，企業家の自己資金や共同経営者の出資，親族・知人の資金など創業者の人的関係を通じて調達されることが一般的であったが，創業後の経営規模拡張や技術的変革の進展に伴う所要資本の増大によって，人的関係を越えた借入・信用利用の必要性が当然高まってくる．

　そのような方法のひとつは取引先との間での企業間信用，特に為替手形の活用であった．取引の範囲が地域的に限定され，人的関係の枠内にとどまることが多かったにしても，企業間信用にもとづいた為替手形の利用は30年代，40年代のドイツ各地で広く認められる事実であり，またさらに進んで商工業者が取引銀行業者宛てに手形を振り出し，それに銀行業者が引受ないし裏書する「銀

行引受手形」,「引受信用」も行われた.

　さらに不動産抵当信用,社債発行,交互計算信用(当座勘定前貸)なども行われるようになる.これらの資金は設備拡張のための長期資本調達を目的とするものであったが,当時株式会社制度の採用が政府の認可制度に縛られて,なお法的に制約されているという条件の下で,資本の社会的動員の制度的保証がなかったために,不可欠のものであった.特に,交互計算信用は本来短期的な信用供与を目的とするものであったが,当座勘定を通じて銀行が企業の経営状況に関する情報を継続的に得ることを「担保」として,この短期信用が繰り延べられて,事実上長期化することになり,その流動性をいちじるしく圧迫されたものであった.このような産業金融は,特に産業革命の進展に伴い個人銀行業者の資本動員力の限界が明らかになるにつれ,信用制度の新たな展開への要請を強め,より資本力のある銀行の創設が求められるようになる.

### 第3項　株式銀行の設立

　プロイセン政府は株式会社組織の銀行設立について消極的な態度を取り続けた.プロイセン政府のこの態度の根底にあったのは,株式会社という巨大な経済力をもった存在が,プロイセンの伝統的支配秩序を脅かしかねないという危惧の念があり,またブルジョアジーのイニシアチブによる株式銀行の設立は,プロイセンの貨幣・銀行制度を基盤とする秩序に対する重大な挑戦であると受け取られたことである.さらに,外国の株式制度における泡沫的投機の実態などを論拠にして,創業利得や取引所投機のもたらす懸念が強調されることとなった.

　しかし産業革命が各地に広がり,工業化のうねりが高まるにつれて,一定の譲歩も見られた.一般事業会社における株式会社の設立に関しては,「公共の利益」の観点からこれに認可を与えることによって,事実上,増大する資本需要に充足の道を開いたのである.しかし株式銀行だけは別であった.産業ブルジョアジーとプロイセン政策当局の対立という状況が全面に押し出されるなか,政府の規制を乗り越えるための様々な努力が行われた.

　ドイツで最初の株式組織の信用銀行の設立は1848年8月28日，ケルンの個人銀行業者，シャーフハウゼン銀行商会の株式銀行への組織変更として行われた．この銀行は1848年恐慌の際に支払い停止の危機に直面し，この商会に前貸しを受けていた多数の企業の連鎖倒産が心配された．そこで，この銀行の救済策として株式銀行の設立が国王によって認可された．

　まず数回の債権者会議が開かれ，銀行商会の営業の実態，不良債権と損失額の確定などが行われ，銀行商会の債権者の保有する債権・請求権を株式に転換（証券化）するという手法での救済が決定された．株式資本金は518万7,000ターレルと定められ，そのうち債権者に対して430万ターレル，残りはシャーフハウゼンに割り当てられた．債権者に割り当てられた株式は，A記号株とB記号株に分割され，債権者は2種類の株式を半分ずつ受け取り，A記号株に対しては4.5%の配当支払が政府によって保証され，また毎年10%ずつ抽選によって償還されるものとされ，A記号株についてのこれらの措置は政府によって10年間保証されることが定められた．こうしてシャーフハウゼン銀行は政府の監視と指導の下で再建を果たすことになり，株式銀行としてライン=ヴェストファーレンの主要な産業企業との取引を広げ，また多くの企業の創業にもかかわった．

　このほか，ダルムシュタット大公国の許可を得て設立されたダルムシュタット銀行，あるいは株式銀行形式を断念し，商事会社として設立されたベルリンのディスコントゲゼルシャフトなどの試みも存在する．こうしてプロイセン政府の消極的態度にもかかわらず，産業革命の進展に伴う新たな資金需要充足の方策が，銀行家や産業ブルジョアジーの主導で探求されていくのであった．

## 第2節　金融資本の形成

### 第1項　創業ブーム

　1870年代初頭のドイツは創業ブームの局面に突入する．これは新投資の拡張による生産能力と国内市場の拡大が，フランスからの賠償金支払いや，戦中に抑えられていた繰り延べ需要によって促進され，さらには戦後の新しい政治状

況の下での経済成長への期待などによっても加速されたのであった.

　フランスからの普仏戦争の賠償金は約50億フランを上回り，これを基礎として1873年7月3日の立法で金本位制が導入され，ドイツ帝国の幣制が統一された．また戦時国債もこの賠償金をもとに償還され，投資先を求める余剰資金が生まれ，株式会社設立ブームの一因になった．さらに株式会社法の改正（1870年6月11日）によって従来の認可制から準則制に移行し，株式会社の設立が相次いだ．70年代初頭には新たに100行以上の株式銀行が短期間に集中的に誕生することになった.

　この時期に設立された株式会社は，新規の創業よりも，個人企業はじめ既存企業の組織変更による拡張が多かったといわれるが，その事情は銀行業でも同様であった．1871〜73年に創業された株式銀行は130行にのぼったが，このほかに80数行のいわゆる建築銀行（Baubanken）の創業が行われた．短期間に集中して創業された銀行のなかには，後にベルリン大銀行に成長するドイチェバンク，コメルツ銀行，ドレスナー銀行のほか，70〜80年代の推移のなかで各地の産業との緊密な結びつきを形成することになる多数の地方銀行（ライン＝ヴェストファーレンのエッセン信用銀行やベルク＝マルク銀行など）も含まれていた.

### 第2項　1873年恐慌

　この設立ブームのなかで，石炭，鉄工業をはじめとする一連の産業諸分野において，株式会社への組織変更が行われたが，さらには電気機械や化学工業などの産業においても，新企業の誕生をみることになった．こうして広範囲にわたる産業の諸分野において，設備投資が集中して行われ，したがって生産・供給能力の飛躍的膨張をもたらすこととなった．しかし，このブームの終幕を告げる73年4月のウィーン取引所の崩壊は，ドイツにも波及する．ベルリン取引所の株式相場暴落に始まり，商業の分野で過剰な在庫を抱える諸企業の支払不能，さらには生産の領域にまで及んで，全般的な過剰生産の顕在化と販売困難が広がった．その影響は不可避的に，銀行業の領域にまで及ぶこととなった．銀行による貸付が固定化し，回収不能が続出したり，証券投機の損失から巨額

の損失を免れず，倒産に追い込まれる銀行が続出した．その結果，ブーム時に全国50以上の都市に設立された100以上の銀行のうち，ベルリン，ドレスデン，ハンブルク，フランクフルトといった主要都市だけで60行もの銀行が清算に追い込まれた．

　これらの銀行の多くは，株式発行プレミアムの獲得を目的として株式会社の投機的な創業に深くかかわったのであって，こうした株式会社制度の濫用の帰結として「投機銀行」の崩壊をもたらさずにはおかなかった．投機的な証券業務に深くかかわって，業務の停止と支払不能・倒産に追い込まれた銀行は，清算によって消滅するか，あるいは他の有力銀行へと合併され，事実上の銀行の集中過程が進行することになった．ここにおいて，銀行清算の積極的な担い手として登場したのが，ドイチェバンクやドレスナー銀行，ライン信用銀行さらにドイツウニオン銀行等のベルリンおよび地方の有力銀行であった．

　恐慌後の整理過程において，諸銀行の業務の力点は，創業・株式発行業務にかわって，交互計算業務などの正規の銀行業務を中心とするものとならざるをえなかった．ここにおいて，金融市場の中心としての地位を固めつつあった首都ベルリンに活動の拠点を置くベルリンの大銀行と，地方の諸銀行との間には，業務様態の相違が顕著に現れるようになった．ベルリンの大銀行の場合，産業企業との取引関係とならんで，鉄道の国有化に伴う公債発行や地方債，外国証券および土地抵当証券の引受・発行などの各種の証券業務を積極的に展開することが可能だった．これに対して地方の諸銀行の場合には，そのような業務に参加する道が制約されざるをえなかったことから，おのずと，地方産業の取引顧客との交互計算取引などの業務に活動の重点が置かれることとなり，証券業務の展開において，ベルリン大銀行とは異なる状況に置かれたのであった．80年代に入って，鉄鋼業をはじめとする重工業の諸分野での，経営拡張や，新生産方法の採用に伴う資本需要が増大するとともに，ベルリン大銀行と地方諸銀行をめぐって，新たな状況が現れることになる．

　地方諸銀行においては，取引先顧客の信用需要の増大に対して，その資金力の限界が早晩，問題にならざるをえなかったし，さらに，産業への貸付の長

期・固定化による銀行流動性の低下を回避するため，積極的に，証券発行の可能性を模索せざるをえなくなる．ベルリン大銀行においても，競争関係の激化のなかで，有利な業務の展開のために，産業的中心に対する，より一層の結びつきの強化が不可避となる．とりわけ，産業地帯における優良顧客の獲得は焦眉の課題であった．そのため，地方諸銀行にとっては，ベルリン金融市場との連携を求めることが一層痛切なものとなった．またベルリン大銀行自身も，何らかの方法で，地方の産業地帯において，自らの業務拡張の拠点を築くことを迫られたのである．

### 第3項　金融資本の確立

　いわゆる金融資本とは生産の集積・集中から成長する独占体を基礎とした独占的銀行資本と独占的産業資本とが融合したものであり，資本主義が高度に発展するにつれて，産業資本の独占化と銀行資本の独占化とは相互に促進しあい，やがて両者が融資関係，人的結合，株式保有関係などを通して融合し，巨大な独占的力量をもつ巨大資本になることである．

　ドイツにおける銀行集中運動は19世紀の90年代後半以降，本格的な展開をみせることになるが，それは鉱山業，鉄工業をはじめとする基幹産業の集積・集中の展開に規定され，それと深く関連しつつ進行した．

　80年代から90年代にかけて，ドイツでは石炭鉱業，製鉄・鉄鋼，金属加工，輸送・精密機械，機械装置などの従来からの重工業に加えて，電気機械，化学といった新興産業が急速な拡張を遂げ，さらに，繊維，製紙などの軽工業の分野も巻き込んで，生産の拡張を急速に推し進め，ヨーロッパ諸国に対する競争力の強化を目指した．このため，産業の資金需要が未曾有の規模で増加傾向を強めた．また，生産と販売，価格をめぐる激烈な競争構造の転換を求める動きは，様々な形態を通じて，集中化を推し進めることによって，新たな蓄積の構造を作り上げ，寡占的支配の実現を目指したものであった．これによって，動揺する価格変動の弊害を克服して，安定的な収益確保が追及されたからである．すでに1879年には，帝国議会の「カルテル論争」において，自由貿易政策から

保護関税への通商政策の転換が活発に論議された．特に80年代後半からは，カルテルやシンジケートの形成に向けた動きが強められた．

　1893年のライン＝ヴェストファーレン石炭シンジケートの形成がその一画期をなすものであって，ルール地方の石炭販売額の80％強を支配する力をもっていた．他の分野でもカルテル，シンジケートに向けた積極的な動きが重ねられた．このため，合併や買収をはじめ，種々の産業集中に要する資金需要が増大していくことになった．さらに，新たな生産方法の採用，経営・設備の更新と拡張のための資金需要とあいまって，資金需要の増大は，量的にも質的にも新たな段階を迎える．90年代の電気機械，化学などの新興産業の急激な拡張もこの傾向に拍車をかけた．

　これに対して産業の顧客と密接な取引関係にあった諸銀行は，増大する産業からの資金需要に応じ，交互計算信用や引受信用，ロンバート信用などの諸形態によって，信用供与を行った．その結果，銀行貸出の総額は拡大し，諸銀行の信用膨張をいちじるしい規模にまで高めた．この傾向は産業地帯の中心に位置する銀行にとりわけ顕著に現れた．

　産業地帯を基盤とする地方諸銀行にとっては，好況のなかでの産業に対する貸付が次第に大規模化し，しかも長期・固定化の傾向を示したことから，その資金的基礎を拡張するとともに，流動性を維持することが重要な課題となった．地方諸銀行が自己資本の強化のために増資を計画しても，地方の証券取引所はすでに限界が明らかで，ベルリンの証券市場での大銀行の組織する証券引受・発行コンソルチウムに参加することは不可欠であった．その際，増資新株の一部をベルリンの大銀行が引き受けることを通じて，大銀行の地方銀行保有が増加し，その積み重ねにもとづいて，大銀行の地方銀行への永続的資本参加や，株式交換，役員の相互派遣などへと発展し，大銀行との提携が進展していくこととなった．あるいはまた，このような大銀行との友好的な関係をもとに，地方銀行が大銀行の組織した証券引受・発行コンソルチウムに参加し，そのメンバーとして証券発行の分け前に加わり，証券発行業務の拡大が目指されていった．

　一方，ベルリンの大銀行にとっては，競争上，産業地帯に自らの活動の拠点

を築き，産業との関係の強化を図ることが一層不可欠なこととなった．諸産業
との緊密な結びつきを，交互計算によって強化し，そこから他面にわたって展
開される銀行の業務拡張が図られるからである．そのため，各地の主要な産業
地帯にそれぞれの活動拠点を定め，優良顧客を確保して影響力を広げていくこ
とが不可避となった．こうして各地の主要な産業地域に向けて，大銀行の進出
が活発化する．そのため，各地の中心的拠点都市（フランクフルト，ミュンヘン，
ハンブルク，ブレーメンなど）への進出の際には，現地銀行の引受や，資本参加
の拡大や吸収により，支店が設置された．また，ライン=ヴェストファーレン
地域や，ルール地域，シュレージェンなどの産業地域への進出にあたっては，
以前からその地域で強固な基盤を築き上げている地方の有力銀行への株式所有
による永続的参加による利益共同体の形成が追求され，それによって地方有力
銀行を自らの系列下に迎えようとした．

　こうした両方向からの努力によって，ベルリン大銀行は地方銀行と永年の取
引関係にある優良顧客との関係を最大限利用して，融資関係や証券発行業務の
機会を自らに引き寄せることが可能になり，また地方銀行の顧客の預金を集中
し，証券売却先としての地方投資家層の動員も図られることとなった．こうし
た地方進出のため，大銀行における増資が必要となり，その勢力拡張手段とし
て，増資による資本の拡大が積極的に進められた．

　地方銀行にとっては，ベルリン大銀行と友好関係を形成することになれば，
ベルリン金融市場との関係が強化されることになる．さらに大銀行によって主
導される証券引受・発行コンソルチウムに参加する道が開かれ，また手形割引
市場で優良顧客の手形や地銀の引受手形の再割引の可能性が開かれ，あるいは
また地銀の依頼により大銀行が引受を与えた手形が割り引き市場に持ち込まれ
て，そこで割引信用の供与が行われ，これによって地銀の流動性低下を回復手
段として利用することも可能になった．また上記のコンソルチウムは地銀の資
本力強化のための増資にも利用できた．

　このように，ベルリン大銀行と地方銀行との連携は，産業地域の中心に活動
の基盤を拡大することを求めるベルリン大銀行と，地方産業との取引関係の拡

大から，資金的基盤の強化が迫られるとともに，産業への貸付を証券発行により流動化することが必要であった地方銀行の側からも，ベルリンとの連携・依存を求めたということ，こうした双方からの流れが合流し，大銀行主導による利益共同体関係の形成によって，銀行集中を達成したのであった．

● 章末問題 ●
1．金融資本と産業資本との相違を述べなさい．
2．産業革命と銀行との関係を述べなさい．
3．金融資本の形成過程を述べなさい．

【参考文献】
［1］ 大矢繁夫『ドイツ・ユニバーサルバンキングの展開』北大図書刊行会，2001年
［2］ 生川栄治『ドイツ金融史論』有斐閣，1995年
［3］ 戸原四郎『ドイツ金融資本の成立過程』東京大学出版会，1963年

# 第14章　社会民主党史

## 第1節　西欧民主主義の構造転換

### 第1項　自由主義的代議制民主主義

　自由主義的代議制民主主義の段階では，政治は制限選挙制の上に運営されていた．すなわち，選挙権は，資産・租税額，教育程度などによって制限され，その結果，社会の下層大衆が政策決定過程に主体的に関与する制度的な道は閉ざされていた．そして実際の政策決定は，教養と財産をもつ名望家層（上層の商工業ブルジョアジー，知識人，地主層）に委ねられていた．名望家民主主義ともいわれるゆえんである．

　この段階においては名望家議員によって構成される議会が，政策決定の主要な舞台であった．この点に関連して特に重要なのは，当時の議員について次のような観念が支配的であったことである．

　⑴　各議員はたとえ形式的には特定の選挙区から選出されるとしても，いったん選ばれた以上は全国民の代表者であるべきである．

　⑵　全国民の代表者である各議員は，自己の良心のみを基準として行動すべきである．

　このような状況では政党の存在にはおのずと消極的評価しか与えられなかった．すなわち，政党や議会における議員団の存在は，個々の議員の自由を脅かし，ひいては代議制民主主義の基礎を危うくすると考えられた．ともあれ，制限選挙によって選ばれ，自他ともに独立不羈の存在と認める名望家議員が，自己の良心にもとづいて討議を重ね，そして可能な限り最上の政策決定に到達す

るというのが，自由主義的代議制民主主義段階における政治の理想であった．

　社会経済的背景としては，この段階はほぼ西欧諸国が資本主義的方式で工業化＝産業革命を遂げつつあるか，またはそれを完了したばかりの段階に照応していた．社会構成についていえば，在来の地主層とならんで，新たに工業ブルジョアジーの地位がとみに上昇した．もちろん一方では，労働者問題をはじめとして，それまで知られなかった様々な社会経済的問題が発生するようになったが，それらがはらむ矛盾の深刻さは，まだ十分に人々の自覚にのぼるにいたっていなかった．自由で平等な個人が相互に競争しながら公共のためにおのずと調和を生み出してゆくのであり，国家はただ治安の維持と財産の保護のみに当たればよく，それ以上に社会経済問題に介入すべきではないと考えられていた．

### 第2項　大衆民主主義への転換

　工業化の進展は社会構成を複雑なものにし，また社会各階層間の利害対立を深刻なものにした．自由放任思想を支えていた自由で平等な個人の競争という条件は次第に失われ，巨大な寡占体が一国の経済のなかに聳立するようになった．さらに労働者問題をはじめとする多様な社会経済的問題が深刻さを増し，もはや国家が治安の維持と財産の保護に当たるだけでは，社会生活の安定を期しえなくなった．国家は積極的に社会経済問題に介入することが要求され，一方社会各層の側でも国家の政策への関心が高まった．

　このような状況下で西欧各国で普通選挙制度が導入される．これによって，それまで政策決定過程から排除されていた広範な社会の下層大衆が自ら主体的に政策決定に関与するための制度的前提が与えられた．とりわけ工業化の進展によって数的にいちじるしく増加した労働者がこの普通選挙を利用して，国家の政策に対する彼らの影響力を増大させた．このほか新中間層や旧中間層（農民層や都市の小ブルジョアジー）も同様に政策決定過程への影響力を競うようになった．

　こうして，労働者層，新・旧中間層がそれぞれの利益の貫徹を目指して，自

らを政治の主体へと高める解放運動を推し進めた結果，ここに社会全体の政治化という傾向が際立つようになった．政治は名望家層から労働者に至るまでの，それぞれ異質の利益をもった社会各層の競合関係によって規定されることになったのである．

### 第3項　政党と利益団体

　大衆民主主義段階の到来に伴って際立ってくる政治化の傾向は，特に政党構造の転換と利益団体の族生という現象にその集約的表現を見出した．

　この段階では社会の下層に至るまでの広範な選挙民大衆を党員として包摂し，しかも巨大で厳格な党組織を通じて，党員の揺り籠から墓場までの日常生活に強い統合力を発揮する，新しい型の政党が出現する．さらにこの段階では，議員はもはや国民の代表者であることも，自由な独立不羈の存在であることもやめ，彼らもまた大衆＝統合政党の一員として，議員団強制のもとに自己の属する政党の意思に沿って行動するようになった．いまや各政党がその党員大衆や支持者層の利益を考慮して行う意思決定と，そしてそれらの政党相互の間で行われる取引の結果が，国家の政策決定にきわめて大きな影響をもつようになった．このような意味で大衆民主主義の段階は政党国家の段階と呼ぶこともできる．

　政党について各種の利益団体も，大衆民主主義段階の政策決定過程において重要な役割を果たすようになった．すなわち，労働組合，企業家連盟，農民団体などのように，政党の場合よりもより限定された利益によって結ばれた団体が次々と誕生し，その成員の利益を政策決定に反映させるために，政党や政府に向かって活発に働きかけるようになったのである．

　かつての名望家層も新たに興隆してきた労働者層をふくめて社会各層のますます大きな部分が，それぞれの利益に応じて政党や利益団体に組織されて，政策決定への影響力を競い合い，そして国家の政策がこれら複数の集団の多元的な利益の競合と調整のなかから形成されてくるのが，大衆民主主義段階における政治の基本的な姿である．

## 第2節　社会民主党の成立と発展

### 第1項　労働者政党の起源

1863年にドイツでは2つの全国的な労働組織が形成された.

全ドイツ労働者協会（ADAV），いわゆるラッサール派の運動は，普通選挙権の獲得という確固とした実践目的に支えられた全国政党への発展を目指していた．運動の原理としては「自由な人民国家」という未来国家の理想が唱えられ，いわゆるブルジョア自由主義とは一線を画する明確な社会主義運動として出発した．ラッサール派の運動はプロイセン憲法紛争という政治的激動期にあって，政策決定過程への主体的な割り込みを企てた労働者の運動であったといえる．

ラッサールは，ライプツィヒ中央委員会の求めに応じて，1863年3月，『労働者綱領』の内容をより具体化させた有名な『公開答状』をもって，労働者階級に，その「救済策」を提示した．彼は，この『公開答状』のなかで，いわゆる賃金鉄則論が支配している限り，シュルツェ゠デーリチュの主張する労働者の倹約・貯蓄による協同組合も労働者の救済にとってなんら効果のないものであり，また，労働組合による賃金引上げ闘争もなんら効果がない．したがって，労働者階級は苦境から脱出するために，この鉄則を廃棄し，自分自身を「企業家」にしなくてはならない．すなわち自己を生産組合に組織しなくてはならない．しかし労働者階級にはそれに必要な資本も経営能力もない．ここに最大の困難がある．この困難を切り抜けるためには国家の援助が必要である．……国家の目的は多数の個人を一個の倫理的全体に統一し，その中に含まれている個人の力を幾百万倍にも高め，人間の本性を積極的に展開させ，それを進歩発展させ，精神を開花させ，文化を完成させることにある．国家は常にそのためにあり，今日もまたこのためにあるべきである．労働者階級は，普通・平等・直接選挙権を獲得しさえするならば，立法機関を通じて，この国家の援助を受けることができる．それ故に，普通・平等・直接選挙権のみが労働者階級の物質的条件を改善する唯一の方法である．

このような理念・目標をもったこの協会における労働者の組織化への自覚は，

さらに深められ，特に普通選挙権獲得に重点をおいた運動方針は，中央集権的な組織形態をとらせるに至った．運動の指導権は実質的にラッサールによって独占され，彼も含めた24人の幹部会には権力分掌の余地はほとんど残されていなかった．

同じ年，ドイツ労働者協会連盟という，いまひとつの全国組織が創設された．これには当時ラッサールの呼びかけに応じなかったほとんどの労働者教育協会が加盟していた．連盟には当初政治団体の性格はなく，各地の教育協会間の連絡機関といったものに近かったが，教育協会の実権が進歩的自由主義者から順次ベーベルなどの労働者自身の手に移るようになると連盟の性格も大幅に変化した．この背景には，ドイツ統一問題や北ドイツ連邦議会の普通選挙実施に触発されて労働者のかなりの層が政治的関心を強めていた事情も合わせて考えておかなければならない．さらに67年の連盟総会におけるベーベルの会長就任と統合強化のための機構改革，68年総会での社会主義的なニュルンベルク綱領の採択と自由派系団体の脱退などがあり，このような経過を経て69年に連盟は社会民主労働党（SDAP）への発展を成し遂げる．

このいわゆるアイゼナハ派の特徴として次のことがあげられる．まず連邦主義的構造をとり，地方機関紙の積極的な育成や，党費に関する弾力的規定などが見られる．指導部にも合議制が敷かれ，執行機関の委員会と諮問機関の統制委員会とが併設された．またアイゼナハ派はザクセンを主要地盤に中・南部ドイツで組織を広げてきた関係上，はじめから反プロイセン的空気が強く，統一問題を巡ってラッサール派の立場と鋭く対立することになった．なおその綱領的立場に関しては，労働者インターナショナリズムを初めて公然と綱領中にうたった点が特筆される．


第2項　社会民主党の発展と試練

SDAP と ADAV の2つの労働者政党は75年にいわゆるゴータ合同を実現し，ドイツ社会主義労働者党（SAPD）となる．合同に際しては，合同大会直前にADAV がプロイセンで禁止され，その組織の大半が失われた関係もあって，

新党の組織方式として SDAP の主張が入れられたが，綱領の作成にあたってはマルクスが「原則上の駆け引き」として痛恨したように，ラッサール固有の社会主義思想がほぼ全面を覆う結果に終わった．

まず原則綱領の第一部で，労働手段の資本家階級による独占の結果生じた労働者階級の従属関係が，あらゆる形態の労働者階級の窮乏と隷属との原因である．したがって，「労働の解放は労働者階級自身の事業でなければならない．労働者階級に対してその他の全ての階級はただ一つの反動的大衆をなすにすぎない」と規定した後，第二部では「以上の原則から出発して，ドイツ社会主義労働者党は，あらゆる合法的手段によって，自由な国家と社会主義社会を目指して努力し，賃金労働制度の廃止によって，賃金鉄則を粉砕し，あらゆる形態の搾取の廃止，あらゆる社会的・政治的不平等の除去に努力し」，そして「社会問題解決の道を開くために，国家の援助を受け，かつ勤労人民の民主的統制の下に置かれる生産協同組合の設立」が要求され，次に実践綱領では，SDAPの綱領がそのまま全面的に採用された．

この合同は労働者政党の組織的発展に大いに貢献した．合同時の党員数は2万6千人あまりであったが，76年党大会では約3万8千人に伸びていた．また77年の帝国議会選挙にはすでに，全国397選挙区のうち175選挙区で候補者を立てうる状態となっていた．

しかしまもなくこの労働者政党はビスマルクによって厳しい弾圧を受けることになる．そのきっかけとなったのは関税政策の転換，自由貿易から保護貿易への経済政策の転換であった．帝国議会でこの政策転換に反対していたのは，国民自由党左派と左翼政党であった．そのため，ビスマルクは国民自由党左派ないしそれより左にある勢力を撃破することを考え，社会民主主義の孤立を画策した．

1878年5月11日，第一回の皇帝暗殺未遂事件が発生した．ビスマルクはこの事件を利用して，社会主義者についての恐怖をかきたてると同時に，直ちに帝国議会に社会主義者鎮圧法を提出した．しかし，5月24日，自由主義諸政党，SAPD の反対で否決された．ところが，1週間後の6月2日，第二回の皇帝

狙撃事件があり，皇帝が傷ついた．ビスマルクはこの機会をとらえて，6月12日，帝国議会を解散し，社会主義者に対する恐怖心を一層かきたてるとともに，社会主義者鎮圧法を拒否した自由主義諸政党に非難・攻撃を集中した．7月10日の帝国議会選挙でSAPDと自由主義諸政党は惨敗を喫し，10月19日総選挙後の新帝国議会において，社会主義者鎮圧法は221対149で承認された．この法律を支持したのは保守党，帝国党，国民自由党であった．ただし，国民自由党はこの法律が自分自身に向けられることを恐れて，有効期限を2年半とする時限立法として賛成した．この法律成立の2日後には，SAPDに対する弾圧が全国的に始まった．

### 第3項　社会民主党の急進化

　1878年10月13日開かれた党指導部会議で，ベーベルは全党の解散を主張するガイプの提案に反対した．しかし同会議は圧倒的多数でガイプの提案を支持したため，社会主義鎮圧法が発布される2日前に，SAPDは党指導部自らのイニシアティヴによって解散が宣言された．その際ベーベルはガイプから千マルクの資金を受け取り，ライプチヒで中央救援委員会を設置し，鎮圧法によって追放もしくは投獄された党員およびその家族を救援することにあたった．またフォルマールを編集者とするSAPDの非合法中央機関紙『社会民主主義者』が1879年秋にチューリヒで創刊され，党再建の第一歩が踏み出された．1880年にはさらにスイスのヴィーデンで社会主義者鎮圧法下で初めての秘密党大会が開かれた．ビスマルクはこれに対して以前より一層厳しい弾圧を加えるが，そのことがSAPDをかえって急進的社会主義政党の方向へ追いやる結果となった．

　1883年3月コペンハーゲンで開かれた第二回秘密党大会では，ビスマルクの社会政策を支持する議員団内穏健多数派とそれに反対する急進的少数派との間に，激しい論争が展開された．ベーベルは党大会の代議員の満場一致の支持を得て，穏健派の主張を抑え，「我々を迫害している支配階級に対するいかなる譲歩も，また当局の寛大さを当てにするような思惑的な考慮に対しても断固たる反対を宣言し，かつ党の決然たる行動を要求する」という決議，ならびにマ

ルクス主義的社会主義に立脚して編集されている党機関紙の全方針が承認され，さらに，「党大会は，ドイツ帝国政府のいわゆる社会改良に関しては，支配階級の誠実な意図も，また能力も，彼らのこれまでの態度から推して信用しないことを宣言する．そして，いわゆる社会改良とは労働者を真の途からそらすための単なる戦術的手段として使用されていることを確信する」と表明され，ビスマルクの社会政策の真の意図を暴露するとともに，議員団が帝国議会で戦いとるべき労働者の生活条件・労働条件の改善は，「社会主義的諸要求の全体」を見失ったなかでなされるべきではないことが議員団に要求された．また党指導権は帝国議会議員団の5人からなる幹事会に委任することが決定された．この幹事会には1884年の帝国議会からベーベルも任命される．

　このようにコペンハーゲン党大会の決議は，急進派の主張が党内において支配的になってきたことを示した．そして1884年以後，党指導機関の中核にベーベルやW.リープクネヒトが入ることによって，以前穏健派が多数を占めてはいたが党指導権の一部を急進派が掌握することになった．

　1887年の帝国議会選挙では，SAPDは前回よりも21万票得票を伸ばすが，左翼自由主義政党が従来の慣行を破って決選投票において保守党と提携したために，議席数は半減し，そのため党の指導権を掌握していた議員団穏健派の主要な指導者が落選し，また当選あるいは落選した穏健派の主要な指導者が1888年から9年にかけて相次いで死亡し，これを機にベーベルを中心とする急進派が党議員団の主導権を掌握し，ベーベルはSAPDの実質的な最高指導者となった．それとともに急進主義が党の支配的傾向となっていった．

　1890年に社会主義者鎮圧法が廃止されると，1890年のハレ党大会で党名を社会民主党（SPD）と改めた．またまもなく，マルクス主義に立脚したエルフルト綱領が1891年のエルフルト党大会で決定された．この綱領は原則綱領と行動綱領の二部からなっている．第一部の原則綱領は主としてマルクスの『資本論』第1巻にもとづいて，カウツキーが起草した理論的部分である．それによれば，ブルジョア社会の経済的発展は，自然必然的に小経営を没落させ，一方において無所有のプロレタリアートを生み，他方において比較的少数の資本家

と大地主による生産手段の独占化をもたらす．その結果，プロレタリアートと
衰滅していく中間層にとっての生活の不安，貧困，圧迫，隷属，屈辱，搾取は
ますます増大する．そして経済が発展すればするほど，プロレタリアートの数
は増大し，搾取者と被搾取者との対立もますます激化する．こうした状態を克
服するために，資本主義的所有を社会的所有に転化し，商品生産を社会のため
に社会によって営まれる社会主義的生産に転化させる必要がある．しかし，そ
れは他の諸階級が今日の社会の基礎を維持することを共通の目的としているの
で，労働者階級の事業でしかありえない．このような労働者階級の闘争を意識
的・統一的なものに作り上げ，それに自然必然性にもとづく目標を示すことが，
社会民主党の任務である．

　第二部の行動原理は主としてベルンシュタインによって作成された実践綱領
であり，第一部で述べられた党の究極目標を達成するための途を切り開くため，
さしあたり帝政国家に対して向けられた10カ条の要求であった．そこには政治
的民主的権利の要求としては，普通・比例代表選挙制，民主的地方自治，表
現・結社の自由，宗教と学校教育との分離，男女平等などが，経済的要求とし
ては累進所得税と財産税の導入，間接税の廃止など，社会政策上の要求として
は八時間労働制，児童労働や夜間作業の廃止，団結権の保障などが掲げられて
いた．

## 第3節　修正主義の登場

### 第1項　労働運動の発展と組織

　1890年11月組合指導者たちはベルリン会議をもち，組合間の連絡・統合機関
としてドイツ労働組合総務委員会を設置し，このもとに社会民主党系の労働組
合として自由労働組合と総称される一大労働者組織がスタートした．しかし，
この自由労働組合の本格的発展は20世紀に入ってからである．組合員数を見て
も1892年には23万人程度であったものが，1900年には約70万人，1904年にはつ
いに100万人に達し，第一次世界大戦直前には250万人を越え，ヨーロッパ最大
の労働組合となった．当初は職能別組合が多数を占めていたが，90年代後半に

は企業の集中化にも促されて，各種職能組合が産業別組合に統合・改組されて
いった．こうして自由労働組合は世紀転換期には金属工，木材工，建築工，運
輸労働者，織物工などのそれぞれの産業別大組合を中心とするものになった．

　このような組織の巨大化は組合官僚機構の肥大化を生じる．例えば各組合中
央組織に勤務する専従役員数は，1900年には269人であったが，1914年には
2,867人で一般組合員1万人につき1.13人の割合であった．こうした官僚組織
の肥大化は組織の官僚化に通じる．組織至上主義とでもいうべき傾向が生じ，
現場の労働者の生活と権利を守り発展させるよりも，組織の安泰を優先させる
ようになる．また同じ理由から組合主義とでもいうべき傾向が生じた．すなわ
ち労働組合の課題と労働者政党の政治活動とを区別し，前者をもっぱら現存社
会の枠内で労働条件の改善に努めるものとする．組合指導部のこうした傾向は，
組合を社会民主党から自立させる方向へ推し進め，組合利益のためには企業家
や国家とも積極的に協議するようになる．

　社会民主党も社会主義者鎮圧法廃止後，絶え間ない躍進を遂げる．党員数も
着実に増大し，第一次世界大戦直前には100万人台に乗せる．また帝国議会選
挙においても1890年以降の得票率は常に第一党で，1912年には35％，得票数
425万に達し，議席数においても第一党となった．


### 第2項　労働者層の政治化とその帰結

　自由労働組合同様，社会民主党も組織の中央集権化や官僚主義化に伴って，
役職党員と一般党員との間に断層が生じ，前者のなかには組織を危うくするよ
うな過激な戦術を拒否し，何よりも組織の安泰を図ろうとする傾向が強くなっ
た．さらに，それにとどまらず理論上も運動上も重大なジレンマに陥った問題
に直面させられた．

　1890年に社会主義者鎮圧法が失効し，合法的活動の舞台が広がると，早くも
改良主義の主張が現れた．すなわち，社会体制の全面的変革を説く革命的プロ
パガンダよりも部分的な改革の達成を重視する考えである．こうした考えは，
社会民主党の活動範囲が急速に拡大していった世紀転換期以後には，実際の党

活動を覆うようになる．地方議会における活動が広がりをみせると，こうした改良主義的傾向はますます濃厚になった．こうした傾向はエルフルト綱領における行動綱領には合致するものであるが，それが党活動の全面を覆うようになると，原則綱領は建前になってしまった．

　こうして現実の党活動から生じた原則綱領と行動綱領とのジレンマは，理論上でも問題になる．つまり党内の改良主義の流れを徹底して，単に行動面での革命主義批判ではなく，それを新しい理論体系として主張する修正主義が登場する．エルフルト綱領における革命理論の全面的修正を提唱したのはベルンシュタインの『社会主義の諸前提と社会民主党の諸課題』（1899年）であった．この提唱を巡って党の内外に大反響が起こり，党主流派はこの提唱を修正主義と呼んで，反批判を行い，修正主義論争が展開されることになった．

　しかしカウツキーなどの党主流派の反修正主義の流れは強く，1903年のドレスデン大会では圧倒的多数をもって，修正主義は拒否されたのであった．当時のドイツには確かにイギリスのフェビアン社会主義のような非マルクス主義的改良主義を受容しうる政治的・社会的現実が形成されつつあったが，他方で第二帝政の非民主的な現実も牢固として存在していた．こうした現実の側面に注目したとき，マルクス主義の革命理論，エルフルト綱領における革命綱領に多くの労働者の心をひきつけるものがあったのである．


### 第3項　労使関係の新動向

　労働運動の活況は社会政策の進展，弾圧思想の進展などに並行していた．1890年代以後にも転覆法案（1894，1895年），プロイセン結社集会法改正案（1897年），産業労働関係保護法案（1899年）などの労働者弾圧立法が企てられたが，いずれも帝国議会あるいはプロイセン邦議会で否決されてしまった．最後の産業労働関係保護法案は労働者のストライキ権を事実上奪うものであったが，帝国議会でこれに賛意を示したものは保守政党と自由派の一部に限られ，特に国民自由党のバッサーマンが断固としてこの法律を退けた．こうした弾圧立法の失敗は社会民主党の強力化だけではなく，労働者と同一の法的基礎の上

で競合しようという機運が，使用者・社会的エリート層の間でも広まっていたのも確かなのである．

そのことは，たとえば労働規約の普及にみてとれる．ドイツにおける労働協約の最初の例は，1873年の印刷業協約である．この種の協定は，当該業種における労働組合組織のある程度の充実を前提とするから，その本格的な展開は1890年以降に持ち越された．1896年の印刷業全国協約の成立は多大の反響を呼び，これを契機に協約締結への動きが活発化する．すなわち，その後労働協約は軽工業や建設業を中心に急速に普及し，1907年には早くも締結数5,000件を越えた．さらに1913年には1万件を越え，協約の適用を受ける被用者数も140万人余りにのぼった．

このように労働協約が活況を呈するようになったことは，労使双方においてその関係を新たな方法で調整しようとする機運が育ちつつあったことを物語る．協約は労使間の自主的で総務的な協定であるからである．使用者側には，特にドイツ工業化中央連盟に属する重工業のように，自らの事業主としての立場が規制されることを理由に，労働協約に反対する空気は強かったが，労働協約の普及ぶりからみて，使用者側の多くが，労働者を同格のパートナーとして認める方向に動いていたことも否定できない．また労働者も，世紀転換期を境に，政治的・社会的孤立から，徐々に解放されつつあったことは争いえない事実であろう．

● 章末問題 ●
1．自由主義的代議制民主主義と大衆民主主義との相違について述べなさい．
2．社会民主党のエルフルト綱領の成立過程について述べなさい．
3．社会民主党が帝国議会で大躍進した理由を述べなさい．

【参考文献】
［1］　F. メーリング（足利末男他訳）『社会民主党史』（上・下）ミネルヴァ書房，1969年
［2］　安　世舟『ドイツ社会民主史序説』御茶の水書房，1990年
［3］　雨宮昭彦『帝政期ドイツの新中間層．資本主義と階層形成』東京大学出版会，2000年

# 第15章　ユ ン カ ー

## 第1節　ユンカーの支配権

### 第1項　グーツヘルシャフトの発展とユンカー

　12, 13世紀にエルベ以東で植民活動が始められた頃，そこでの農民の地位はかなり自由であり，貴族直営地も決して大きくはなかった．農民の領主は辺境伯や下級貴族（騎士層）であり，後者は後にユンカーとなるが，彼らはまだユンカーとしての特質を備えておらず，免租特権のある騎士領を直営地としてもっていたが，その規模は富裕な農民と大差なかった．

　14, 15世紀のヨーロッパでは，貨幣経済の発展や戦争・国内混乱に対応するための行政活動の増大により，国王や君主は財政難に悩まされ，しばしば公的権利を担保に借金を重ねたが，このような危機はブランデンブルクでも大きかった．この時期に貴族や都市が君主から裁判権や公的賦役の要求権を大幅に獲得する．中世においては行政も裁判を通じて行われたので，裁判権は公的支配権そのものであり，上級土地所有者である騎士は裁判権によって農民支配権を獲得することになった．また公的賦役はもともとは道路や城砦の建築のための短期労働を意味したが，この権利が騎士のものになると，容易に私的目的に転用されることになった．特に，経済的要因が加わると重要な変化が起こる．

　14, 15世紀は領主制の危機の時代でもある．私闘の横行やペストの流行で人口が大幅に減少し，貴族の収入減少に帰結した．これへの対応には地域差があったが，プロイセンでは領主の農民支配の強化がもたらされた．貴族は農民の移動の自由を厳しく制限して都市と争い，また15世紀に領邦君主となった

ホーエンツォレルン家が貴族を支援して都市を圧迫したため，15世紀末にはブランデンブルクでは諸都市は君主や貴族に抵抗する力を失い，農民の土地緊縛が決定的になると同時に，貴族が穀物取引権やビール醸造税の免税特権などを獲得して，都市の権利を切り崩していった．

　16世紀の好況期に入ると，東部ドイツにとって穀物輸出は利益を上げる絶好の機会となる．このようななかでプロイセン貴族は自ら農業生産と穀物販売に従事するようになり，直営地の拡大と労働力の確保に積極的に乗り出した．

　まず貴族直営地の拡大のために，荒廃地の併合，教会領・修道院領の獲得，農民保有地の併合などが進められる．植民時代以来の農民の世襲的な土地保有権は，不安定な保有権（ラシーテントゥーム）に転化され，大規模な農民追放も展開した．土地保有権の正当性を判断する裁判権を領主自身がもっていることがこの変化にとっては重要であった．土地を買い取られたり没収されたりした農民たちの多くは，条件の悪い土地を与えられたり，わずかな土地を貸与されて小屋住農（アインリーガー）に格下げされた．

　また労働力確保のために農民賦役が東部ドイツで復活する．ここでもまた領主のもつ公的権力，裁判権と賦役徴収権が契機となった．公的賦役が領主直営地経営に転用され，好況に支えられて農民賦役の日数は増加した．また農民子弟に対する僕婢強制も労働力源として重要であった．

　貴族はいまや大規模な直営地経営にもとづいて農業生産を行い，農民の余剰生産物を先買権によって買占め，それらの穀物を直接外国商人に販売した．劣悪な土地保有権，農民の賦役義務とその子弟の僕婢強制，農民に対する領主の裁判権や人格的支配権，これらは全体として再販農奴制あるいはグーツヘルシャフトと呼ばれるが，その実体は16世紀後半にはほぼ成立していた．

　このようなグーツヘルシャフトを法的に確認したのが，ブランデンブルクにおける1653年の領邦議会最終決定である．この決定によって等族が長期の課税に同意し常備軍形成の契機になるとともに，等族の最も重要な政治機関である領邦議会がその後事実上機能しなくなったが，他方大選帝侯は，農民に対する貴族のこれまでもっていたすべての支配権を承認した．農民は一般に体僕＝農

奴（ライプアイゲネ）であると規定され，それに異議のある農民は自ら文書で
そのことを証明しなければならないとされた．

　ところで領邦議会の機能停止によっても貴族の政治的発言力が大きく削減さ
れたわけではなかった．まず郡レベルでは貴族全体によって構成される郡議会
が存在し，郡内の全行政を行っていた．租税の配分と徴収は郡議会の権限であ
り，固有の郡金庫を維持し管理していた．郡は貴族の自治的な地方行政区であ
り，また貴族の利害を代表する機関であった．郡長は国王の末端官僚であるが，
郡議会が推薦した代表者を国王が任命していた．郡長は租税の徴収とその監督，
軍隊の行軍や宿営の世話，警察＝行政などの任務をもち，地方における国家の
重要な執行機関であったが，国王の利害と等族の利害の接点に位置し，これに
よって絶対主義国家はその末端において等族制の基礎に立脚していたのである．

　さらに貴族は将校や官僚となることによって，絶対主義国家の内部であらた
に重要な政治的機能を帯びることになった．とりわけ将校団はもっぱらプロイ
セン貴族によって占められていた．それはフリードリヒ＝ヴィルヘルム１世の
強制的政策の結果でもあるが，貴族にとっても次男以下の子弟の就職先として
軍隊は重要であった（ユンカー（Junker）はもともとは「貴族の子」（Junker:
von althochdt. : Juncherre=junger Herr）という意味．爵位を継承できぬ貴族の子
弟（一般には次男以下）が土地を貰い地主となった貴族）．それゆえ貴族のなか
の相当部分が将校となった．将校団は王権の支柱であり，国家的名誉の最大の
担い手であった．等族制のもとでしばしば見られる貴族と国王との対立的な関
係とならんで，貴族と王権との一体化が将校団を通じて進行したのである．

　貴族はまた絶対主義国家の行政官僚にも進出した．とりわけ，中央の総監理
府の大臣や参議官，各州の軍事・御料地財務庁の長官などの高級官僚，郡長な
どはほとんど貴族出身であった．もとより官僚層には市民出身も多く，また官
僚固有の機能が存在し，将校団の場合ほど階級としての貴族との同一化を語る
ことはできないが，貴族が絶対主義時代に官僚となることによってあらたな政
治的機能を獲得したことは，19世紀プロイセン史に大きな影響を与えた．

### 第2項　第二帝政期のユンカーの特徴

ここで第二帝政期のユンカーの一般的特徴をまとめておく．19世紀末のユンカーの本拠はポンメルン・ブランデンブルク・オストプロイセンの3州である．ユンカーの元来の故郷であるアルトマルクを含むザクセン州は，農業の近代化が進み東部ドイツとは徐々に異なる様相を増しつつあり，またヴェストプロイセンやシュレジエンやポーゼンはドイツ国内におけるポーランド人居住地として一種の被征服地＝植民地であり，特にポーゼンが最も東欧的であった．

ユンカーは大地主ではあるが，巨大農場の所有者でもなく，また大貴族でもなく，あまり大きな財力ももっていなかったが，子弟には相当の教育を与えねばならず，とにかく富農とは全く異なった支配階級として，都市の富裕層に見劣りしない生活をしなければならなかった．

ユンカーは階級的な誇りのために同様の身分のものと結婚し，ユンカーにふさわしい職業に就く傾向が強かった．彼らは農業貴族であるため生活は領地付近の仲間付き合いに限られ，文学・芸術などへの興味も少なく，「高い貴族性の特色」を持ちあわせていない．政治上では国王への忠誠心が強く，政府に対する恒久的反対派を形成しないが，階級的な独立心と王室への忠誠心との矛盾に悩むことがあった．

ユンカー家族の外面的特徴として以下があげられる．

(1)　1888年までに貴族に列せられている．ただし，古い土着のプロイセン貴族および13～14世紀に東エルベに移住した古い貴族，18世紀までに貴族に列せられたもの，19世紀以前にユンカーになったもの，官僚などのうち19世紀にユンカーになったものなどの区別がある．

(2)　大富豪でない．東部七州に土地財産をもつ．

(3)　新教徒（特にルター派）である．カトリックではユンカーにはならない．

(4)　西ドイツ・ザクセン王国・メクレンブルク大公国の貴族と密接な関係がない．

(5)　プロイセン将校かプロイセン行政官になること．

(6)　古いユンカーの家柄と婚姻関係にある．

(7) 保守党員である.

またユンカーは大農場を所有するだけではなく，様々な半封建的特権を20世紀になってももっていた．僕婢条例（Gesindeordnung），僕婢条例の農業労働者への適用（特に強制連れ戻し条項），僕婢と農業労働者の団結禁止，貴族世襲財産制（Fideikommiss），独立私領区域（Gutsbezirk）における支配権などである．これらの特権によって，農村住民は19世紀末になっても依然として強力なユンカーの支配権に服し，またユンカーは地方行政制度に大きな影響力をふるうことができ，前近代的な権力構造を少なくとも制度上保障されていたのである．

### 第3項　軍隊・官僚制におけるユンカー

ユンカーの影響力は特にプロイセン陸軍において大きかった．プロイセン将校団は1848年の三月革命のなかでも基本的に貴族ユンカー将校団としての性格を変えることなく，帝政期まで存続し続けた．これは19世紀初頭以来，将校任用規定が存在したにもかかわらず，任用にあたって将校としての人格的要素を重視するという名目で貴族出身者が優遇された結果であった．しかし軍隊の拡大にともなう将校数の増加と，工業の高度化や軍事技術の発展に伴う将校への知的水準の要求の高まりによって，貴族ユンカーの比率も低減する．全プロイセン将校団のうち貴族ユンカー出身者は1860年には65％であったが，1913年には30％となり，高級将校の場合でも86％から52％に低下している．

一方，陸軍士官候補生にしめるアビトゥーア取得者の比率も高まり，1890年には35％であったのが，1910年には60％を越えている．これは帝政期には同一年齢層の2％程度しか取得していない資格であり，まさに教養エリートのシンボル的資格であった．

また陸軍士官学校在籍者の父親の職業・地位を見ると，大土地所有者・将校という伝統的将校供給階層が，高級官僚・弁護士・医師・商工業者グループにトップの座を譲ると同時に，これら両グループで全体の90％程度になり，新旧の社会上層の出身者で占められていることがわかる．

もちろん高級将校や近衛連隊などに貴族ユンカー将校団という性格が濃厚に

残存していたが，全体として帝政期には19世紀前半までの貴族ユンカー将校団という人的構成は崩れつつあり，貴族という伝統的シンボルに，商工業と高度専門職業という新しい富と地位のシンボル，そしてアビトゥーアという教養シンボルの三者の複合的性格をあわせもち，そしていずれにせよ社会の上層の一端を担うという性格を依然としてもっていたといえる．

　官僚制においては同様の傾向が一層明確に見られたが，地方自治組織が保守勢力の優位の根源になっていた．特に郡は18世紀以前同様ユンカーの牙城であった．当時，プロイセン全体で約500の郡が存在した．行政の責任者は郡長であるが，彼は郡議会による推薦者を国王が任命し，中央政府の指導・監督の下に置かれたが，他方で，地元有力者たちの代表として，時には中央政府に頑強に反対することもあった．地方生活には十分な程度の年俸を支給され，くわえて半数程度のものは領地所有者であった．エルベ以東では郡長の地位はユンカーに特に好まれたポストであった．郡長の権限の中には郡下の警察の監督権があり，地方住民に大きい影響を及ぼした．このような郡長が政治的には保守党によってかためられたので，特にエルベ以東地方は選挙に際して保守党の牙城となった．

## 第2節　農業の状況

### 第1項　穀物価格の低下

　農産物の世界市場価格の長期的低下とドイツにおける国内価格の低下は，それまでの低関税政策の放棄をもたらした．そのときまで東部ドイツの穀物生産者たちは自由貿易の信奉者であったが，ここにきて態度を変える．

　ドイツの穀物価格は1878年以降90年代末まで低下し続けた．ただし保護関税によって1880年以降世界市場を上回る水準に維持されていた．穀物価格は低下したが，動物性生産物の価格は低下しなかった．また賃金・工業製品価格は上昇傾向にあり，全体として生産性の相違が価格の変化に影響を与えていたようである．1870年代から1914年までの間に賃金はほぼ50％上昇し，工業製品価格もほぼ50％上昇し，その一方穀物価格は30％の上昇にとどまり，他方動物性生

産物の価格はほぼ60％上昇した．こうした不均衡な価格変化の原因として，海外での穀物生産の大規模拡大，海外農業地域での有利な生産機会，食生活の変化による肉食の増加，工業の発展と企業の集中化などがあげられる．

アメリカ合衆国の場合，南北戦争後に入植活動が再び活発化し，小麦生産も1866年から1900年までに123％増加し，その一方で肉食の普及によって一人当たり小麦消費量が185kgから160kgに減少し，輸出のための余剰が発生した．また鉄道網の整備と大西洋横断船賃の低下（1873年から1894年までに5分の1に）による輸送費の低下，さらに生産費の低さも重要である．ヘニングによれば，平均的穀物収穫が得られる土地の小作料は，1900年頃ドイツで小麦1トンにつき約28マルク，アメリカ合衆国では約10マルクであった．その一方ロシアに関しては農村住民の生活水準の低さが決定的であった．生存限界以上のものを与えられていない安上がりな農民と農村労働者が世界市場でのロシア産穀物の低価格販売を可能にしていたのである．

### 第2項　農業保護政策

1873年以降の不況のなかで，外国との経済競争にたえぬくためにも，これまでの自由貿易から保護関税へと政策転換を求める機運が醸成されていった．特に保護関税への要求は鉱山業・製鉄業関係者の中から強まり，1873年末には保護関税派の利益団体としてドイツ鉄鋼業者協会が結成され，農業においても外国からの保護を要求して税制・経済改革者連盟が結成された．

その一方，これまで帝国内政を掌握し，自由主義的経済政策を推進してきた自由貿易論者であるデルブリュックが帝国官房府長官の地位を退陣し（1876年6月1日），ついで78年10月に保護関税支持をかかげる帝国議会議員の連合組織として国民経済連合が結成された．参加者は保守党36名，自由保守党39名，国民自由党27名，中央党87名など合計204名で，帝国議会の総議席数397の過半数を占めていた．

一方保護関税の導入は帝国財政の問題でもあった．帝国の歳入の財源は関税・消費税や，郵便・電信からの収入に限定され，不足分は各邦国が人口に応

じて拠出する分担金によって賄われることになっていたが，帝国宰相たるビス
マルクにとってはこのような各邦国に依存する財政構造を変革することは，帝
国の自立性を確保するためにも重大な課題であった．このためにビスマルクは
鉄道の国有化（1873年），取引所税の新設や醸造税の引上げ（1875年）などを試
みたが，ことごとく議会の反対によって成功しなかった．

　そこでビスマルクは関税引上げと財政改革のために，帝国議会で3分の1あ
まりの議席をもつ国民自由党の同意を取り付けようとしたが，見返り要求や，
国民自由党の左派を代表するラスカーとの軋轢のために失敗し，そこでむしろ
国民経済連合などの新しい政治勢力の組合せに注目し，その一翼を担う中央党
に接近を試みた．このことは分化闘争の終焉を意味しただけではなく，保護関
税の導入も中央党との取引（フランケンシュタイン条項）のうちに実施された
のであった．

　保護関税法案とタバコ税の引上げ法案が1879年2月に帝国議会に提案された
とき，中央党はフランケンシュタインが提出した次のような留保条件を提案し
た．それは，帝国が関税とタバコ税による収入のうち1億3,000万マルクを超
える分をすべて人口に応じて各邦国に譲渡することを，法案への同意の条件と
するものであった．ビスマルクは国民自由党の要求に屈するよりも，邦国分立
主義者との妥協を選択した．

　79年7月12日，フランケンシュタイン条項と引換えに，関税とタバコ税の引
上げが帝国議会を通過した．賛成したのは保守両党と中央党，国民自由党議員
の一部であり，反対したのは国民自由党議員の大部分，進歩党，社会主義労働
者党などであった．なおこのとき保護関税としてあらたに導入されたのは穀物
と家畜とに対するものであり，鉄や各種工業製品の関税も引き上げられた．


### 第3項　利益団体の形成

　ビスマルク時代の保護貿易政策は急速な成長を始めていたドイツ資本主義に
とってやがて妨げと感じられるようになる．ビスマルクの後継宰相であるカプ
リーヴィにとって重要になってきたのは，保護貿易の緩和であり，特に穀物関

税の引下げであった．輸出振興のためには，ドイツの商品に対する相手国の関税を引下げさせる必要があり，そのためにはドイツの穀物関税を引下げねばならなかったのである．

カプリーヴィの通商政策の中心点は，相手国がドイツの工業製品に対する輸入関税を引き下げることと引換えに，ドイツとしては相手国の農産物や木材に対する関税を引下げることであった．1891年，オーストリア，スイス，ベルギー，イタリアと相次いで通商条約の改定が行われ，同年12月から92年1月にかけてこれらの通商条約が帝国議会で可決され，92年2月から発効した．

これらの通商条約の成立によってドイツの貿易量は増大したが，このことはユンカー・農場経営者たちの利益を損なうものであったことは間違いない．彼らの利害を代弁する保守党議員たちは通商条約に反対していたが，93年2月18日，ベルリンで1万5,000人が参集して農業者同盟が結成され，農業保護関税の維持と強化ならびにロシアとの通商条約締結の阻止を目指すことが宣言された．この組織は東エルベだけではなく，西・南ドイツ地方の中小農民のなかにも勢力を広げ，やがて十数万の会員を擁するにいたる．93年の帝国議会選挙の後，農業者同盟会長プレッツの主導の下に，保守党，自由保守党（帝国党），国民自由党の一部，ポーランド党などの議員142名が自由経済連合を結成した．

工業分野でも同様に利害団体の形成が進んだ．重工業界の声を代弁したのはドイツ工業家中央連盟であった．この団体は1876年に保護関税を推進するために，あらゆる工業分野を網羅した多くの企業家諸団体の上部団体として創設された．この団体における最大の勢力は石炭・鉄鋼などの重工業であったが，その他の繊維・機械・製紙・食品・化学工業など多様な利害を包含していた．そして1890年頃までは工業界唯一の全国組織として国政に重大な影響を与えていた．

この組織は，結成当初から80年代には基本的にビスマルクの社会政策を支持したが，90年代からは保守的・反動的な内政を志向し，社会主義者鎮圧法の廃止に反対したり，徴兵法案を歓迎したりした．対外的には艦隊政策を積極的に支持し，さらに広く膨張主義的な通商・植民政策を推進した．この団体の政党

政治的立場は，自由保守党（帝国党）と国民自由党とに代表されていた．

　これに対して1895年に創設されたドイツ工業家同盟は多くの工業利益団体の上部組織として発足したが，特に輸出に関心を寄せる軽工業・完成品工業部門の非独占的経営の立場を代表し，工業家中央連盟と競合し，農業者同盟に対抗した．この組織は当初は自由貿易を支持し，高率保護関税に反対したが，1900年頃からは温和な保護関税派となり，特に石炭や鉄鋼などの原料工業における独占化志向（国内の高値，国外のダンピング）には厳しく反対した．また労働者対策においても工業家中央同盟は労働組合に対して非妥協的であったが，工業家同盟は基本的に労働組合を経営者の交渉相手として認める立場をとった．ただし社会民主党と自由労働組合の急速な発展のなかでは，労働組合に対する両者の対抗の姿勢が共有されていたことはいうまでもない．工業家同盟の政党政治的立場は国民自由党左派や左翼自由派に代表されていた．

## 第3節　ユンカー経営の変質

### 第1項　農民解放後の労働組織

　ユンカーは大農場経営者とはいえ，平均500haそこそこの農場収入で都市のブルジョアジーに対抗して支配階級の一員としての生活水準を維持することは簡単なことではなかった．ヴェーバーが『東エルベ＝ドイツの農業労働者の状態』を発表したころ，農業保護関税を要求するユンカーは「不満をかこつ施しを受ける人」と映った．ユンカー経営の危機は外国農産物の流入という外部的要因によるだけではなく，ユンカー経営そのものの危機であり，そのことはユンカー経営の労働組織からもうかがい知ることができる．

　ユンカー経営の労働者は地域差も大きいが，おおむね次のように整理できる．

　Ⅰ．年契約を結ぶ労働者

　　A．僕婢（Gesinde）

　　　　僕婢は農民解放前の強制僕婢奉公に起源をもち，独身の男女で，主人の屋敷に住まい，たいていは畜舎で家畜の世話をするか，家事労働に従い，給与は住居をはじめほとんど現物支給である．

B．インストロイテ（Instleute）

　　1年単位・家族単位で契約する農業労働者．本人以外に少なくとも2人の労働者を提供することを義務づけられている．給与として，住居，牝牛や馬のための飼料，数モルゲンの耕地を受け取り，耕地には穀物・野菜・馬鈴薯などを栽培した．また脱穀分前（収穫された穀物の一定比率を脱穀して収入とすること）も重要な収入源である．

C．デプタント（Deputant）

　　ただないし安い家賃で農場の住居に住み，労働日の数に応じた日賃金か，あるいは固定的年賃金として支払われる低い現金賃金とともに，主として穀物からなる現物給付を受け取る．インストロイテと異なって保有地面積は少なく，家畜保持も牛乳支給に代置されつつあり，穀物の分前権ももたない．

II．年契約を結ばない労働者

　　年契約を結ばずその労働力をユンカーの恣意に完全に委ね，その代わり現金で日給を受け取る．あくまでふつうの私法的意味での賃労働関係に入るので，独立私領区域（Gutsbezirk）においてもユンカーの警察権や裁判権には隷属していなかった．

III．移動労働者

　　監督者の下で統一された集団を形成して，ドイツ国内ないし外国から流入してきて，自由労働者のように，特に収穫期に一時的に急増する労働者需要を満たす．甜菜栽培等の集約的経営様式の普及によって規模や移動範囲が徐々に大きくなっていた．賃金は主として現金支払いで，宿舎は空いているII（年契約を結ばない労働者）類型の労働者用宿舎の家畜小屋や納屋，あるいは移動労働者専用のバラックなどが提供された．

　このように半封建的性格のものから資本主義的な性格のものまで，多様な類型の労働者が利用されていた．これらのうちで，農民解放後の東エルベ農業労働者の基幹となっていたのはインストロイテであった．しかし，ドイツ農業の「資本主義化」とともに，これらの労働者類型が農業生産に占める位置は変化する．

第2項　農業労働者問題

　産業部門別就業者数の動向を見るなら，1875年に50％を割った農林漁業就業者は絶対数では増加し続けるものの，1905年には36.5％に低下する．一方，鉱工業就業者はこの間に絶対数で2倍になり，構成比でも1905年には農林漁業をしのぐにいたる．そしてなかでも鉱山業・鉄鋼業において生産の集積が進んでいた．

　この変化は農業労働力の移動を伴った．1850〜70年代の農村人口離脱の形態は，東部ドイツにおいては海外移住が主であったが，80年代以降農業労働力は西部の都市工業や鉱山業地域に集中的に移動し，海外移住は激減した．東部諸州からの移住は，鉱山労働力が鉱区内や近隣諸州から十分に補給されえなくなった1870年代初頭から始まり，特に1890年代以降に増加テンポがいちじるしくなる．1893年以来ドルトムント上級鉱山監督局において鉱山労働者の調査が行われたが，1893〜1905年に鉱山労働者中の東部出身者の数は140％あまり増加した．

　農民解放後のユンカー経営における農業労働力の根幹をなしたのはインストロイテであるが，彼らの雇用契約は単なる労働契約ではなく，逃亡インストロイテの強制連れ戻し等をその内容とする人格的支配関係でもあった点からみて，彼らを純粋な賃労働者と考えることはできない．またインストロイテは農業労働者であると同時に，わずかながらも自己経営地と家畜の飼育を中心として，小経営を営む農民であり，特に収益配分関係を通じて，ユンカーと経済的な利害共同体を形成する特徴的存在であった．

　このユンカー=インストロイテ関係を破壊するものは農業における資本主義の展開である．増大する穀物需要に応える農業生産の発展と，特に70年代以降の穀物価格の低下と世界穀物市場の構造の変動は，エルベ以東における農業経営の変革を促す動因となった．馬鈴薯や甜菜などの中耕作物の栽培の普及は経営の集約化をいちじるしく推し進めることになった．

　そこでは集約経営における労働力需要の増大と，非常雇労働者および夏季労働に対する需要が常雇労働者および労働日一般に対する需要よりもいちじるし

162

く強力に増大することが示される．中耕作物を栽培する集約経営は主として季
節経営であり，それは夏には大量の労働力を必要とするが，冬にはそれらの労
働力を無用のものとする．この傾向は農業機械（脱穀機など）の導入によって
さらに強められた．

　ヴェーバーによって分析されたインストロイテ→デプタント→自由労働者へ
というエルベ以東の発展傾向は正にそのような発展を労働力の側面から見たも
のであった．集約経営への移行によって，収益配分関係に立つインストロイテ
は不効率な労働力と感じられ，固定給を支給するデプタントが求められるよう
になり，さらに，労働力需要の弾力化に対応できる自由労働者への需要が高ま
るが，さらに季節的移動労働者層への需要が大幅に拡大する．その供給源とし
て最大のものが主としてロシア領からのポーランド人労働者であった．これは
東部農村における労働力不足の解決には役立ったが，ドイツ人労働者の賃金を
押し下げ，また東部ドイツのポーランド化を促進することによって，新たな問
題をも提起した．


●章末問題●
１．ユンカーを他の貴族との相違に留意しながら定義しなさい．
２．ユンカーと利益団体との関係について述べなさい．
３．第一次世界大戦前の時期のユンカー経営の問題について述べなさい．

【参考文献】
[１]　村瀬興雄『ドイツ現代史』第10版，東京大学出版会，1982年
[２]　原田　溥『ドイツ社会民主党と農業問題』九州大学出版会，1987年
[３]　加藤房雄『ドイツ世襲財産と帝国主義』勁草書房，1990年

## 第16章　イギリスの覇権

### 第1節　自由貿易体制

#### 第1項　自由貿易への転換

　産業革命によってイギリスは世界の工場としての地位を確実にしたが，19世紀初頭には重商主義政策は若干修正されたものの，まだ持続されていた．そのうえ，1815年に穀物価格の低落に直面した地主階級は穀物の輸入を遮断する穀物法を制定した．小麦については国内価格がクォーター当たり80シリングを超えたときにだけ輸入が許されることが定められたが，国内の穀物供給は過剰が続き，価格が80シリングを超えることはまれであった．こうした新しい保護主義的措置は諸外国に厳しい報復手段をとらせ，イギリス製品に対する諸外国の購買力を減少させる結果をもたらす怖れがあった．輸出に利害をもつ工場主，商人，金融業者たちは穀物法を撤廃し，重商主義政策を放棄することを要求し，自由貿易運動を展開した．1837年恐慌後の不況期には，マンチェスター綿工業経営者を中心とした反穀物法同盟が結成され，リチャード゠コブデンとジョン゠ブライトを指導者として，労働者を含めた国民運動を組織しようとした．穀物法は穀物価格を引き上げ，労働者の生活を圧迫する．これに対して自由貿易は，外国からの輸入を自由にすることで食糧価格を引き下げ，外国のイギリス工業製品に対する購買力を高め，工業製品輸出を増大させて工業を繁栄させ，雇用を増大させると宣伝された．反穀物法運動の高揚のなかで，社会層としては地主が多数を占める議会においても，イギリス経済の行き詰まりを打開するために政治路線の転換を必要と考える政治家が増加した．保守トーリー党の指導者，

ロバート=ピールは積極的に路線転換に努力し，1846年についに穀物法を撤廃することに成功した．これを画期としてイギリスは急速に重商主義政策を撤廃し，完全な自由貿易政策に転換していく．そして，イギリスは自由貿易政策を軸とした国際的経済秩序を樹立する外交政策を展開した．

### 第2項　自由貿易体制の形成

　イギリスを中心とする自由貿易体制は1860年の英仏通商条約を基点として急速に形成された．ロシアを除けば最も厳しい貿易制限や関税政策を実施していたフランスがイギリスと協調する通商条約を締結したことは，国際的に大きな影響を与えた．この条約でフランスは輸入禁止の撤廃や関税率の引下げによりイギリス工業製品輸入に道を開き，これに対してイギリスはまだ存続していたワイン関税を撤廃した．この条約で重要な点は，こうした相互譲歩とともに，最恵国条項が盛り込まれたことである．イギリスはその植民地を含めて最恵国待遇をフランスに保証し，フランスも他国との通商条約で認める条件を自動的にイギリスに保証したのである．その後，両国が締結する通商条約に最恵国条項が組み入れられていった．イギリスは1862年から1865年にかけて，ベルギー，イタリア，ドイツ関税同盟，オーストリアなどと，またフランスは1862年から1866年の間にプロイセン，ベルギー，イタリア，スイス，オランダ，ノルウェー＝スウェーデン，スペイン，ポルトガルとこの条項を含む通商条約を締結した．これらの国々も，さらに同様な通商条約を他の国々と締結していったので，ヨーロッパには通商条約網が成立した．そして条約の際に譲歩が積み上げられていくことにより，全体として関税率が引き下げられる効果をもたらした．拡大する世界貿易のなかで，ヨーロッパ諸国はイギリスを中心とする自由貿易体制に連携することに利益を見出したのである．

　さらにこの体制はヨーロッパ外にも広げられる．アジア貿易は長い間，香辛料などのアジア特産品をめぐって行われた．各国の東インド会社はこうした特産品の独占をめざして争ったが，そのなかでアジア地域の政治的支配が始まった．オランダ東インド会社による東インド諸島の支配，イギリスの東インド会

社によるインド支配はその例である．しかし産業革命以後，イギリスをはじめ
とするヨーロッパのアジア政策は，次第に，人口密度が高くて多様な自然資源
に富むこの地域を，商品販路と原料供給基地に転換する方向に向かった．そし
てアジア諸国に開港を迫り，通商の自由を確保し，関税自主権を認めず，自由
貿易を強制した．イギリスはトルコ（1837年），ペルシャ（1841年），中国
（1842年，1858年），シャム（1855年），日本（1858年）などと次々と通商条約を
締結した．そして19世紀後半に入ると，このような自由貿易の強制はイギリス
を中心とした欧米列強の共同行動として行われるようになった．自由貿易体制
はこうしてアジアのほとんどの地域を包み込んだのである．

### 第3項　自由貿易帝国主義

　自由貿易体制の理解にとってギャラハーとロビンソンの自由貿易帝国主義に
ついての主張は貴重である．伝統的なイギリス帝国史研究，あるいはホブソン
やレーニンの帝国主義論では，帝国主義時代を1880年代以後，したがってヴィ
クトリア時代末期に始まるものと考え，ヴィクトリア時代中期（1850～1890年）
を自由貿易政策と結びつけて，植民地分離主義，反帝国主義の時代と見ていた．
ギャラハーとロビンソンはこのような考えを批判して，ヴィクトリア時代中期
においても，イギリスの直接統治，公式支配の領域は増大しているし，また，
従来は視野の外に置かれてきた多様な形での間接支配，「非公式の支配」も拡
大しており，これらを考慮すれば，この時期はイギリスの海外拡張の歴史にお
ける決定的段階であったとする．彼らは帝国主義をむしろ19世紀を通じての連
続的過程として理解する．このような考えは，「貿易すれども支配せず」とい
う文句をもって，問題の時期をひとつの型にはめ込んでしまう，従来の考えに
対しての正当な批判であろう．ただこの時期は，イギリスが工業において世界
の独占的な地位をもっていたため，排他的な植民地領有はかえってイギリスの
世界進出の障害になる側面があった．フランス，ドイツ，アメリカ合衆国など
は，競争者として登場しつつあったとはいえ，イギリスの世界政策への協力に，
大きな利益を見出していた．パクス＝ブリタニカはこうした条件の下に成立し

ていたのである.

## 第2節　グローバル経済の成立と大不況

### 第1項　ヴィクトリア繁栄期

　イギリス産業革命の主導部門である綿工業の総生産量は1850年から1870年までの間に倍増し，その輸出額はほぼ3倍になった．1860年におけるイギリスの紡錘数は世界全体の3分の2を占め，綿工業におけるイギリスの存在感は抜群であった.

　鉄鋼業において，同じ期間にイギリスの銑鉄生産額はほぼ3倍に増加し，1860年におけるその生産額は世界全体のほぼ半分を占めていた．鉄製品の生産額増加に特に貢献したのは技術革新である．ベッセマー転炉製鋼法の発明が鋼の大量生産を可能とし，ジーメンス=マルタン平炉製鋼法がその生産性を飛躍的に向上させた.

　1830年に開業したリヴァプール=マンチェスター鉄道によって，鉄道業が技術的にも経営的にも確立した．イギリスではこの鉄道の利便性や収益性の高さが実証されると，その後急速に鉄道建設が進み，1850年代の初めには全国の幹線網が成立した．鉄道業の発展は商品や労働力の輸送を迅速かつ確実にし，国内市場を拡大深化させた．また19世紀後半以降のヨーロッパ大陸およびアメリカ合衆国における鉄道建設はそれらの地域での産業革命の主導的部門ともなったが，その鉄道建設にイギリスの機械・技術・資本が大規模に投入されたことはいうまでもない.

　また1840年代に登場した有線電信は，1851年のドーヴァー海峡海底電線の敷設や1866年の大西洋横断電信業務の確立によって，世界的規模での通信手段として成長し，経済的取引のための重要な情報伝達手段となった.


### 第2項　イギリスを中心とする世界市場の構造

　ヴィクトリア繁栄期のイギリスの輸出額の3割以上を綿製品が占め，全輸入額の2割を原綿が占めていた．綿製品の輸出先は19世紀を通して大きく変化し，

1820年代にはほとんどがヨーロッパおよび北アメリカ向けであったのが，1896年には8％にまで低下する．これに対して，1820年代に全体の6％であったアジア向け輸出量が1896年には58％にまで上昇した．これは西欧と北米でこの期間に綿工業が発達し，製品自給率が高まったためであるが，同時期に西欧と北米への銑鉄，鋼鉄，機械などの重工業製品のイギリスからの輸出が急増した．これら後発資本主義国の工業化への離陸にイギリス重工業が貢献したのである．

　ところで，19世紀を通じてイギリスの貿易収支は大幅な赤字を計上していた．そして，この赤字が海運，海上保険，倉庫業，商業手形割引などのサービス収入の黒字によって相殺された．さらにこれに海外投資の利子・配当収入が加わって，ヴィクトリア繁栄期のイギリスの国際収支は巨額の黒字を計上していた．

　イギリスに続いてアメリカ合衆国や西欧諸国でも1870年代には産業革命が終了し，また第一次世界大戦頃までにロシア，イタリア，日本などでも産業革命が展開し，一方，中南米，アジア，アフリカなどの広大な諸地域は，資本主義諸国に工業原料や食料を提供し，工業製品の市場となる地域として編成され，世界規模での分業体制が形成されてくる．これは，世界的規模で展開した運輸・情報革命を通して形成され，強化された．

　こうして，20世紀初頭には，世界の貿易全体がイギリスを中心とする多角的貿易関係の中に編成され，それが金融や貿易関係のサービスを含む単一の決済システムに統合される事態が出現した．イギリスは国際収支においてアメリカ合衆国や西欧諸国に対して大幅な赤字であったが，周辺従属地域に対する大幅な黒字によってこれを相殺している．他方，合衆国と西欧諸国は周辺従属地域に対して大幅な赤字をもち，周辺従属地域はここで得た黒字でイギリスに対する赤字を補填していた．このような形で，世界の貿易・金融システムが構築され，この多角的決済構造は1929年に始まる大恐慌によって解体されるまで続いた．

### 第3項　大　不　況

　1873年の世界恐慌以後，資本主義諸国は1896年の景気回復にいたるまでの長期の不況に苦しんだ．この19世紀末の大不況の特徴は，長期にわたる物価と利子率の低落傾向にあったがその原因は，穀物の世界的な規模での過剰生産と工業製品の世界的な規模での過剰生産にあった．

　後者は西欧諸国とアメリカ合衆国で19世紀半ば以降本格化した工業化が，軌道に乗ったことの結果である．また，これらの国々の工業化を牽引した鉄道建設ブームが終わったことは，重工業部門の需要の停滞の一因となった．ただし，不況の影響は国や地域ごとに異なり，最も深刻であったのは，海外市場を後発工業国に奪われたイギリスの工業部門であった．イギリスの工業生産額はこの時期にも漸増したけれども，その総輸出額は1873年以降停滞を続けた．他方，アメリカやドイツでは大不況期に第二次産業革命が展開し，工業生産力の強い上昇がみられた．その結果，1870年から1913年までの時期に，イギリスは工業生産額においてアメリカとドイツに追い抜かれて第3位に後退した．

## 第3節　イギリスの経済的覇権

### 第1項　イギリスの海外投資

　1900年代に工業生産額で世界第3位にまで後退したイギリスであったが，GDPにおいては1960年頃まで資本主義諸国中で第2位の位置を保った．このイギリスの経済力は，貿易と金融における同国の圧倒的な強さによって支えられていた．

　イギリスの輸出相手国はヨーロッパの工業諸国から，イギリスの自治領や植民地，周辺従属経済地域にシフトしていったが，第一次世界大戦直前の世界全体の工業製品輸出額，約69億ドルのうちイギリスは27.5％を占め依然として首位を保っていた．また，海運においてもイギリスは世界全体の船腹の33％を占め，海上保険においては独占的な地位を保っていた．

　1895年に22億ポンドであったイギリスの海外投資残高は，1914年には41億ポンドに達し，これは当時の世界全体の投資残高の4割余りに相当した．世紀転

換期のイギリスの投資先は，南北アメリカ，オーストラリアなどが中心で，投資対象は公益事業や鉄道建設のための公債や証券であった．イギリスの純資本形成に占める海外投資の割合は3分の1から2分の1に達し，かつて「世界の工場」といわれたイギリスは今や「金利生活者国家」に変貌したのであった．

### 第2項　金本位制と覇権国家

金本位制が法的に初めて実施されたのは，1816年，イギリスの貨幣法でソブリン金貨（発行は1817年）と呼ばれる金貨を唯一の無制限法貨としてこれを1ポンドとして流通させることになってからである．当時はナポレオン戦争後のインフレへの対策という意義があった．さらに，1844年のピール銀行条例によりイングランド銀行が中央銀行として銀行券の発券を独占することとなり，それ以外の銀行の銀行券発行が制限されることとなった．この銀行券は金と交換可能な兌換紙幣（金1オンス＝3ポンド17シリング10ペンスを平価とした）として発行され，イギリスは安定的な通貨制度を確立することができた．

他方でこれまで見てきたような，世界経済におけるイギリスの中心的な地位のために，イギリスの金本位制は他国の範ともなって多くの国がこれに追随した．この当時の世界貿易は，イギリスを媒介しない取引であってもその大部分はロンドン宛手形によって決済された．マーチャント＝バンカー等の金融業者は，世界各地に張りめぐらした情報網を基にして手形引受と同時に長期証券の引受も行い，ロンドンが国際金融業務の中心地となっていったのである．

1871年には帝国統一とともにドイツが金本位制を採用し，さらにラテン通貨同盟諸国（ベルギー・イタリア・スイス）が1878年までにこれに続き，19世紀中にアメリカ合衆国，ロシア，日本なども金本位制を導入し，20世紀初頭にはほとんどの国が金本位制の形式を備えるに至った．この過程での銀貨の放出やアメリカ西部での銀鉱開発によって銀比価が低下したことで，多くの国が従来の通貨制度を維持しきれなくなったのであった．対外経済関係，とりわけイギリスとの貿易，金融取引は金本位制への移行の重要な誘因であり，金本位制の国際的確立はイギリスの基軸的な地位を改めて実証することになった．

### 第3項　国際収支の発展段階説

　クローサーやキンドルバーガーによって提唱された国際収支の発展段階説によれば，国際収支の発展段階は，① 国内産業が未発達で資本収支の流入超で経済発展をまかなう「未成熟の債務国」の段階，② 資本収支は引き続き流入超だが，輸出が発達することで貿易，サービス収支が黒字になった「成熟した債務国」の段階，③ 貿易，サービス収支が大幅な黒字になり，債務返済が進むため，資本収支は赤字になる「債務返済国」の段階，④ 対外純資産が増加し，所得収支が黒字になるため経常収支の黒字，資本収支も赤字の幅が大きくなる「未成熟の債権国」の段階，⑤ 対外競争力が低下して貿易，サービス収支が赤字になるが，所得収支の大幅な黒字に支えられ経常収支は黒字のままとなる「成熟した債権国」の段階，⑥ 貿易，サービス収支の赤字幅が大きくなり，経営収支が赤字になるため対外債権を取り崩すことになる「債権取崩し国」の段階，以上6段階を踏んでいく．

　イギリスが工業生産でアメリカやドイツに追い抜かれた後も，「世界の銀行」などとしてその覇権的地位を維持していったことは，他方でこの発展段階説に沿った展開と見なすこともできる．のちのアメリカ，ドイツ，そして日本の経済発展にもこの発展段階説に沿った傾向を認めることができ，イギリスの経験は高度に資本主義的生産様式が発展した経済の普遍的帰結と考えることもできる．


● 章末問題 ●
1. 自由貿易帝国主義論と他の帝国主義論とを比較しなさい．
2. イギリスが工業生産での主導的地位を奪われた後も，世界経済における覇権を維持できた理由をまとめなさい．
3. クローサーの発展段階説を日本に当てはめてみなさい．

【参考文献】
［1］　竹内幸雄『イギリス自由貿易帝国主義』新評論，1990年
［2］　玉木俊明『近代ヨーロッパの形成．商人と国家の近代世界システム』創元社，2012年
［3］　秋田　茂『イギリス帝国の歴史．アジアから考える』中央公論新社（中公新書），2012年

# 第17章　ワイマール共和国の誕生

## 第1節　ワイマール共和国の誕生

### 第1項　ドイツ革命

　ドイツ参謀本部が戦争の短期終結を目指して立案したシュリーフェン=プランは，フランス軍との戦線全域に渡って泥沼の塹壕戦に陥ったことで挫折した．国内で独裁的地位を固めた軍部は，この膠着状態を破り継戦能力を維持するために，エーリヒ=ルーデンドルフの提唱した「総力戦」体制の確立に突き進んだが，戦争による経済活動の停滞と相まって，国民に多大な窮乏と辛苦を強いることとなり，戦局の悪化とともに軍部への反発や戦争に反対する気運の高まりを招いた．

　1918年3月からの西部戦線におけるドイツ軍の攻勢は失敗し，8月には連合軍の反撃により逆に戦線を突破され始めた．ドイツの敗北が決定的となったことで，参謀本部次長ルーデンドルフは，敗戦処理に当たらせることとロシア革命の二の舞を防ぐことを目的として，社会民主党（SPD）を中心とする政府の樹立を主導した．首相には自由主義者のマックス=フォン=バーデン公が就任した（10月3日）．軍事情勢が逼迫していることを軍部から初めて知らされたマックス公は，10月3日準備のための時間も与えられないまま，合衆国大統領ウィルソン宛に休戦の斡旋を依頼した．ウィルソンは，政府が国民の多数を代表している場合にのみ，つまりドイツが帝政を廃止した場合にのみ和平交渉は可能である，と10月23日の返書でこれに答えた．世論も休戦と皇帝の退位を強く求めるようになった．ここにいたり帝国議会は憲法の改正を決議し，帝国宰

相と大臣は議会に責任を負うようになり，こうしてドイツは議会主義的君主制に移行した．

1918年10月29日，ヴィルヘルムスハーフェン港にいたドイツ大洋艦隊の水兵たちは，ドイツ海軍司令部が出したイギリス海軍への自殺的な特攻作戦（「提督たちの反乱」）の出撃命令を拒絶し，反乱を起こした．11月3日，この出撃命令に抗議してキール軍港の水兵・兵士によるデモが行われた．これを鎮圧しようと官憲が発砲したことで一挙に蜂起へと拡大し，11月4日には労働者・兵士レーテ（評議会）が結成され，4万人の水兵・兵士・労働者が市と港湾を制圧した．このような大衆的蜂起と労兵レーテの結成は，11月8日までにドイツ北部へ，11月10日までにはほとんどすべての主要都市に波及した．総じてレーテ運動と呼ばれ，ロシア革命時のソビエト（評議会）を模して組織された労兵レーテであるが，ボリシェビキのような前衛党派が革命を指導したわけではなく，多くの労兵レーテの実権は社会民主党が掌握した．

11月7日，ミュンヘンでは独立社会民主党のクルト＝アイスナーが労・兵・農レーテを基盤に最初の共和国を宣言したが，革命の機運はベルリンでも高まっていた．11月9日，首都ベルリンの街区は，平和と自由とパンを求める労働者・市民のデモで埋め尽くされた．これに対してマックス＝フォン＝バーデン公は，革命の急進化を防ごうと独断で皇帝の退位を宣言し，政府を社会民主党党首フリードリヒ＝エーベルトに委ねたが，事態は一向におさまる気配をみせなかった．この時，カール＝リープクネヒトが「社会主義共和国」の宣言をしようとしていることが伝えられると，エーベルトとともにいた社会民主党員のフィリップ＝シャイデマンは，議事堂の窓から身を乗り出して独断で共和政の樹立を宣言した．その日の内に，ヴィルヘルム2世はオランダに亡命し，後日退位を表明した．

エーベルトは多数は社会民主党と独立社会民主党のそれぞれ3名ずつからなる政府を組織し，「人民代表委員会」と名づけた．11月10日に開かれたベルリンの労兵レーテ大会は，執行委員会を選出したが，同時にエーベルトの新政府がこの労兵レーテによって承認された．これは兵士レーテに多数派社会民主党

の支持者が多かったことにもよる.

　独立社会党の左派やスパルタクス団は11月の事件をプロレタリア革命の序曲とみなし，12月16～21日にベルリンに召集された労兵レーテ全国大会に対して，「全ての権力をレーテへ」と訴えた. しかしレーテ大会は400対50という圧倒的多数で「憲法制定国民会議」の選出を決議した. 大会決議にしたがって11月29日，人民代表委員会による「憲法制定ドイツ国民会議の選挙に関する法律」が制定され，厳密な比例代表制と女性の参政権が認められた.

### 第2項　エーベルト政権の確立

　11月10日，共産主義革命への進展を防ぎ，革命の早期終息を図るエーベルトのもとに，参謀本部のヴィルヘルム＝グレーナー将軍から電話があり秘密会談がもたれた. その結果として，エーベルトらは革命の急進化を阻止し，議会の下ですみやかに秩序を回復すること，そしてこれらの目的達成のための実働部隊を軍部が提供することを約束した協定が結ばれた（エーベルト－グレーナー協定）.

　帝政から引き継がれた官僚層については，エーベルトが宰相を引き継いだ直後，声明を発表して，引き続きその地位にとどまって協力するように呼びかけ，両社会民主党との連立交渉においても，技術的協力者，専門家として旧官僚，ブルジョア政治家の協力を求めることでは一致した. なかでも外交部門は，帝政官僚の指導がそのまま継続され，エルツベルガーに率いられた休戦交渉団も，革命後も全く変動が見られなかった. 各邦においても官僚層は革命的左派が主導権をとったところでもほとんど手をつけられず，その統制も形式的なものであることが多かった.

　11月15日には，労働組合と大企業の間に12項目からなる「中央労働共同体」協定が結ばれた（シュティンネス－レギーン協定）. 社会革命を恐れた経営者連盟は，労働組合を団体賃金協約の交渉当事者として承認し，8時間労働や50名以上を雇用する事業所への「労働委員会」の設置を認め，資本と労働の対立が政治的対立から正常な労使関係になるように和解を求めたのである.

　さらに社会民主党は左派急進勢力の武力蜂起の鎮圧にも力を入れる．12月23日，革命派の精鋭部隊である人民海兵団を武装解除しようとエーベルトが派遣した部隊との間に戦闘が起きたが，結局は撃退された．これに抗議して独立社会民主党は政府から離脱した．

　この間，12月30日にローザ=ルクセンブルクらのスパルタクス同盟を中心にドイツ共産党（KPD）が結成され，ローザ=ルクセンブルクは1919年1月5日，独立社会民主党員であったベルリンの警視庁長官が辞職させられたことをきっかけとして政府に反対する大規模なデモを起こし，武装した労働者が主要施設などを占拠した．これに対して独立社会民主党や共産党は無為無策に終始したため，翌日デモは自然解散したが，政府は革命派への本格的な武力弾圧を開始し，以降「一月闘争」と呼ばれる流血の事態が続いた．

　1月9日，ノスケが率いるフライコール（義勇軍）がベルリンに到着し，スパルタクス団などの革命派と激しい戦闘を展開した（スパルタクスの週）．1月15日までには革命派は鎮圧され，また同日，革命の象徴的指導者であったカール=リープクネヒトとローザ=ルクセンブルクが彼らにより殺害された．以降，各地に広がった労働者の武装蜂起は，ミュンヘンに成立していたレーテ共和国を筆頭に次々とフライコール（義勇軍）により鎮圧されるとともに労兵レーテも解体・消滅していった．散発的な蜂起やゼネストは続いたが，国防軍も動員され数カ月のうちにほとんど鎮圧された．


### 第3項　国民議会

　1月19日，国民議会選挙が実施され，社会民主党が第一党となった．国民議会は政情不安定なベルリンを避け，2月6日からワイマールで行われた．議会は379票のうち277票でエーベルトを大統領に選出し，首相にシャイデマンが選出され，社会民主党・民主党・中央党からなる「ワイマール連合」政府が成立した．これはかつてビスマルクが帝国内の異質分子として排除しようと努力した政治勢力（社会民主主義とリベラルな市民層とカトリック）である．

　国民議会はプロイスの草案にもとづいて憲法審議を開始し，女性の参政権，

団結権などの基本権の保障，国民投票・国民請求など直接民主主義の要素，さらに第5章に「経済生活」の章を設け社会化条項や経済評議会の設置など，政治・経済領域において民主主義的な憲法を採択し，この憲法は1919年8月11日に施行された．ワイマール憲法の問題点は議会制と大統領制の二元制にあり，社会主義政党が議会多数派になる事態を想定した保守，中道政党の不安が表明されている．議会も大統領も別々に直接選挙で選出された．通常時の国家権力の中心機能は議会にあり，中央政府も議会の信任に依存しているが，大統領は国会の承認に拘束されず内閣を任命し，解任できた．さらに国会の解散権と国防軍の統帥権によって大統領の権限は強化されており，特に48条にもとづく非常事態宣言によって，特別の権力を行使することができた．このように憲法は議会権力に拮抗する以上のものを大統領に与えており，このことは共和国の精神に忠実なエーベルトが大統領である限り問題を生じなかったが，後にヒンデンブルクが大統領になり，さらに世界恐慌，ナチスの躍進という非常事態を迎えるなかで，共和国崩壊の一因となった．

　他方で，憲法第二部基本権に含まれる経済生活の章において，後にドイツ連邦共和国の基礎となる社会国家の理念も萌芽として存在している．この意味ではワイマール憲法は資本と労働，市民政党と社会民主党の妥協の産物であり，ワイマール共和国の出発点であった．この妥協が安定的なものになるかどうかは，これからの共和国の政治的・経済的発展にかかっていたのである．

## 第2節　共和国の危機

### 第1項　ヴェルサイユ条約

　1919年1月18日，31カ国の代表を集めパリ講和会議が開かれたが，敗戦国ドイツの代表団は審議に加えられなかった．

　折衝の結果，以下の条約草案が戦勝国によってまとめられた．領土に関しては，エルザス=ロートリンゲンはフランスに，西プロイセンとポーゼンの大部分はポーランドに割譲され，ダンツィヒは国際連盟の保護下で自由都市となった．ザール地方は15年間国際連盟の保護下に置かれ，その後住民投票によって

帰属が決定されることになった．ライン左岸に関してフランスは譲歩し，ラインラントの非武装化とライン左岸を15年間占領することで満足した．さらにドイツは一切の海外植民地を失った．軍事条項では，参謀本部の解散，10万人の陸軍と1万5,000人の海軍，それに4,000人の将校団に限定され，戦車・航空機などは禁止された．しかし，より論争を呼び起こし，後のドイツの政治的発展に大きな負担となったのは第231条の戦争責任条項であった．これはドイツに一方的な戦争責任があるとすることによって，連合国がこうむったすべての損害の賠償請求を根拠づけることを意図していた．さらに1921年5月までに船舶・石炭・機械などの現物や貨幣で当面200億金マルクの賠償支払いも請求され，後に賠償委員会で決定される賠償総額はそれ以後の30年間に全額支払うように決められた．

　連合国は6月16日に最後通牒を発し，20日，シャイデマン政府は調印を巡る閣内での対立から退陣した．民主党が調印を拒否して政府から離脱したため，社会民主党と中央党からなるバウアー新政府が発足した．軍部の中にはノスケを担いで独裁を樹立して抵抗する構想もあったが，グレーナーらが抵抗の無益を認めて受入れを勧告したため，副首相となった中央党のエルツベルガーらの指導で条約受諾を決定し，独立社会党の支持を得て国民議会で承認され，28日，ヴェルサイユ宮殿鏡の間で調印した．

　条約がドイツに巨大な負担を与えたことは明らかだが，ドイツの世論では条約が交渉なしに押し付けられた点，戦争責任条項，戦争犯罪人引渡しといった道義的な，国家としての威信に関わる側面が重視された．その際，ドイツは戦前同様大国として処遇されるべきであるという意識が不当性の判断基準となり，また講和条約の原因をつくったものより，調印したものへの責任追及が前面に出され，それを梃子にした共和国批判が強まっていった．こうして以後の共和国政府は，ヴェルサイユ条約の修正を最優先課題として取り組むことを強いられる．

### 第2項　内戦状態

　ヴェルサイユ条約受諾の結果，多くの軍団が解散させられることになり，ベルリン近郊に駐留している義勇軍部隊エアハルト海兵旅団もそのひとつであったが，ベルリン地区の軍司令官リュトヴィッツはこれに反対し，国防相ノスケと対立した．リュトヴィッツは1920年3月9日直接エーベルト大統領に面会し，国民議会解散と総選挙，専門家政府の樹立，軍の解散命令撤回などを要求した．ここにいたって，ノスケはリュトヴィッツの解任，カップらの逮捕を命じたが，リュトヴィッツは政府に最後通牒を突きつけ，12日よるベルリン近郊に駐留していたエアハルト旅団にベルリン進撃を命じた．フォン＝ゼークト将軍が国防軍の反乱軍鎮圧のための出動を拒否したため，政府はシュトゥットガルトに避難していった．反乱の首謀者たちはオストプロイセンの右翼政治家カップを首相に立てたが，労働組合がゼネストを訴え，首都の官僚もこれに呼応したので，カップ一揆は失敗に終わった．

　カップ一揆の後，義勇軍の兵士たちは国防軍に編入されるか，右翼の秘密結社に入党していった．こうした政治結社はワイマール期を特徴づける政治テロの温床となり，中央党のエンツベルガーや外相のラーテナウなどがその犠牲になった．右翼の政治テロは，国粋主義者には寛大な判決を，左翼には厳しい判決を下したワイマール期の司法の反動的性格によっても助長された．

　カップ一揆に対抗してルール地域で労働者が蜂起し，彼らは赤軍を組織して多くの産業地域を占領した．この労働者の蜂起に対しては国防軍が投入され，徹底的に弾圧された．そのため労働組合からもノスケに対する批判が生まれ，彼は退陣した．

　1920年6月に再び選挙が行われ，独立社会民主党は17.9％，国家人民党は15.1％，ドイツ人民党は13.9％と左右の反共和国派やヴェルサイユ条約に反対する政党が得票を伸ばし，ワイマール連合の3党の得票は76％から43％に落ち大敗北を喫した．選挙に参加した共産党はわずか2.1％であった．中央党のフェーレンバッハのブルジョア少数内閣が組閣され，社会民主党は閣外に去った．

　共産党の党員数は7.8万人に過ぎず，社会主義運動はもっぱら独立社会民主党によって代表されていたが，第3インターナショナル（コミンテルン）への加入を巡って独立社会民主党は1920年10月に分裂し，左派党員の大部分が12月に共産党と合同するに及んで，共産党は37.8万人の党員を有する大衆組織になった．レーニンらボルシェビキは革命ロシアの生存はヨーロッパでの革命の拡大にかかっていると考え，ドイツでの革命に期待して，コミンテルンドイツ支部であるドイツ共産党の拡大のために独立社会民主党への働きかけを強めていたのである．合同によって自信をもった共産党は，21年3月，コミンテルンの支援のもとに攻勢政策をとり，中部ドイツで三月行動を起こして失敗し，党員の半数以上を失う大打撃を受けた．党はその後コミンテルン第三回大会の方針転換を受けて，さしあたって統一戦線戦術のもとに大衆基盤の拡大を目指すことになり，22年以降には勢力をかなり挽回した．

　1920年6月から，賠償総額の本格的確定交渉が，連合国間，連合国とドイツ間で始まった．21年1月に入ってようやく2,260億金マルクでまとまり，ドイツに伝達された．ドイツは当初この案を認めなかったが，連合国側はデュッセルドルフなどライン地方の3都市を占領して圧力を強めた．5月連合国はロンドン会議で総額を1,320億金マルクに修正し，拒否の場合はルール占領に踏み切ることを内容とするロンドン最後通牒をドイツに伝えた．支払い計画によればドイツは毎年20億金マルクと輸出額の26%を支払わなければならず，最初の支払い期限は8月31日であった．再びワイマール連合からなる中央党のヴィルト内閣が組閣され，議会はこの賠償案の受諾を決議した．国粋主義者はこうした「履行政策」を激しく非難したが，政府はむしろ賠償を誠実に遂行することによって連合国と和解し，またドイツに支払能力がないことを証明し，支払猶予や賠償額の削減を実現しようとしていたのである．

### 第3項　ルール占領

　対戦中，帝国政府は戦費を戦時国債と借入金によって調達しており，1919年には国家債務は1,440億マルクにも達していた．中央銀行は通貨の増刷によっ

て資金を賄ったので，すでに戦時中からインフレ傾向は見られたが，敗戦と賠償金支払いのためにインフレは加速していった．戦後においても政府は財政とドイツ通貨の健全化を目指さずに，むしろインフレを賠償支払いを巡る外交交渉に利用しようとした．インフレが進行している限り，賠償支払いは事態をより悪化させ，ひいては賠償履行能力もないということを強調しようとしたのである．しかも1920〜21年段階のインフレは経済正常化の好況を生み雇用も促進されたから，政府・産業界・組合の暗黙の了解があった．

　ドイツの現物賠償の引渡しが遅延したとき，フランスのポアンカレ内閣はライン左岸の占領に踏み切る．1923年1月，石炭の引渡しを確保するためにフランスはルール地域を占領した．これに対して政府は消極的抵抗を呼びかけ，占領に対する国民的な激憤を背景に多くの工場や炭鉱は生産を停止した．占領地域の住民をドイツ政府が援助しなくてはならず，最後の局面では1日に4,000万金マルクが必要となった．この出費によってインフレは加速され，天文学的な数字になった．政府は消極的抵抗を続けることができず総辞職した．

　この非常事態にあって社会民主党，民主党，中央党，人民党は大連合を結成し，人民党のグスタフ＝シュトレーゼマンを首相に政府を樹立し，9月26日，見込みのないルール闘争に終止符をうった．またフランスにおいてもルール占領を批判する声が高まり，ポアンカレの退陣後ドイツとの和解の機運が高まった．11月末，結局は1兆ライヒスマルクが1レンテンマルクとなる通貨改革を断行し，またシュトレーゼマンは賠償の履行を宣言した．こうして未曾有のインフレも収まったが，レンテンマルクの導入それ自体よりもその後の緊縮財政と中央銀行の独立性の確保の方が重要であり，これによって通過と実質的生産の均衡が再び確立し新通貨はしだいに外国の信用を得ていった．

## 第3節　相対的安定期

　グスタフ＝シュトレーゼマン首相は，保守派の国家人民党からは「履行政策」を攻撃され，また社会民主党からはバイエルン王国の再建・分離独立の動きに対してバイエルンに断固とした措置をとらなかったと非難された．こうして首

相としてのシュトレーゼマンは短期間で退陣し，以後少数内閣が続くことになるが，彼は1929年の死にいたるまで外相を歴任し，シュトレーゼマン時代といわれる共和国の相対的な安定期をつくった．

1923年11月の通貨の安定後，賠償額はアメリカの財政専門家ドーズの鑑定書にもとづいて新たに規定され，毎年25億金マルクを支払うことになった．ドーズ案はドイツに休息期間の必要性を認めており，アメリカを主とする国際的借款による資金供給や正規の支払いを1928〜29年からにするなど，当面の賠償履行が可能になった．この資金の調達のためドイツでは金利が上昇し，そのため1924年から29年の間に巨額の外国資金がドイツ経済と政府機関に流入し，ドイツ経済は活性化した．

この間にシュトレーゼマンの和解外交も実を結び，ドイツをとりまく国際関係は好転していった．1925年，ロカルノ協定においてドイツを含むヨーロッパ各国の相互の安全保障協定が締結され，ドイツは再びヨーロッパの指導的な国として承認されるとともに，26年には国際連盟の一員ともなった．


● 章末問題 ●
1．ワイマール共和国への反対勢力とその理由を述べなさい．
2．ヴェルサイユ条約に対するドイツ側の反応を述べなさい．
3．ワイマール共和国が「妥協の産物」である理由を述べなさい．

【参考文献】
［1］　飯田収治他『ドイツ現代政治史』ミネルヴァ書房，1966年
［2］　Fr.-W. ヘニング（柴田英樹訳）『現代ドイツ社会経済史』学文社，1999年
［3］　松葉正文『金融資本と社会化．ワイマル初期ドイツ金融資本分析』有斐閣，
　　　1984年

# 第18章　相対的安定期から世界恐慌へ

## 第1節　大　連　合

### 第1項　ヒンデンブルク大統領の選出

　1925年2月，大統領エーベルトが任期半ばで死亡した．大統領選挙は二次選挙に持ち越され，共和国派のマルクス（中央党）と保守・国粋派が担ぎ出したヒンデンブルクとの間で争われ，世界大戦時の元帥であったヒンデンブルクが1,410万票（マルクスは1,370万票）を得て大統領に選出された．190万票を得た共産党が独自の候補者テールマンを立てずに共和国派に投票していれば，こうした事態は避けえたが，ワイマール期を通じて共産党はむしろ共和国の根本的反対者であり続けた．

　大統領に就任したヒンデンブルクは，予想に反して当初は憲法の精神に忠実に振舞った．しかし全体としてみれば軍部や保守政治家の力が増大することは避けられないことであり，しかも憲法第48条は緊急時には大統領の独裁的な権力を認めていた．ヒンデンブルク大統領の登場は，ワイマール体制への国民の合意が不確かであること，議会・政府が機能不全に陥って，大統領権限が発動された場合，社会民主党との協力ないし議会主義的統治から脱する，保守的・権威主義的傾向が強まることを予想させた．

### 第2項　ヘルマン=ミュラー内閣

　1928年の選挙において，27年から続く景気回復と経済の安定を反映して社会民主党が29.8％と躍進し，国粋派の国家人民党は14.2％に後退した．この選挙

の結果，社会民主党のヘルマン＝ミュラーを首相とする再度の大連立内閣が成立した．シュトレーゼマンは外相に留任した．他方，国家人民党の党首となった産業家フーゲンベルクは，党内の穏健派を追い出し，ミュラー内閣への攻撃のみならず，共和国そのものと敵対する右翼路線を明確にしていった．フーゲンベルクはドイツの有力な新聞や映画会社 UFA を所有し，新聞・映画産業のなかで独占的な地位をもち，この「世論形成の帝国」を利用して，ワイマール共和国を中傷したのである．

　ミュラー大連合内閣の最大の目的は賠償問題の最終的解決であった．パリの国際会議で提示されたヤング案は1929年8月のハーグ会議で各国に受理された．これは1988年までの59年間，平均して約20億金マルクを年賦で支払うもので，シュトレーゼマンはこの賠償案と引き換えに，連合国側が1930年6月30日までにラインラントから撤退するという合意を得た．このシュトレーゼマン外交の成果にもかかわらず，ヤング案に対する右翼国粋派の攻撃はより激しいものになった．シュトレーゼマンはまもなく同年10月3日に死去した．

　1929年夏から，フーゲンベルクは鉄兜団やナチスをはじめとする多くの右翼急進派を組織し，ヤング案に反対する国民請願運動を開始した．彼らは「ドイツ国民の隷属化に反対する法律」を掲げ，ヴェルサイユ条約の戦争責任条項や賠償責任の無効性，さらにヤング案に署名した政府の大臣を国家反逆罪とする法律を要求したのである．国民投票では敗北したが，それでも580万票（有権者の13.8％）を獲得した．

　1929年の冬には世界恐慌の余波によって失業者は300万人以上になり，27年に制定された失業保険法による保険給付の財源が危機に陥った．当初の賃金の3％の掛金（労使がそれぞれ半々）は3.5％に引き上げられたが，それも29年の12月には財源の不足を補えなくなり，再度の引き上げが不可避になった．経営者団体の圧力でドイツ人民党は給付の削減を主張し，ブリューニングの仲介で妥協案がつくられたが，今度は社会民主党の議員団が反対した．社会民主党議員団の37％が組合出身者であり，結局1930年3月ミュラー内閣は退陣し，大連合は崩壊した．大統領ヒンデンブルクは中央党のブリューニングを首相に任

命した.

　しかし大連合は失業保険の掛金のためだけに崩壊したのではない. もはや
個々の社会政策を巡る対立ではなく, 共和国の出発点であった資本と労働との
社会的な和解が危機にさらされていたのである. 1928年のルール鉄鋼闘争はそ
の象徴であった. ルールの重工業経営者は労働協約を巡る国家の仲裁を拒否し,
22万人に及ぶ労働者に対するロックアウトで応えたのである. 政治面において
もシュトレーゼマンの死後, 人民党はますます大工業の経営者の利益を代表し,
社会民主党との対立を深めていった. すでに大統領と重工業, 大土地所有者,
軍部などの反議会的勢力は, 権威主義的な大統領内閣への移行を進めていた.
ミュラー内閣の退陣はこの社会民主党が自ら政権を放棄することでこの移行を
容易にしたが, 問題の本質はワイマール共和国の出発点であった社会国家的な
和解がもはや維持されないところにあった.


### 第3項　世界経済恐慌

　アメリカに発する世界経済恐慌はドイツにも影響を与えた.

　1924～30年のドイツの資本市場は7％から10％の幅で金利が変動し, これに
対してアメリカ合衆国の金利は4.5％前後であったから, 資本はドイツに流入
した. アメリカからの資金は短期資本が多く, 1929年10月のニューヨーク株式
市場の大暴落後, それらは急速にヨーロッパから引き上げられていった. さら
に1930年の選挙の結果, ワイマール共和国の政治的安定性に不安をもった外国
資本は, ドイツから逃げていった. ドイツ経済は特に外国資本に依存しており,
またこの間政府は緊縮財政を実行していたから, 資本不足と景気後退は大きな
打撃になった.

　まだ危機の当初においては従来の不況のレベルに留まっていた. しかし
1931～32年に危機は世界恐慌として深化していく. アメリカの金融恐慌に端を
発した信用不安は1931年, ドイツ第二位のダナート銀行の支払い不能で最高潮
に達し, 経済恐慌と金融恐慌が複合し世界の金融制度は崩壊した. 各国はブ
ロック経済によって市場を確保しようと試み, 世界貿易はますます縮小して

いった．1929年から32年の間に，ドイツ輸出額は135億マルクから57億マルク
に激減した．

　生産財の生産は1928年を100とすると29年には103とまだ僅かに増加したが，
30年には81になり，31年から32年にはさらに61から46と半分にまで落ち込んだ．
粗鋼生産は1929年の1,590万トンから32年の560万トンに減少した．消費財の生
産の減少はこれよりは緩やかであったが，その価格は急激に下落していった．

　同時に賃金も削減され，それは消費財の価格下落よりも急激であったため，
実質所得は1928年に対して32年にはその87％であった．しかし実質賃金の下落
よりも重要なことは失業者の増大であった．失業率は1929年には8.5％，30年
には14％，31年には21.9％，そして32年には29.9％に達し，560万人が失業し
ていたことになる．こうしてドイツは，いまだかつて経験したことのない大失
業者の群れを抱えることになり，失業保険の給付も最低限の生活がやっと可能
になる程度の額であり，多くの失業者は給付期間の終了後には自治体の社会扶
助に依存しなければならなかった．公務員の俸給も引き下げられ，価格下落や
購買力低下で小商人や手工業者も同様の運命をたどる．また農産物価格の低下
によって農業部門も疲弊した．

## 第2節　大統領内閣

### 第1項　ブリューニング内閣の成立

　ミュラー内閣辞職後，大統領は中央党のブリューニングに組閣を委任した．
ブリューニングは，政党に拘束されない組閣と，必要な場合には憲法第48条の
大統領特権行使を条件に組閣を引き受けた．閣僚は社会民主党をのぞいてほぼ
前内閣を引き継ぎ，農相には大統領の要望で国家国民党に属する農村同盟議長
シーレが任命された．新政府は危機克服のため，あらゆる憲法上の手段を使う
決意を表明して諸政党に警告を与え，特に大統領が求めた農業救済の必要を強
調した．ブリューニング内閣は，最初から議会多数派的基盤の形成を放棄した
点，ヒンデンブルク大統領個人に対する強い忠誠心，これまで一度も使われた
ことのない憲法第48条の大統領特権の行使の保証を事前に確認している点など，

それまでのワイマール歴代政府とは断絶する側面をもっていた．これまでもしばしばみられた少数派内閣ではなく，議会そのものを無力化し，保守・国粋的な権威主義的体制を推し進めることが試みられていたのであり，大統領への権力の集中，そして実質的には国防軍と国家官僚の手に権力が移りつつあったのである．

　ブリューニングは財政再建のために国家支出と社会保険を削減し増税を図る厳しいデフレ策をとった．1930年7月社会民主党，共産党，国家人民党，ナチ党の反対によって，この救援法は国会で否決されたが，政府は憲法48条の大統領の署名による緊急令を発動した．社会民主党の提案により議会は多数決で再びこの緊急令を失効させたが，それに対してブリューニングは議会解散で応えた．すなわち憲法第25条の大統領による議会の解散権を行使したのである．これは憲法上保障された議会の大統領緊急令を失効させる権限を，大統領の擬似独裁権力を行使して実質的に無力にしてしまうものであり，憲法体制の段階的な破壊に道を開くものであった．

　1930年9月の選挙ではブルジョア中道・右派政党は大打撃を受け，社会民主党も後退した．共産党は77議席を獲得して議席数を伸ばしたが，選挙での圧倒的な勝利者は107議席を獲得して国会第二党に躍進したナチ党であった．選挙後政府は左右どちらへの基盤拡大もできないまま，従来の構成で継続した．ところが，社会民主党は9月末のブリューニングとの会談で，ファシズム的独裁への移行を阻止するために政府に協力することを伝えた．社会民主党のこの転換は，「寛容政策」，「より小さな悪論」と呼ばれた．国会で孤立した社会民主党は，この方針で経済危機を乗り切り，その後に議会主義復活を期待するほかなくなったのである．

　以後，政府が緊急令によって必要な立法化を行い，それを国会が否認しないという形での統治が生まれた．国会は休会が続き，政府は本格的な大統領内閣へと移行した．国会の機能麻痺状態によって，諸経済団体や支配層内部の政治集団は，直接政府や大統領に接近し，様々な経済政策や体制改編を求めた．大統領内閣は，国民に見えない政治の場を出現させたのである．

## 第2項　外交政策と経済政策

　ブリューニングの外交目的は，賠償の撤廃，ヴェルサイユ条約の課した諸制約からのドイツの解放，なかでも軍備制限の撤廃，など大国との対等化の実現，ひいてはヴェルサイユ条約の全面修正に他ならなかった．これは歴代のワイマール政府と同様の目的であったが，その外交姿勢は非妥協的・攻撃的で，フランスやポーランドとの軋轢も引き起こした．しかも外交の成果を内政の危機克服と体制転換に連動させた点で，新しい性格をもっていた．また外務省内で反ロカルノ派が優位に立ったことも，シュトレーゼマン外交との違いである．

　30年5月フランスのブリアン首相がヨーロッパの政治・経済協力を進めるヨーロッパ=プランを発表すると，ドイツ政府はそれが現状固定化につながることを恐れて反対し，ヴェルサイユ条約で統合を禁止されたオーストリアとの関係同盟計画をひそかに進めた．これは中央・東南ヨーロッパでのドイツの経済的優位を狙う政策でもあった．31年3月，唐突に独墺関税同盟案が発表されると，関係諸国，特にフランスの不信を強め，強い反発を呼んだ．フランスの反対と国際司法裁判所の条約違反との裁決によって，この構想は放棄されたが，外交の強引な姿勢はドイツ経済にもさらに悪影響を及ぼした．

　31年5月，オーストリア最大の銀行クレディット=アンシュタルトの破産から始まった金融危機はドイツにも波及し，諸外国はいっせいにドイツから資本を引き上げた．ドイツの危機を見て，アメリカ大統領フーヴァーは6月20日戦債・賠償支払い一年間停止措置（フーヴァー=モラトリアム）を提案した．フーヴァー=モラトリアムはフランスの抵抗を排して認められたが，ブリューニングはさらに賠償廃止そのものを求めて，ドイツにいかなる財政的余裕もないことを示そうと，かたくなにデフレ政策の維持に努めた．ドイツの主張は，31年後半からようやく関係各国の受け入れるところとなり，年末に出されたバーゼルの国際決済銀行特別諮問委員会報告は，ドイツの将来の賠償支払能力を否定するなど，少なくとも外交的にはブリューニングは目的に大きく近づいた．

　政府は9月選挙後，あらたな財政・経済政策綱領を発表した．それは国家・地方公務員の給与削減を含む予算全体の縮小，営業税・不動産税の引き下げな

ど，徹底したデフレ政策と経済界の負担軽減要求に応えたもので，12月に大統
領緊急令によって実施された．歳入不足はますます深刻になり，31年6月には，
公務員給与のさらなる切り下げ，社会政策費と州・地方自治体交付金の削減，
失業保険の支給制限および支給期間の短縮，恐慌税の新設，農業保護の新措置
を定めた経済と財政に関する包括的な第二次財政・経済緊急令を出さざるをえ
なくなった．同時に州・自治体政府にも給与切り下げ権限が認められ，地方経
済を圧迫したばかりか，州政府の行動範囲をいちじるしく狭め，ドイツの連邦
構造を中央集権的方向に変え始めた．ブリューニングはこうした処置を，賠償
支払の必要から正当化した．この間，恐慌はさらに加速し，政府のデフレ政策
によって，給与・賃金生活者の生活水準の低下が続き，とりわけ労働者の賃金
引下げが進み，また失業者も増大した．

　国内では第二緊急令布告移行，ナチ党，共産党をはじめ社会民主党やドイツ
国民党からも，政府批判と国会開会を要求する声が高まった．工業界からもふ
たたびブリューニングの政策を手ぬるいとする批判が強まったが，工業全国連
盟会長が6月デュースベルクからクルップに交代したことは，社会国家解体を
志向する重工業の影響力が増したことの表れであった．9月末には10経済団体
の政府への声明が出され，社会主義か資本主義かの選択に妥協はないとして，
これまでの社会政策体系の総見直しを要求した．一方，ヤング案闘争を組織し
た鉄兜団ら国民的反対派は，ワイマール連合政府が継続していたプロイセン議
会に標的を定め，この年の2月からその解散を国民請願によって求める運動を
起こした．請願は8月の州民投票で否決されたが，国民的反対派は「道義的成
功」とまでいわれた票を集めた．10月に彼らはハルツブルクに結集して，政府
退陣と国粋政府樹立を唱えてその勢力を誇示した（ハルツブルク戦線）．


## 第3項　ブリューニングの失脚

　1932年にヒンデンブルク大統領の任期は終わり，ハルツブルク戦線はヒト
ラーを大統領候補に擁立した．社会民主党を含む共和国擁護派は「より小さな
害悪」としてヒンデンブルクに投票し，彼は53.4%を得て当選した．ヒトラー

は36.8％，共産党のテールマンは10.2％であった．大統領らは保守派の支持を失い，社会民主党の支援で当選したことに不快感を隠さなかった．ナチ党は大統領選での敗北にもかかわらず，4月下旬の5州選挙では，バイエルンをのぞく全ての州で第1党の地位を奪い，プロイセンでも社会民主党のブラウン首相指導下のワイマール連合政府は過半数を失って，事務管理内閣としてかろうじて継続できたに過ぎない．

すでに31年後半から，ナチ党，特に突撃隊（SA）による政敵への挑発的テロ行使，さらにクーデター計画の発覚に対して，プロイセンや南独諸州からは治安上の理由や公権力の権威維持のために何らかの規制を求められていたが，国防軍もブリューニング内閣もそれぞれの思惑から乗り気ではなかった．32年4月の各州内相会議ではあらためてSA禁止が強く要求され，ここにいたった政府は4月13日，国家権威保護令によってSA禁止を命じた．ところが，大統領側近グループは社会民主党系の国旗団が同時に禁止されなかったことを理由に，この処置が偏向していると非難を始め，軍内部からも反対が起こり，シュライヒャー将軍もこれに同調する．大統領再選がなり，外交的にも目的達成が間近になったことで，より右よりの権威主義的政府の確立を望む勢力は，ブリューニングを必要としなくなったのである．

32年には政府に対して雇用創出政策の採用を求める声が強まったがまとまらず5月はじめに経済相は抗議の辞任をする．さらに恐慌・失業対策として準備された東部入植計画は，再建不能の大農場を国家が購入し，それを都市失業者の入植農地に転換しようとするものであったが，東部大農業家層や農村同盟はこれを私有財産を侵害する「農業ボリシェヴィズム」と呼んで反対キャンペーンを組織し，ヒンデンブルク大統領に訴えたため，ヒンデンブルク大統領も関係緊急令の署名を拒否した．5月末，ブリューニングは大統領の信頼を失ったことを確認して辞表を提出した．

## 第3節　保守派のナチスへの接近

### 第1項　パーペン内閣

1932年6月1日，中央党の反動的異端派パーペンを首相に据えた新内閣が成立した．前内閣からの閣僚の継続は経済相のみで，国会に議席をもつものは皆無であり，9人の閣僚中7人が貴族という時代錯誤的構成は国民を驚かせ，社会民主党は「男爵内閣」と評した．この内閣の真の形成者・実力者はパーペンを担ぎ出し，自らは国防相におさまったシュライヒャーであった．議会主義からの離脱，軍拡と大国化を望む彼は，ヒトラーと事前に新選挙の実施・SA禁止令の撤回を約して，ナチ党の「寛容」を取り付けていた．官界・軍・工業界・農業界などの伝統的エリート層の利益をあからさまに体現したこの政府に，国民の支持はほとんどなかった．

政府は成立後直ちに国会を解散した．ナチ党は禁止を解かれたSAを動員して，反対陣営，特に社会民主党・ドイツ共産党のデモや集会，選挙事務所，労働者居住地区などを襲撃して挑発し，激しいテロを開始した．それに対抗して各党も擬似軍事組織を投入し，選挙はさながら内戦状況を呈した．パーペン政府はこの状況を放置したばかりか，治安状況の悪化を左翼運動責任に帰し，その取締りが不十分であるという理由で，7月20日，プロイセンのブラウン政府を罷免して，政府委員を派遣した．この処置（「パーペンのプロイセン＝クーデター」）によって，プロイセンでは共和国支持派とみなされた知事や警察幹部が更迭され，社会民主党は最も重要な拠点を失った．

一方外交面では，6月中旬からのローザンヌ会議で，ドイツはブリューニングが準備した賠償の実質的廃止を承認された．32年2月から開催されていたジュネーブ軍縮会議でも，ドイツの軍備平等権の強硬な主張は，パーペンの下での軍の意向に即して7月末にはドイツ代表団引揚げという強い態度となって現れ，この年の末には五大国声明によって受け入れられた．

7月30日の総選挙では，予想通りナチ党が230議席を得て第一党になり，共産党もやや勢力を増したが，社会民主党は後退したものの133議席を維持し，

中央党，国家国民党を除くブルジョア政党は壊滅した．パーペン政府の議会的基盤がほとんどないことが明らかになったが，パーペンは意に介せず，かえって権威主義的大統領内閣をさらに強固にする方向，政府によるクーデターを求めようとした．一方シュライヒャーは大衆的基盤の必要性を認め，選挙後ひそかにヒトラーに入閣を打診している．

　大衆的な支持基盤がないまま大統領独裁体制を構築しようとするパーペンの行動に，彼を傀儡視するシュライヒャーとの溝は深まり，国防軍の協力を拒絶されて軍事独裁への道を放棄させられたパーペンは辞職を申し出て，12月3日にシュライヒャーを首相とする新内閣が誕生する．

　第2項　シュライヒャー内閣

　シュライヒャー内閣は内相・労相を除くとパーペン内閣を継続しており，ワイマール体制から離脱するという方向性に関しては変化がないことを示していた．しかし，シュライヒャーは軍事優位の権威主義的国家改造のためには，パーペン流の大統領内閣では限界があり，一定の大衆的支持基盤とそれに応える政策が不可欠であることを認識していた．

　彼は国会との関係を改善する一方，夏以来接触してきたナチ党のシュトラッサー=グループや，労働総同盟の政府基盤への引き入れを工作した．32年1月，労働総同盟が提起した雇用促進策に協力する用意を語り，緊急綱領を国会で発表したシュトラッサーに注目し，シュライヒャーの協力者ゲーレケが8月に雇用創出計画を発表して，両者を結び付けようとした．ゲーレケはシュライヒャー内閣で雇用創出委員に任命されている．さらにシュライヒャーは，将来の徴兵制導入の前段階として，突撃隊から同旗団にいたる擬似軍事団体を国防スポーツ団体として，国防省のもとにまとめることも構想していた．経済恐慌に対する積極政策を軸に，軍と労組とナチ大衆組織を結合させるというのがシュライヒャーの対角線連合構想である．

　しかし，労働総同盟は社会民主党の反対もあって明確な態度をとれず，シュトラッサーはヒトラーに入閣を進言したが入れられず，12月8日党の全役職を

辞任し，対角線連合は頓挫した．大衆的支持基盤の確保に失敗したシュライ
ヒャー内閣は当面あらたな選択肢が具体化しないなか存続し続けたが，その国
内植民推進方針が，東部の大土地所有者やナチ党勢力がすでに浸透していた農
村同盟を反発させ，33年1月の国会で東部救済事業での不正が追及されるに及
んで，農業界の大統領に対する政府変更圧力が大幅に強まっていった．

### 第3項　ヒトラー政権の誕生

　シュライヒャーに見捨てられたパーペンが巻き返し工作に乗り出した．彼は
ナチ党を引き入れて彼の構想をいかす政権を目指し，33年1月4日，ケルンで
ひそかにヒトラーと会談した．パーペンの提案は，前年11月の選挙で退潮をみ
せていたナチスにとっても好都合であり，両者はヒトラー首相実現に協力する
ことで一致した．この後，パーペンは大統領の個人的好意を利用してヒトラー
に対する彼の不信を取り除くことに努める．シュライヒャーの国会への譲歩を
議会主義への復帰ではないかと警戒した重工業も，国家国民党にナチ党をパー
トナーとする右派結集政府の樹立を求めた．ナチ党は1月15日に行われた北西
ドイツのリッペ州での選挙に総力をあげて臨み，退潮傾向に歯止めをかけるこ
とに成功した．ナチ党を軸とした政権構想にますます弾みがついた．

　シュライヒャーは国会の解散と，国家非常事態宣言による政権維持を提案す
るが大統領に拒否され，軍内部でもシュライヒャー追い落としの動きが出てき
たため，シュライヒャーは退陣する．

　1月30日，ヒトラーを首班とし，パーペンが副首相，国家国民党のフーゲン
ベルクを経済相とする，ナチス・保守連合政権が成立した．閣僚の大半を占め
たのは保守派であり，ナチスはヒトラーを含め3人の閣僚を出しているだけで
あった．誰もがこの内閣の真の実力者はパーペンかフーゲンベルクであると
思っていた．

● 章末問題 ●

1．世界経済恐慌のドイツへの影響について述べなさい．

2．「大統領内閣」を説明しなさい．

3．ヒトラー政権の成立に向かう過程で，支配階層が「大衆的基盤」にこだわった理
　由を述べなさい．

【参考文献】

［1］　E. アイク（救仁郷繁訳）『ワイマル共和国史』全4巻，ぺりかん社，1983～89
　　年

［2］　加藤栄一『ワイマール体制の経済構造』東京大学出版会，1973年

［3］　平島健司『ワイマール共和国の崩壊』東京大学出版会，1991年

```
┌─────────────────────────────────────────────┐
│  ┌───────────────────────────────────────┐  │
│  │                                       │  │
│  │                                       │  │
│  │        第19章　ナチスの台頭            │  │
│  │                                       │  │
│  │                                       │  │
│  └───────────────────────────────────────┘  │
└─────────────────────────────────────────────┘
```

## 第1節　ナチスの発展

　ナチス（国家社会主義ドイツ労働者党 NSDAP）の始まりは1919年にアントン゠ドレクスラーらがミュンヘンで結成した小政党「ドイツ労働者党」であった．結党時は第一次世界大戦敗戦によるドイツ帝国の解体と左翼革命に騒然とする世相に乗じた，40人ほどの政党に過ぎなかった．活動範囲はバイエルンに限定され，国家主義的・人種主義的・反議会主義的主張を行っていた．

　アドルフ゠ヒトラーは自分が参加した1919年9月12日の集会から数日後に入党したが，すぐに党に不可欠な巧みな演説者となった．ヒトラーはドレクスラーとともに党綱領の整備に取り組み，反ブルジョア・反ユダヤ・国粋主義などを訴える25カ条綱領を作成した．

　この綱領の主な内容は以下のとおりである．

　3．我が民族を養い，過剰人口を移住させる土地を求める．

　11．不労所得・不在地主の禁止．

　12．戦争で人民の払った莫大な犠牲からすれば，戦時利得は民族に対する犯罪とみなされねばならない．ゆえに戦争によって得たもの全ての没収を要求する．

　13．すでにトラスト化された企業全ての国有化を要求する．

　14．大企業の利益の分配を要求する．

　15．高齢者に有利な扶助制度の整備を要求する．

　16．健全な中産階級の育成とその維持，および大規模小売店の即時公有化．

小規模経営者に対するその安価な賃貸，全小規模経営者に対して最大限考慮した国家・州または市町村に対する納品を要求する．

17. 我が国民の要求に適した土地改革，全体の利益に供するための土地の無償接収を定める法の制定，地代徴収の禁止と土地投機の制限を要求する．

　綱領を見る限り，ナチスの運動は，マルクス主義的政党，中間層政党，国家主義的政党のいずれとも共通する目標を掲げており，結局，広範な有権者層に呼びかけを行い，またこの25項目を越えて，ヴェルサイユ条約の修正を求める国家主義的観点が，1933年までの党の宣伝活動においては重要であった．

　ヒトラーはエルンスト＝レームやディートリヒ＝エッカートらの支持もあって党内勢力を拡大し，1921年7月29日に開かれた幹部会議で指導権を認められて党首となる．また同年8月レームの設立した党内組織の体育スポーツ局（Sportabteilung）は10月には突撃隊と改称し，左翼勢力との市街戦の主力となっていく．

　1923年1月にヴェルサイユ条約の賠償金の支払い遅延を理由にフランス軍がドイツの工業地帯ルール地方を占領すると，ナチスは右翼とともにフランス占領軍に対するテロを展開し，ナチス突撃隊のシュラゲター（Albert Leo Schlageter）がフランス軍により虐殺され，それをナチスが喧伝する．これらのことが有利に働き，集団入党や献金が相次ぎ，さらに勢力を拡大する．このころナチ党は党員数3万5千人で，バイエルン州では有数の政党になっていた．もともとバイエルン州は伝統的に反ベルリンの空気があったが，不穏な空気は1923年9月のフリードリヒ＝エーベルト大統領による非常事態宣言によって表面化し，ナチスは反ベルリン・反ワイマール共和国を唱えて9月11日に反乱を起こす．この「ミュンヘン一揆」はバイエルン州政府によって鎮圧され，首謀者ヒトラー他党メンバーは投獄され，免れたメンバーも国外逃亡を余儀なくされる．ナチスも危険政党として非合法化され一時解散することになるが，反ワイマール共和国の気運の高まりは衰えることがなく，ヒトラーらへの量刑も比較的軽いものとなった．

　1923年から24年にかけて急激な天文学的インフレになり，多くの国民が失業

して政権は混乱していたが，混乱のなか1924年にヒトラーが監獄から釈放され，投獄を免れた幹部も恩赦を受け帰国，ナチ党が再結成される．再結成後のナチ党は選挙運動に徹し，合法的な政権獲得を目指した．親衛隊はヒトラー警護のために同年突撃隊の下部組織として設けられる．1929年に突撃隊上級大佐のハインリヒ=ヒムラーが第四代の親衛隊全国指導者に選ばれる．

ゲッベルスの選挙戦術は左翼勢力の宣伝を取り入れたもので，ボリシェビキのポスターを真似た膨大な量のビラ・ポスターの配布や，対立する政治家に対する猛烈なネガティブ=キャンペーン，ラジオを利用した政見放送，航空機を利用した遊説旅行等を行った．ドイツ社会民主党防衛隊を真似した旗を掲げ厳格な統制に従う突撃隊の街頭行進，町の壁を埋め尽くすポスターなど，強烈な視覚的インパクトをもった．

実際1930年には党員数は130,000人に達するまでになり，また1932年7月の議会選挙で230議席獲得（得票率37.4％），1932年11月議会選挙では196議席（33.1％）を獲得し，ドイツの国政への影響力も次第に増していった．

## 第2節　ヒトラー内閣の誕生

### 第1項　国会選挙

1933年1月30日，ヒトラーが首相に就任した．この時点での内閣の顔ぶれは，副首相 パーペン，外相 ノイラート，内相 フリック（ナチス），経済農業相 フーゲンベルク（国家人民党），蔵相 フォン=クロージク，法相 ギュルトナー（国家人民党），労相 ゼルテ（鉄兜団），郵政交通相 エルツ=リューベナハ，国防相 ブロンベルク，無任所相 ゲーリング（ナチス）といった具合で，ナチス党員は僅か3人であり，それを国家人民党，鉄兜団，保守派官僚，国防軍，パーペンらの保守勢力が取り囲み，この右翼連合政権の実権はパーペンが握ると思われていた．

2月1日に国会が解散され，3月5日に総選挙が行われることになったが，左翼政党に対しては露骨な選挙干渉が行われた（国会議事堂放火事件を利用した共産党弾圧など）．しかし選挙でナチスは単独過半数を確保することはでき

ず，国家人民党と合わせてかろうじて過半数を確保したのであり，社会民主党も議席を維持していた．

　3月23日に審議開始となった国会で提案されたのは「全権委任法」（民族と帝国の困難を除去するための法律）であり，これを中央党の賛成を得て可決し，ヒトラー内閣は国会から立法権を剥奪し，政党は存在理由を失い，解体し，7月14日の「新党設立禁止法」によって，ナチスの一党独裁が法的にも確定した．さらに邦議会の廃止，邦政府の中央政府への従属，連邦参議院の廃止などによって地方分権制度も打破され，ここにドイツ史上初の中央集権国家が誕生した．

　また1933年5月10日に設立されたドイツ労働戦線への労働組合員の編入，医者・弁護士・技術者などの自由業や教師・裁判官・検事などの官吏はナチスの各職業組織に所属させられ，芸術や報道などの分野で働く自由業者はゲッペルス宣伝相の下に新設された全国文化会議所に所属しなければ仕事ができなくなるなど，教会などの一部の領域を除いて社会の広範な領域の強制的同質化（Gleigschaltung）が強力に推し進められた．


### 第2項　国防軍とヒトラー

　ヒトラー政府は1933年前半に「国民革命」の名の下に国制の大変革を達成したが，そのなかでナチスの大衆運動が一気に盛り上がり，党組織には加入者が殺到した．特に突撃隊は急速に拡大し，1933年1月の70万人から34年半ばには450万人に膨れ上がった．1933年7月に「革命終結」が宣言されるが，突撃隊はそれに納得せず，「第二革命」を要求した．突撃隊は大資本と銀行の収用や官僚のナチ化を要求するなど，経済界や行政機関と各地で衝突を繰り返していた．しかし，突撃隊を最も警戒していたのは国防軍である．突撃隊幕僚長レームは，国防軍と突撃隊を統一して新しい国民軍を作る構想をもっていたが，これは国防軍にとっては自己の特権的地位の侵害であった．

　ヒトラーはドイツの再軍備と経済復興のために，国防軍・経済界・官僚という伝統的保守支配層の協力を必要としており，彼らの方もヒトラーのその方針

を受け入れようとしていた．ゲーリング，ヒムラーらの党内の反レーム勢力の後押しもあって，ヒトラーは両者にとって障害となる突撃隊の粛清を決意した．

　1934年6月30日，命令によって集合したレーム以下の突撃隊幹部は反逆の疑いをかけられ，親衛隊によって逮捕され射殺された（レーム事件）．続く数日の間にヒトラーは党内の「第二革命」を要求する勢力だけではなく，前首相シュライヒャーや旧党幹部シュトラサーなども処刑した．こうしてヒトラーはナチス陣営の内部粛清も断行し，保守支配勢力と結んだのである（長いナイフの夜）．

　8月2日にヒンデンブルクが死去すると，ヒトラーは大統領と首相とを兼務し，軍の忠誠を受ける国家元首となった．やがて国防軍内にナチス支配への共感が醸成され，ヒトラーの計画（生存圏の獲得）に否定的な国防軍幹部が更迭され，ヒトラーは名実ともに国防軍最高指揮官になった．

### 第3項　ナチス支配の特徴

　ドイツ民族をナチズムへ教化するために，ナチスは多くの付属組織をもっていた．付属組織は1935年3月に分肢と付属団体に体系化され，分肢は党の一部であり，突撃隊・親衛隊などの準軍事団体とヒトラーユーゲント・ナチスドイツ学生団・ナチス婦人団などの社会層団体からなった．付属団体はナチスドイツ医師同盟・ナチス法律家同盟・ナチス教師同盟・ドイツ労働戦線などの職能団体と，ナチス国民福祉団・ナチス戦争犠牲者福祉団などの福祉団体からなった．これらの組織は既存の組織を強制同質化したもので，大衆組織として幅広い国民層を組織したもので，また非加入は反体制的とみなされ，加入者が急増した．

　他方でナチスは秘密警察（ゲシュタポ）と親衛隊でそのテロ支配を固めた．警察はもともとは邦の管轄であったが，プロイセンではゲーリングが，バイエルンではヒムラーが警察機関を支配し，政治警察としての機能を強化した．この過程で徐々に親衛隊と警察との人的重合関係が形成され，1939年には保安警察と親衛隊保安部を統合した国家保安本部が設置され，制度的にも国家機関と党機関が融合した．

　親衛隊の活動としては警察業務，情報収集，強制収容所管理が有名である．強制収容所は政治犯の収容所として1933年のミュンヘン郊外のダッハウを皮切りに設立され，反抗的ないし有害とみなされる人物は，裁判なしに保護検束されて，強制収容所に送り込まれ，親衛隊の監視下に置かれた．この親衛隊の強制収容所支配は，内務省や司法の規制外であった．

　ナチス政権の外交政策はヴェルサイユ体制からの解放と，東方におけるドイツ民族の生存圏の確保を目的としたが，それはドイツの列強への復帰を求める国防軍や外務省の意向に合致し，ドイツ国民のナショナリズムにも支持を見出すことができた．

　ジュネーヴ軍縮会議で軍事平等権を認められなかったドイツは，1933年10月軍縮会議と国際連盟から脱退したが，翌月の国民投票でも有権者の9割がこれを支持した．また1935年の住民投票でザール地方のドイツへの帰属が決定し，3月16日には国防軍再建法によって一般兵役義務が導入された．さらに1936年3月7日にはロカルノ条約を破棄してドイツ軍をラインラントに進駐させた．こうした行動はヴェルサイユ条約違反であり，国際連盟の非難を受けることになるが，イギリスの宥和政策やイタリアがエチオピア侵略によって国際的に孤立したことなどに助けられ，ヴェルサイユ体制からの脱却はさしたる障害もなく続けられ，ナチス支配に対する国民の支持をさらに集めることになった．

## 第3節　ナチスの経済政策

### 第1項　雇用創出

　ヒトラーが国民の支持を得られるかどうかは，ひとえに景気の回復，失業の撲滅にかかっていたが，1933年にドイツはすでに恐慌から回復し始めていたことと，パーペン・シュライヒャー両政権で雇用創出措置が既に始められていたことが有利に作用した．

　ナチスの雇用創出策としては，1933年6月，9月の失業減少法（ラインハルト計画）があり，公共および民間の建設・土木・改築工事に合計15ライヒスマルクが支出されることになった．ラインハルト計画以外では，自動車税の廃止

やアウトバーン公社の設立，鉄道や郵便事業などの公営企業の行う雇用創出計画もあった．1933〜35年に政府事業と公営企業事業とを合わせた雇用創出計画全体の額は約50億ライヒスマルクにおよび，うち30億ライヒスマルクが特殊手形によって調達された．

　直接的雇用創出計画以外にも，労働市場を圧迫しないための社会政策がとられた．緊急事業，労働奉仕，農村補助労働などで，十分な賃金は出されなかったが，衣食住の現物支給を受け，失業者や青年が労働市場に登場するのを延期することができた．1935年の一般兵役義務制の導入も失業者の吸収に役立った．

　1933年1月に600万人であった失業率は，33年末には400万人，34年末には260万人，35年夏には170万人と順調に減少していった．しかし失業者数の減少は，雇用創出政策そのものよりも，むしろ再軍備政策のてこ入れによるところが大きかった．

　ヒトラー政権は当初から再軍備を意図していたが，外交的配慮から，最初は軍事的基盤施設の拡充という間接的軍備に主力がむけられた．アウトバーン公社創設や自動車産業の優遇措置は，その一例である．また雇用創出計画中の土木事業には，軍事目的を内包する施設の建設が組み込まれていた．

　ナチス国家における軍事費の額は開戦時までに約600億マルク前後と推定される．政府支出における軍事費の割合は年々増加し，商業手形のメフォ手形を政府支出に含めて計算すると，戦前時には政府支出の半分あまりが軍事支出であった．

　メフォ手形は，軍からの注文を受けた企業が振り出し，冶金研究会社が引き受ける商業手形で，政府が保証し，ライヒスバンクが再割引した．この信用創造は秘密裏に行われ，国家支出のかせを外れて多額の軍事費が提供され，再軍備への極秘の金融が行われたのである．メフォ手形の制度は1938年3月に停止するが，毎年軍事費の4分の1から2分の1を賄った．

　1936年9月の党大会でヒトラーは，ドイツの自給自足体制を目標とする四カ年計画を発表した．この計画の真の目的は，4年の間に軍を出撃可能な状態にし，経済を戦争可能な状態にすることであった．四カ年計画全権にはゲーリング

が任命され，必要な条例を発布し，全官庁に命令を出す権限が与えられた．

　四カ年計画の中心政策は，重要な原料の割当と労働力・物価・賃金・投資・消費に関する政策の立案と統制であった．合成原料・燃料のプラント建設が推進され，化学工業の独占体IGファルベン社がその中心的担い手になった．また国内の鉱山開発と製鉄所建設のために，国営企業ヘルマン゠ゲーリング工業所が1937年に創設された．基幹原料である鉄の割当が実施され，国家政策上の重要度に沿って，軍，四カ年計画，機械工業へと重点的に割り当てられた．労働力配置は四カ年計画においても重点課題となり，金属工業と建設業における労働力確保の諸指令が四カ年計画遂行のために発せられた．投資の量と方向にも法的規制が行われた．このように，国家による経済への直接介入がゲーリング時代に進行し，経営者はこの時期，投資・原料調達・労働力確保の点で，国家の三重の統制にさらされた．しかしこのような国家の介入は，統一的構想にもとづく厳密な意味での計画経済とはいえず，恣意的性格が強かった．様々な政策当局の乱立や権限の交錯によって紛争も絶えなかったのである．

　四カ年計画下のドイツ経済はますます危機的様相を示した．軍事費の増加は財政を破綻させ，1936年6月にはライヒスバンクの対政府信用規制は消滅し，軍事費の膨張が一段とスピードアップした．また，軍事優先は輸出産業を停滞させ，軍需景気は輸入原料の価格と需要を上昇させたので，外貨危機は慢性化した．他方，食料の増産・自給は農業からの労働力流出によって望みが薄く，食料輸入のため外貨危機は一層悪化した．さらに軍需景気にわく工業界，特に四カ年計画で優遇された産業部門では，深刻な労働力不足に陥った．労働力不足が賃金・物価の上昇をもたらさないように，防止策として1936年11月に価格停止令が公布された．労働力移動を規制するため1935年から労働手帳の制度が導入されていたが，労働力不足はさらに進行し，38年6月には徴用令も出された．労働時間も次第に延長され，1938年4月の労働時間令では，原則8時間，最長10時間，それ以上の延長も許可があれば可能となった．企業は労働力確保のため賃金引き上げの自衛策に出るが，それはインフレを呼び起こし軍需生産に支障をきたすので，1938年4月の賃金形成令では最高賃制を導入して賃金

の監視が図られた．企業の方は各種手当てをつけるなど企業内政策による自衛
を考え，労働者の間では，労働強化が原因の作業能率の低下や，労働規律の低
下も見られるようになった．景気上昇に伴う国民の購買力上昇は，消費財の需
要を高め軍需生産の阻害要因となるので，国防軍は消費財生産を削減し原料と
労働力を軍需生産に向けるよう要請したが，国民の支持を失うことを恐れたヒ
トラーは承知しなかった．

　四カ年計画によって露呈したこのような問題は，軍備拡張を制限するか，対
外侵略によって生存圏を拡大し，そこでの収奪によって解決するほかなかった．


### 第2項　開　　戦

　開戦前のオーストリア併合やベーメン・メーレンの保護領化は，ドイツ経済
にプラスに作用した．これによって良質の鉱物資源と重工業の拠点がドイツに
編入されることになった．ヘルマン=ゲーリング工業所は，当地の鉄鋼関連企
業の株を取得して巨大な鉄鋼コンツェルンを形成し，ドイツの大企業もこれに
倣って，資本進出を行った．その上，熟練工を中心に数十万人単位の失業者を
抱えていた両地域の労働力をドイツが吸収することができた．

　1933〜38年の軍事費の総計では，ドイツ一国で英米仏三国の合計に匹敵した．
兵器保有量では，空軍と陸軍に関する限り，開戦時のドイツの軍備は英仏二国
とほぼ同じかそれ以上であった．しかしこの高い軍備水準は，西欧諸国が本格
的な軍拡政策をとると，すぐに追いつかれてしまう．実際，イギリスは1939年
に入るとドイツを上回る規模で軍拡を進め，39年度の生産はドイツを上回るほ
どであった．

　英米では平時に軍事費は国民所得ないし GNP の数％に過ぎないのに，開戦
直前から急速に軍事費を増大させ，早急に総力戦体制を作り上げた．それに反
して，ドイツは早くから軍拡路線をとりながら，総力戦体制に移行していくの
はようやく1942年であった．

　1941年6月に対ソ戦を開始し緒戦には勝利したドイツ軍も，ソ連軍の強力な
抵抗にあい，加えて12月にはアメリカの参戦，さらに北アフリカ派兵により，

戦争は広域化・長期化し，総力戦への転換が不可避となった．

　総力戦体制への転換を推進したのは1942年2月に軍需大臣に就任したシュペーアである．シュペーアは軍需生産の計画は中央の官僚が行うが，生産に関する決定は産業界自らに任せるという方針をとり，生産過程を脱官僚化して，産業界の自治による兵器生産の改善を促進した．国防軍の発注は軍需省を経由してのみ軍需工業に達するように変化させ，全軍需工業に，完成品生産部門ごとの委員会と，それに必要な中間生産物生産部門ごとのリングを組織させ，この委員会とリングに各工場への発注・原料割当などを決定させたのである．また軍需省は，国防軍・経済省・四カ年計画庁の各軍需関係の局を吸収し，原料生産や消費財生産に関しても発言力を獲得し，総力戦体制への変換を促進していった．その結果，1944年夏までにドイツの兵器生産は「軍需の奇跡」といわれるほどに上昇したが，結局連合国の軍備に打ち勝つことはできなかった．

### 第3項　外国人労働者

　労働力不足は戦時に一層深刻となった．1939～44年に1千万人以上のドイツ人男性が召集により労働市場から離脱したが，補充策としての女性労働者の活用はほとんど行われなかった．1944年の女性労働者の数は39年より僅か30万人増えたに過ぎず，1939年から41年にかけては50万人減少さえした．これは「女は家庭に」というナチスの女性政策と，国民の戦時負担が増加すれば1918年革命の二の舞になると考えるナチス指導部の懸念が原因であった．英米で戦時に女性労働者が50％以上も増大したのと対照的である．

　ドイツ人男性の抜けた穴は，外国人によって補充された．開戦前の1939年5月には就業者総数の0.8％にあたる30万人に過ぎなかった外国人労働者は，44年5月には約20％の713万人に膨れ上がった．民間外国人の募集・連行ならびに戦時捕虜の動員によって，外国人労働者は急増した．

　ポーランドが占領下に入ると，募集ないし連行されたポーランド人民間労働者と戦時捕虜は，主に農業部門に配置され，「ポーランド人条例」にもとづいて，労働と生活の両方で保安警察とゲシュタポに厳しく監視・抑圧された．

　西部戦線での戦いが始まると，フランス・オランダ・ベルギーから戦時捕虜が大量に入ってきた．彼らは非農業部門への配置を計画されたが，実際には半数以上が農業部門に投入された．軍需工業の労働力不足は深刻であったが，外国人の投入が治安・国防上の問題を引き起こす可能性があったことと，緒戦の勝利からドイツ人労働者がまもなく戦線より帰還するという期待があったためである．

　しかし，電撃戦構想が敗れた1941年末から事態は変化した．ドイツ人男性がこれまで以上に兵力として必要となり，総力戦へ向けて軍需工業への大量の労働力投入が不可欠となったからである．1941年10月末にソ連人戦時捕虜をドイツで労働配置させるというヒトラーの決定がなされ，42年2月にはシュペーアが軍需大臣に，3月にはザウケルが労働配置総監に任命された．ソ連人民間労働者は強制的に募集・連行され，ソ連人戦時捕虜もドイツの労働過程に投入された．1942年には390万人もの外国人労働者がドイツに連行されたが，そのうち205万人がソ連人であった．1942年夏から外国人労働者は工業に重点的に配置され，43年には農業で5人に1人，工業で4人に1人，軍需工業に限れば3人に1人が外国人であった．

　戦時経済は外国人労働力に大幅に依存し，シュペーアの「軍需の奇跡」も，大量の労働力供給があってはじめて可能だったのである．


●章末問題●
1．ナチスの綱領の特徴を述べなさい．
2．ナチスと国防軍との関係について述べなさい．
3．ナチスの雇用創出策とその限界について述べなさい．

【参考文献】
［1］　阿部良男編著『ヒトラーを読む3000冊』刀水書房，1995年
［2］　山本秀行『ナチズムの時代』山川出版社，1998年
［3］　塚本　健『ナチス経済』東京大学出版会，1964年

# 第20章　戦後処理

## 第1節　占領体制の成立

### 第1項　占領方針の形成

　1945年5月8日，ナチス=ドイツは連合国に無条件降伏し，ヨーロッパでの戦争は終結した．しかし，戦局が明確に連合国優勢に傾いた43年ころから戦後構想について，米英ソを中心に話し合われていった．モスクワ三国外相会談（43年10月），テヘラン会談（43年11～12月），ヤルタ会談（45年2月），ポツダム会談（45年7～8月）が主要な舞台であった．

　これらの会談でまず問題となったのがドイツの解体であった．当初スターリンは41年12月のイギリスのイーデン外相とのモスクワでの会談時にこれを要求し，アメリカ・イギリスもいったんはそれを認める方向に傾くが，解体されたドイツが政治的・経済的にヨーロッパの不安定要因になりかねないという認識が強まったことと，賠償要求を確実なものにするためにはドイツを解体しないほうがよいとソ連も判断したことから，44年に入るとこのドイツ解体構想は急速に後退していった．

　ついで問題となったのはドイツの国境である．ソ連がソ連・ポーランドの新国境に固執し，アメリカ・イギリスもソ連との協力のためにそれを承認したが，ドイツ・ポーランド国境をどうするかで紛糾し，ドイツとの講和会議で最終的に画定するという妥協が成立する．しかしドイツ・ポーランド国境をオーデル=ナイセ線とするポーランド政府が成立し，ソ連はその承認をポツダム会談で求めたが，アメリカとイギリスは強く反対し，オーデル=ナイセ線を暫定的国

境とすることを留保して，ポツダム協定にもその旨がもりこまれた．

　ソ連とアメリカ・イギリスのとの最大の懸案は賠償問題であった．総額200億ドル（内ソ連の要求額100億ドル）を当初要求したソ連に対して，特にチャーチルは第一次世界大戦の経験からドイツ経済に過度の負担を負わせることに反対した．この問題はポツダム会談でも紛糾の原因となり，結局妥協として，ソ連は賠償をその占領地域および東欧諸国に残されたドイツ資産から取り立て，加えて西側占領地域での取り立て額の10％を無償で引き渡され，さらにソ連占領地域からの食料などの引き渡しを条件にドイツの生産高の15％を西側から引き渡されることなどが決められた．

　ポツダム会談は1945年8月2日ドイツ占領に関する基本方針を定めた「ポツダム協定」に合意して閉幕した．

　その政治原則は，①四国分割占領であり，ドイツの再考統治権力は米英ソ仏政府の命令に従う各最高司令官に属すること．最高司令官が各占領地区で最高統治権力を行使し，全ドイツにかかわることに関しては連合国管理理事会において共同で行使すること．②連合国管理理事会が達成するべき目標として，全面的軍縮と非軍事化，軍需産業の解体，非ナチ化に代表されるナチスの解体と宣伝の禁止，ドイツの民主化のための政治生活の全面的改造と平和と国際協力のための準備であった．

　経済原則としては，(1) 兵器の製造禁止，兵器関連産業の生産活動の制限，(2) 独占企業の解体などによる経済の集中排除，(3) 生産高の設定，財の分配，対外経済活動の監視などの措置による経済統制，などが明記された．第14条には「占領期間中はドイツは経済的統一体とみなされる」という文言もあったが，四国分割占領と「経済的統一体」の両立はその後の動向に大きく左右されることになった．

### 第2項　占領軍の体制

　45年5月8日にドイツが無条件降伏し，6月5日4占領国が最高統治権を獲得したことを宣言した（ベルリン宣言）．ベルリンに置かれた連合国管理理事会

がドイツ全体にかかわる問題を処理し，各占領軍最高司令部が占領地域を統治
した．7月以降ベルリンには連合国間統治機関が設置され，ベルリン市当局を
管理・統制する4国司令官による共同統治が開始された．

　アメリカの最高司令部はフランクフルトに置かれ，初代最高司令官はアイゼ
ンハワー，副司令官はクレイであった．アメリカの占領体制の特徴は，占領行
政をドイツ側の統治機関に委ね，しかもそれを分権的に実行したことである．
アメリカ軍政府は州政府に大きな権限を与え，実質的に間接統治を行ったので
あった．9月にバイエルン・ヘッセン・ヴュルテンベルクの3州を正式に設置
し，その後首相を任命した．さらに各州間の調整を行う州協議会を10月に創設
し，月1回開催されるこの協議会で決定された方針は，アメリカ全占領地区で
実施された．また地方自治が重視され，9月には郡レベルで政党の結成が許さ
れ，46年1月には市町村レベルで最初の選挙が実施され，また46年6月30日に
は州レベルで憲法制定議会選挙が行われ，11月24日から12月1日にかけて州議
会選挙と州憲法に関する住民投票が行われた．

　イギリス軍政府は中央集権的直接統治方式をとり，軍政府の各局の下に，対
応するドイツ側の機関を設置し，それによって統治した．また46年3月からは
ドイツ側の諮問機関として（イギリス占領）地区諮問委員会をハンブルクに設
置した．この委員会のメンバーは後に州議会が創設されると各州議会によって
選出されることになる．地域事情から州の再編には時間を要したが，ノルトラ
イン＝ヴェストファーレン州（46年7月）・シュレスヴィヒ＝ホルシュタイン州
（46年8月）・ニーダーザクセン州（46年11月）・ハンブルクにまとめられ，州議
会があらたに設置され，46年9月に市町村レベルでの選挙，47年4月には州議
会選挙が実施され，議会によって州政府の首相が選出された．

　バーデン＝バーデンに軍政府をおいたフランスは，米英に比してかなり厳し
い中央集権的な統治体制と管理政策を遂行した．州政府や議会が設置されても
（ヴュルテンベルク＝ホーエンツォレルン州・バーデン州・ラインラント＝プファルツ
州）多くの制約を受け，統治の中心はあくまでフランス軍政府であった．また
住民にも厳しい態度をとり，他の占領地区や他の州との通信・交通には軍の許

可が必要であった．またザールラントを45年7月に占領地区からも分離して，フランスの関税・経済地域として編入し，事実上フランス領として統治した．

　ベルリン宣言の翌日にソ連軍制本部がジューコブ元帥を最高責任者としてベルリンに設置されたが，ソ連占領地区（SBZ）が確定するのは1947年はじめ米英軍が撤収したチューリンゲンとザクセンにソ連軍が進駐したときである．ソ連の対独政策の基本は，ドイツが再びソ連の脅威となることを阻止することであった．ドイツからの賠償取立も戦争での打撃からの復興の手段であるだけではなく，ドイツの「経済的な非武装化」の手段でもあった．そのためドイツの統一の維持にソ連も利益を感じていた．ドイツの統一が維持される限り，ドイツ全体からの賠償取立が可能だからである．ソ連にとって，ポツダム協定は自国の安全を確保し，かつドイツの統一を維持するために適切なものであった．ソ連は民主化の基礎として，大土地所有の解体とならんで，私有財産制度を維持しながらも，大資本・銀行・鉄道等を国有化することを考えてはいた．しかし，ドイツの統一を維持するためには連合国の協力関係が不可欠であったので，このような措置を社会主義化の試みに転換することは絶対に避けなければならなかった．

### 第3項　敗戦直後の社会経済状況

　敗戦後のドイツ社会はまさしく「崩壊社会」であった．ドイツの主要都市のほとんどが瓦礫の山であり，社会資本の破壊も甚大であった．

　食料を十分に調達することはできなかった．戦争による犠牲者は軍人約400万人，民間人約400万人であったが，「被追放者」と呼ばれる東欧諸国に居住していたドイツ人（約1,000万人）の流入，あるいは戦時中に強制労働のためにドイツ国内に移住させられた外国人からなる「難民」（800～1,000万人）のうちドイツに残留したもの（特に共産化した東欧への帰還を避ける者が多かった）によって人口が増加していた．さらに，ドイツ国内でもソ連占領地域から西側占領地区への大規模な移動がおき，その数は47年4月までに90万人にも達していた．その一方で肥料不足と家畜飼育頭数の減少のために，土地生産力がいち

じるしく低下していた．配給量は減少し，需要の60％あまりしか国内生産では
賄えなかった．また住宅事情も最悪で，戦時中に住宅の20％以上が破壊され，
そのため流入者の多くが住宅不足に直面した．

　ドイツ経済は占領国の支援によってようやく危機的飢餓や困窮から守られて
いたのであり，特にアメリカによる大量の食糧供給が重要であった．すでにこ
の段階においても占領地域に対するアメリカの政策には，経済発展の促進によ
る復興支援の負担の軽減，生活水準の改善による共産主義思想への社会の免疫
化などの傾向が現れ，ソ連が意図したような懲罰的占領政策とは一線を画して
いた．

## 第2節　占領政策

### 第1項　占領軍の経済政策

　ナチズムの台頭の基盤となったと考えられた産業・銀行などの大企業の接収
がまず行われた．特に軍需産業と密接に関連した石炭・鉄鋼・製鉄・化学部門
の大企業がその対象となった．I. G. ファルベン＝コンツェルンは45年夏に差し
押さえられ，フランクフルトの本社はアメリカ軍に使用され，同年秋には連合
国管理理事会命令によって接収された．しかし，差し押さえられたコンツェル
ン・大企業は，州政府などの管理下に置かれるのではなく，信託会社によって
管理された．そのため，この措置は大企業の集中排除にとどまり，I. G. ファ
ルベン＝コンツェルンは4つの企業に再編された．集中排除は石炭・鉄鋼部門
と銀行部門で実施され，石炭・鉄鋼部門では支配的な12社が28社に再編され，
銀行部門ではドイツ銀行・コメルツ銀行・ドレスナー銀行が30の銀行に分割さ
れた．ただし，各占領地域で再合併し，西ドイツが成立した後には，ほぼ元通
りに復帰した．

　敗戦直後に注目されたのは，ポツダム協定で認められた工場解体（デモン
タージュ）であった．占領軍が工場から機械や装置を撤去し，本国に持ち出す
という措置であった．それによる経済的損失は生産能力の3〜5％といわれて
いるが，経済的損失よりも心理的効果の方が大きく，占領軍による剥き出しの

報復として，戦後長く記憶に残ることになった．

　さらに問題になったのがドイツの経済水準であった．占領各国は当初はドイツ経済の弱体化では一致しており，この方針に沿ってドイツの工業生産能力の上限を設定することが合意され，各部門ごとに生産上限が設定され，それに合わせて生産割当ても課せられた．この方針は46年3月「産業水準プラン」としてまとめられたが，その原則は，ドイツの生活水準をイギリスとソ連をのぞいたヨーロッパ諸国の平均水準を越えないこと，賠償支払いを行ってもドイツが自立的に経済を維持できることであり，ほぼ32年の水準に相当した．しかし現実には，ドイツの弱体化を狙って大規模な賠償・工場解体を続けるソ連・フランスと，占領費用，ドイツ経済の維持，ヨーロッパ経済の復興などの観点からドイツ経済の復興に力点を置き始めたアメリカ・イギリスとの姿勢の違いが際立ち始め，これがどれほど実行可能であるか疑問であった．

　経済的統一体としてドイツを扱うというポツダム協定の規定は，連合国管理理事会でのフランスの反対のため，ほとんど実行できなかった．フランスは，自国の安全保障の観点から，また統一ドイツがソ連の手に落ちたときの脅威を想定して，分割されたドイツを好ましいものと考え，ラインラントの分割，ルール地域の国際管理，ザールラントのフランス編入などを要求していた．アメリカはフランスの妨害を苦々しく思い，それを改めさせようとしたが，成功しなかった．そのため経済政策も次第に各占領地区ごとに展開されるようになった．連合国管理理事会のアメリカの常駐代表であるクレイはドイツの復興に向けて積極的に行動した．彼はドイツ経済弱体化の方針には懐疑的で，占領費用の負担，世界経済の復興，共産主義の浸透の防止の観点から，ドイツの産業能力の復興が不可欠と考えていた．このような方針に批判的なフランスとソ連を動かすために，クレイは46年5月26日，アメリカ占領地区での工場解体を中止させ，同地区から他地区への賠償引渡しも中止させた．

　ソ連占領地区では賠償問題が最初から経済再建の障害になった．ソ連は占領直後から自国が受けた損害を賠償取立で埋め合わせようとしたが，そのため事実上東ドイツ地域のみでドイツ全体の賠償を引き受けることになった．賠償の

ほとんどは工場解体によって行われ，多くの生産設備がソ連に送られた．これによりソ連占領地区全体として終戦時の生産能力の半分が持ち去られた．

　また生産物の押収も行われ，工場解体が次第に収まるにつれ，47年頃からは生産物押収が賠償の主たる源泉になり，生産物の60％までが押収された．完成品の押収を円滑に行うためにドイツ企業のソヴィエト所有株式会社への転換も行われ，その場合，ソヴィエト所有株式会社は直接ソ連の計画経済に組み込まれ，その製品はソ連にすべて押収され，ソ連占領地域の経済発展にとってかなりマイナスであった．さらに多くの熟練労働者・科学者・技術者がソ連に連行された．

　次に政治的民主化の前提として，ソ連占領地域では経済の面での変革も積極的に推進された．45年10月30日にソ連軍政本部はソ連占領地区内の国有財産，国防軍とナチスおよびその指導者の財産を没収する布告を出し，そのうち賠償としてソ連に運び去られたり，ソヴィエト所有株式会社に委譲されなかったものは，46年3月にドイツの行政機関の管理に移され，「人民所有」の名の下で国有化が始められた．

　さらに土地改革も工業の国有化と並ぶ社会変革のひとつであった．伝統的にドイツの社会的・政治的権力中枢にあった東エルベの大土地所有者の土地が没収され，ドイツの保守層の社会経済的基盤が解体されたのである．45年9月初旬にソ連占領地区の各州で土地改革の指令が行政機関から出され，それにもとづいて村に形成された数名の人間からなる農民委員会を中心とした，農民の「自発的」行動による土地改革が進められた．100ha以上の土地を有する大農場，面積にかかわりなく戦争責任者・ナチス関係者の土地，合わせて330万haが無償で没収され，農民に配分ないし国有化された．ただし，農民に配分された土地が小さかったため，自作農創出にはつながらず，52年以降の農業集団化過程でこの小農は一掃されてしまった．


　第2項　政治活動の開始
　各占領軍の民主化構想は政党活動の再開にあたってその枠組みとなった．特

に大きな影響力をもったのはアメリカの構想で，それは住民自治，基礎自治体による団体自治，選挙での競争，デモクラシー原則に忠実な政党，権力分立の重視であり，民主的政治社会の育成を重視するものであった．政党活動はまだ多くの制約を受けながらも，ソ連占領地区では45年6月，アメリカ占領地区では8月，イギリス占領地区では9月，フランス占領地区では12月に許可された．

　CDU（キリスト教民主同盟）・CSU（キリスト教社会同盟）は戦後結成された新しい政党であり，カトリックとプロテスタントとの間の政治的協力とあらゆる身分と階級の連合を原則にし，「結集政党」になることを目標にした．同党は，教会のコミュニケーション＝ネットワークに支えられている．党員の社会構成は，自営業・農民などの新・旧中間層を主体とし，党員数は1948年に約34万人であった．当初，綱領構想は多様であり，CDUにはキリスト教＝社会主義の勢力（ベルリンのCDU党首J.カイザーら）と，資本主義的＝市場経済を支持する勢力（イギリス占領地区のCDU党首K.アデナウアーら）が並存していた．他方，CSUはバイエルン州のみで組織され，バイエルン的色彩の強い，カトリック的＝保守主義的・地域主義的勢力によって構成されており，CDUの擬似政党ではなく，独立した姉妹政党であるという自己認識をもっていた．

　FDP（自由民主党）は，よりリベラルな経済政策を掲げる個人的自由を重視する中間層（企業家層を含む）の政党であり，リベラルな民主主義，ナショナルな自由主義，中間層的反社会主義勢力によって構成された．またFDPは社会化構想に明確に反対していた．初代党首はTh.ホイスであった．

　SPD（社会民主党）は左翼側の唯一の大政党になったが，SPDも新しいアイデンティティーを求め，単なる労働者の党のみならず，中間層を獲得する国民政党となることを目指した．党首K.シューマッハは，民主主義と平和とを原則とし，民主主義的社会主義とナショナリズムとを結びつけ，社会化，国家による計画経済，生産者の共同決定，議会制民主主義国家という政治構想をもっていた．彼はKPD（共産党）と妥協することを拒否し，西側占領軍に対してもドイツの利益を強力に主張した．

　労働者政党の統一はナチス時代に抵抗運動に参加した労働者政党のメンバー

の多くが望んだところであったが，ソ連占領地域では統一的な労働者政党の存在をドイツの分裂阻止の要と考えるソ連軍政本部と共産党は SPD に統一を強要し，46年4月に SED（社会主義統一党）が創設された．この党が社会主義への「ドイツの特殊な道」を認め，党の組織原則としてレーニン主義を採らないこと，さらに党機関の役職を両党に均等に配分することを決定したことは，共産党の SPD に対する譲歩であった．しかし，これによって西側に残る SPD と SED との対立を先鋭化し，労働者階級の全ドイツ的な統一というソ連や共産党の主張を根拠のないものとし，ドイツ統一の維持というソ連の対独政策の目的を阻害することになった．

　さらに冷戦の進行，ソ連共産党とユーゴスラヴィア共産党との対立激化という事態のなかで，スターリンはソ連圏と国際共産主義運動の締めつけを図った．SED はすでに47年半ば以降，社会主義への「ドイツの特殊な道」という観念を批判し，ソ連型社会をモデルとすることを鮮明にしていたが，1948年6〜9月にはマルクス=レーニン主義を公認のイデオロギーとして民主集中制を組織原理とする「新しいタイプの党」，つまりソ連共産党をモデルとした幹部政党に転換することを明らかにした．幹部政党とは政治局や中央委員会書記局に代表される党中央の主要機構の幹部が党全体を管轄する政党であることを意味する．

## 第3節　ドイツ政策と冷戦

### 第1項　パリ外相会議からロンドン勧告へ

　第二次世界大戦直後，ドイツの政治的な将来はまだ流動的であり，ソ連もアメリカも最初からドイツの分裂を意図していたわけではなかった．この過程は米ソの対立に規定されている．

　パリ外相会議（1946年4月25日〜7月12日）では，ドイツを連邦国家として再建するというアメリカの計画に対して，ソ連の外相モロトフは，中央集権的な統一国家の創設と，ソ連を範とする民主化を提案した．さらにソ連の強硬な賠償要求もあって，この会議はドイツ問題に関する結論には至らなかった．結局

会談の最終日に米国務長官バーンズは他の三国に占領地区の経済的合同を提案したが，フランスとソ連が拒否したため，この構想は米英占領地区でだけ進展することになる．

　このような展開を対外的に説明したのがバーンズのシュトゥットガルト演説（1946年9月6日）である．このなかでバーンズはアメリカの占領政策はドイツへの報復ではなく復興の手助けであること，そしてアメリカはヨーロッパの平和に引き続き関心を持ち続けることを明らかにした．米英は12月2日協定を結び，翌47年1月より「米英経済合同地区」が発足することになった．これはその後の西ドイツ国家の出発点になったのには間違いないが，合同の直接の契機は当時のドイツの経済的苦境と連合国管理理事会の機能不全であって，この段階ではドイツの統一という問題はまだ未決であった．

　47年のモスクワ外相会議（1947年3月10日〜4月24日）で米ソの対立は決定的になる．この会議では重要な事項に関する合意は一切なされなかったが，主要な対立点は，①ドイツの中央政府の権限について連邦制度を求める米英仏に対して強力な中央政府を要求するソ連，②オーデル=ナイセ線を恒久的な国境とすることを要求するソ連ならびにフランスとそれに反対する米英，③また賠償問題でモロトフ外相は100億ドルの賠償額と，ルール地域からの賠償の徴収を要求し，米英仏と対立した．

　1947年3月12日，トルーマン大統領はソ連との対決姿勢を宣言する演説を上下両院合同会議でした．いわゆるトルーマン=ドクトリンである．直接のきっかけは当時のギリシャ内戦であったが，アメリカはこの時期，ソ連は膨張主義であるという認識を固めつつあり，その対応を模索するなかで提唱されたのが「封じ込め政策」であった．ソ連の脅威は軍事的なそれというよりは，経済の悪化などにより社会不安・政治不安が起き，それを契機に共産党主導のもとに政権奪取されるという危険であり，それに対する処方箋は，経済の悪化を防ぎ，現体制を維持するように国民を鼓舞することであると判断したのである．

　このような危機感を背景に，西欧経済再建の見通しを明らかにし，西欧諸国の国民を鼓舞し，アメリカの関与を宣言したのが6月5日のマーシャル国務長

官の経済支援プログラム，マーシャル=プランであった．それはドイツ経済の復興を通して西欧経済の復興を図ること，ドイツ経済の復興に妨害政策をとっているフランスにも経済支援を行うことによって協調姿勢に変化させること，そのために西ヨーロッパのなかに広域経済圏が作られる仕組みを整備することを目標とした．ソ連は西側経済への従属と東欧のソ連離れを恐れて参加を拒否し，さらに9月下旬にはコミンフォルムの創設大会を開催し，ソ連も冷戦政策に乗り出すことになった．

### 第2項　ベルリン封鎖

　48年6月20日に西側3占領地域だけで通貨改革が行われ，ドイツの東西分断は決定的になった．ナチスの戦時財政に伴う通貨量の増大は，敗戦時において3,000億ライヒスマルクにのぼり，貨幣価値の下落から通貨改革の必要性は以前から明らかであったが，西側地域だけでの実施がドイツ分断をもたらすという政治的理由がその実行を妨げてきたのであった．

　またアメリカのマーシャル=プラン援助がほぼ確実になり，西側諸国はアメリカを頂点とするブロックを形成する動きを活発化させていた．一方，ソ連は東欧各国のスターリン化を進め，48年2月にはチェコスロバキアにおいて共産党のクーデターといわれる政権奪取を行い，東欧諸国への支配を強化させていった．また3月20日には，連合国管理理事会のソ連代表ソコロフスキイ将軍が，2月下旬の6カ国ロンドン会議と3月17日に調印された西欧5カ国による集団防衛を定めたブリュッセル条約に抗議して退席し，4カ国管理体制は事実上終焉した．東西対立が鮮明になるなかでベルリンが焦点になり始めた．

　48年初頭からソ連側によってベルリンの西側3占領地域の外部との交通路が徐々に封鎖され始め，西側地域で通貨改革の告知が行われた翌日の6月19日には，東西両地区の人的往来と陸路が遮断され，23日には西ベルリンへの電力供給が停止され，24日早朝には西側とベルリンとの全鉄道網が全面遮断された．翌年5月20日までのベルリン封鎖の始まりであった．

　西側，特にアメリカはこれに「大空輸作戦」で応じた．百機以上の大型輸送

機で燃料・食糧・水などのあらゆる生活必要物資が輸送された．事態を収拾すべく48年秋より国連を舞台に交渉がなされ，ようやく49年5月4日に封鎖解除で合意を見た．封鎖解除にあたって大きな要因となったのは，西側が実施した「対抗封鎖」であり，これにより西ベルリンおよび西側占領地域からの東側への物資輸送が禁止され，東側の経済的打撃が大きかったことであった．

　ベルリン封鎖はドイツの東西分断を加速する効果をもったが，それ以上にチェコスロヴァキアの政変に続くこのソ連の構成は，西側の対ソ政策を変化させ，「封じ込め政策」は経済的支援から，ソ連の軍事的恫喝に備えるための軍事対決に重点を移すことになった．


●章末問題●
１．ポツダム宣言におけるドイツ占領方針について述べなさい．
２．占領軍ごとの占領政策の相違について述べなさい．
３．ベルリン封鎖に至る過程について述べなさい．

【参考文献】
［１］　走尾正敬『現代のドイツ経済』東洋経済新報社，1997年
［２］　出水宏一『戦後ドイツ経済史』東洋経済新報社，1998年
［３］　中村隆英編『占領期日本の経済と政治』東京大学出版会，1979年

# 第21章　西ドイツの高度成長

## 第1節　ドイツ連邦共和国の成立

### 第1項　高度経済成長とパクス=アメリカーナ

　1947年のトルーマン=ドクトリンの発表からマーシャル=プランの実施にあたって，すでにソ連との対立という論理は議会をはじめとするアメリカ世論を説得する上で，効果的であった．さらに49年のソ連の原爆保有，中華人民共和国の成立，朝鮮戦争の勃発という出来事は，当然アメリカの覇権に対する戦後初めての深刻な挑戦となった．この「1950年の危機」に対してアメリカは社会主義圏に対する大規模な軍事増強を決意した．反共グローバリズムは，アメリカの覇権を維持するための膨大な支出を国民に納得させ，ソ連をはじめとする社会主義圏に対抗する軍事力の拡大を可能にしただけでなく，莫大な軍事支出によって経済的効果も発揮することになった．

　朝鮮戦争によって日本の経済復興が軌道に乗ったように，アメリカが対外軍事支出による膨大なドル散布を行い，軍需産業の発展と結びついたアメリカの技術を比較的寛容な条件で享受することができ，アメリカ市場が寛大な条件で開放されて輸出の増大とドルの獲得が可能になり，共産圏封じ込め政策に必要な軍事力の維持などの安全保障上の負担をアメリカの傘に依存し，自らは経済発展と福祉国家体制の形成に専念できる状況が生み出されるなど，反共グローバリズムと冷戦の軍事化は先進資本主義諸国の経済成長に大きなインパクトを与えた．

　またアメリカの覇権への挑戦者としての社会主義は先進資本主義国のあり様

にも大きな影響を与えた．第二次世界大戦による民主主義の拡大と大衆の権利意識の向上のもとでは，労働運動の戦闘化を抑制するために，高度な労使協調体制としてのコーポラティズムの形成と，福祉国家体制の形成が最適の選択肢であった．社会主義の挑戦に対処するためには，持続的経済成長と高度な福祉体制が不可欠であったが，50年代から60年代にかけて，先進資本主義諸国では成長が福祉を可能にし，福祉が成長を可能にするという好循環が形成されたのである．

### 第2項　マーシャル＝プラン

マーシャル＝プランは社会主義圏封じ込めのために実行されたヨーロッパ復興計画で，1947年6月5日にハーヴァード大学の卒業式場でマーシャル国務長官が提案した．チャーチルの鉄のカーテン宣言や，トルーマン＝ドクトリンとともに，東西冷戦対立を象徴する出来事として知られる．

その内容は，ヨーロッパの敗戦国や，発展途上国に対して，無償，もしくは低金利で援助を行うことを骨子とする．大戦で被害をこうむった国々を早期に復興させることにより，東欧，さらにヨーロッパ全土における共産主義勢力の伸張を食い止めることを目的とした．

この提案をうけて，イギリスとフランスは，ソ連に対し，3カ国外相会談を呼びかけ，6月27日，パリでイギリス外相ベヴィン，フランス外相ビドー，ソ連外相モロトフが会談した．しかし7月2日モロトフはマーシャル＝プランの受け入れを拒否し，パリを離れた．翌7月3日英仏外相は，7月12日にマーシャルプラン受諾会議の開催を発表した．ソ連は東欧諸国に対し，この会議に参加した上で，アメリカの意図を批判する戦術を採るよう指示した．一方，戦後復興資金を欲していたポーランドやチェコスロヴァキアは，ソ連の思惑とは別にマーシャル＝プランに興味を示し，7月7日にはチェコスロヴァキア政府はマーシャル＝プランへの参加を表明した．しかし同日，ソ連は，7月4日のダグラス駐英・アメリカ大使とベヴィンの会談内容に関する情報を入手し，米英がマーシャル＝プランをソ連ブロックの切り崩しの道具とみなしていると理

解し，先の方針を撤回し，受諾会議への参加をしないよう東欧諸国に打電した．この方針転換は，すでに参加を表明していたチェコスロヴァキア政府を困惑させ，妥協点を探ろうとして急遽モスクワを訪れたチェコスロヴァキア代表団は，ソ連指導部の圧力に抗しきれず，7月10日正式に参加表明の撤回を余儀なくされた．1947年10月5日にはコミンフォルム（欧州共産党情報局）が設置され，翌1948年にチェコスロヴァキア共産党によるクーデターで共産主義政権が成立（チェコスロヴァキア人民共和国）した．こうしてマーシャル＝プランはユーゴスラビアを除く東欧諸国を対象外とし，西欧諸国の戦後復興に充てられることになり，ヨーロッパの東西分断を加速化させる役割を担ったといえる．

### 第3項　基本法の特徴

　米ソの対立の深化とともに西ドイツの独立は不可避となり，建国の準備が進められていた．ロンドン勧告によって提起された枠組みにしたがって準備されたボン基本法では，ワイマール共和国の挫折の経験から諸原則が引き出された．主な特徴は次の通りである．

(1)　大統領は代表機能に限定され，国民による直接投票ではなく，連邦議会議員と同数の各州議会の代表からなる連邦参議院で選出される．

(2)　ワイマール共和国と比較して大統領の権限が大幅に削減され，他方連邦首相の地位が強化された．首相は大統領から独立した地位をもち，また議会は首相を建設的不信任投票によって，つまり対立候補を立てる場合にだけ退けることができる．これによって政府を安定化させたが，他方政府が議会を解散できるのは，首相信任決議案が否決された場合のみと限定された．

(3)　議会の選挙制度は，比例代表制を堅持しながらいくつかの条件がつけられている．全議席は比例代表選挙の得票率によって配分されるが，選出議員の半数は全国250あまりの小選挙区の選挙（第一票）の結果によって選出され，残りの半数は各州の候補者リストから選出される．この比例代表制にもとづく議席の配分は小選挙区で3議席を獲得するか，あるいは第二票で5％以上を獲得した政党に対して行われる．これによって小党乱立状

況を回避しようというのである．

(4)　連邦制が強化され，特に州に関係する約40の領域の法律については，各
　　州の代表によって構成される連邦参議院の同意がなければ成立しない．さ
　　らに，連邦と州による混合財政システムと連邦補助金によって補充される
　　州の間の財政調整制度が導入された．

(5)　基本権はプログラム規定ではなく，直接に妥当する権利と位置づけられ
　　た．ドイツ連邦共和国は民主的かつ社会的連邦国家と規定され，さらに第
　　21条で「自由で民主的な基本秩序を侵害もしくは除去」しようとすること
　　は，違憲と規定されている（「闘う民主主義」）．そして，基本法を解釈し保
　　護する連邦憲法裁判所が設置された．

## 第2節　アデナウアーの時代

### 第1項　経済の奇跡

　アデナウアーの14年に及ぶ長期政権は，何よりも「経済の奇跡」と呼ばれた
高度経済成長に支えられたものであった．西ドイツ経済は朝鮮戦争の影響で輸
出が増大し始めた1951年春ごろから成長軌道に乗り始め1960年代央まで続いた．
　その特徴は，第一に高い経済成長率である．経済循環が見られ，徐々に鈍化
の趨勢をたどりながらも，1952〜60年までの平均成長率は年7.7%であった．
第二は，失業率の低下であり，同期間に8.5%から1.3%にまで低下し，超完全
雇用状態を生み出した．この時期東ドイツやかつてのドイツ領から200万人以
上の人口流入があったにもかかわらずこのような雇用状況を生み出したことは
特筆すべきであり，また政治への不満が緩和された点で政治的にも大きな意味
をもっていた．第三に，物価の安定であり，同時期の平均上昇率は1.2%に過
ぎない．その理由としては，中央銀行と政府による機敏な金融・財政政策の発
動や，また1952年以降の貿易黒字があげられる．

　ではなぜこのような経済の奇跡が起こったのであろうか．まず第一に，戦時
中の軍需産業への高い投資もあって，戦争による破壊や占領期の工場解体（デ
モンタージュ）にもかかわらず潜在的な生産能力がかなり高かったことである．

次に，海外需要の増大に応じて，電気機械・製造機械・自動車・化学合成など
の投資財部門を中心に輸出が飛躍的に増大したことである．1ドル＝4.2マル
クというマルク安の有利な固定為替相場もこの輸出の増大に寄与した．そして
その輸出による所得増加に引きずられて，国内需要も拡大した．さらに，供給
側の要因もあった．「難民」によって質の高い豊富な労働力を確保できたこと，
労働組合の賃上げが生産性上昇の枠内で行われたこと，また消費財部門におい
て新製品の開発よりも製品の改良がなされ，研究・開発コストが安く済んだこ
と，そしてさらに近代的でコストの安い生産技術が導入されたことなどである．

　さらに，政府の政策も経済の奇跡を後押しした．ひとつは低金利と緊縮財政
による財政黒字である．投資のための優遇税制も行われ，これによって投資は
企業の自己金融によって行われるようになった．

　また政府が経済面で西側の自由貿易体制，特に西欧との統合の強化を選択し
たことも重要である．1949年10月にはマーシャル＝プランの受け皿機関である
ヨーロッパ決済同盟（EPU）が設立され，このヨーロッパ決済同盟加盟国が西
ドイツの貿易パートナーになり，以後西欧諸国との経済的相互依存が強まって
いく．さらに50年には関税と貿易に関する一般協定（GATT）に加盟し，52年
には国際通貨基金（IMF）に加盟し，58年にはドルとの交換性が確保された．

　このような西欧経済との統合にあって大きく貢献したのが，エアハルトの貿
易自由化への信念であった．彼は輸入の自由化をも積極的に推進したが，それ
によって国内市場での競争原理の貫徹，海外製品との競争に勝ち抜くための研
究・開発，投資の促進，そして輸入による低い物価水準がもたらされると考え
たのである．またそれ以上に，この大きく輸出し大きく輸入するという方針は，
貿易黒字幅を圧縮し，ドイツ経済に対する海外からの非難をかわすことにも成
功した．


## 第2項　西側陣営への統合

　アデナウアーの外交は何よりも占領状態を終わらせ，国家としての主権を全
面的に回復させることを目的とし，これは「対等」という言葉で表現された．

しかし，戦後わずか4年余りという状況ではこれは両刃の剣であった．「対等」要求は西ドイツの国力増強につながるため，他国の安全保障上の警戒心を呼び起こしたし，他方でこの要求をいたずらに無視することは，ワイマール期のような強力な排外的ナショナリズムを再度喚起したり，西側よりもソ連を志向するようになるのではないかという懸念を占領国は抱いたのである．

　最初の試金石となったのは工場解体（デモンタージュ）の中止・縮小要求であった．デモンタージュは西側では小規模なものであったとはいえ，占領国民の心理に与える影響は甚大であり，連邦議会選挙の争点ともなり，超党派的要求であった．デモンタージュ緩和に好意的なアメリカと拒絶するフランスとの対立で交渉は難航したが，1949年11月22日に調印されたペータースベルク協定で，ルール機関などに西ドイツが協力することと抱き合わせで，デモンタージュの緩和や生産制限の緩和などが認められた．この協定の成立にあたって占領国が懸念していたのはドイツ＝ナショナリズムの台頭への警戒心であったという．

　しかし，フランスと西ドイツとの関係改善が西ドイツの西側統合に不可欠であることに変化はなかった．1950年3月3日フランスがザール地方の経済的支配を認めさせる協定を同地方の政府と結んだことや，ザール政府に対してヨーロッパ評議会への加盟要請があったことなどが西ドイツを刺激した．西独・フランスの関係改善の見通しが立たず，また西独の経済が回復軌道に乗らないなかで，アメリカは基幹産業である石炭・鉄鋼部門の統制緩和に動いていった．これはルール機関による国際統制の骨抜きにつながるもので，フランスを追い詰めるものであった．ここでモネが独仏和解のための石炭・鉄鋼共同体の形成構想を打ち出す．石炭・鉄鋼部門で共同市場を創出し，各国の代表から構成されるものの独自の権限をもつ「高等機関」がそれを管理し，しかも西独に平等な地位を与えるという構想である．これは1950年のシューマン＝プランとなり，アメリカの強い支持を得たし，アデナウアーもこれを支持した．「高等機関」の権限を抑制する閣僚会議の設置が承認された上で，51年4月にヨーロッパ石炭・鉄鋼共同体の創設に関する条約が締結され，ルール機関の廃止をフランス

が確約し，ルールを中心とする石炭・鉄鋼部門は新しい国際的体制下に置かれることになった．これはヨーロッパ連合（EU）につながるヨーロッパ統合の始まりでもあった．

　ヨーロッパの経済統合以上に紛糾したのは安全保障問題であった．1950年6月25日に勃発した朝鮮戦争は，ソ連を頂点とする東側諸国による軍事攻勢として強い危機意識をおよぼしたし，東西軍事バランスに関する当時の情勢認識は，東側兵力が西側の数倍というものであり，西側の圧倒的劣勢が共通認識であった．この危機への対応策のひとつが西独の再軍備であった．しかし，周辺国にとっては，西独の再軍備がソ連と同様に脅威であることに加え，その再軍備がソ連への挑発になることや，西独が将来ソ連に接近することも懸念された．国内では，アデナウアーは再軍備を占領体制からの早期脱却，「対等」要求に絡めていたし，SPDは再統一を優先する立場から再軍備や西側への軍事統合には反対していた．

　朝鮮戦争の勃発と北朝鮮軍の釜山侵攻，中国の参戦などの出来事からアメリカの危機感は高まり，当初西独の再軍備に反対していたフランスも国際的孤立を恐れて，西独の再軍備をヨーロッパ統合の枠組みのなかで実現する方向に傾いていく．1954年インドシナ戦争でのフランスの敗北が決定的になると，インドシナ問題へのアメリカの支援からもフランスは西独による再軍備の承認を迫られた．最終的に1948年3月に締結されたブリュッセル条約を修正して西欧同盟（WEU）を結成してそれに西独を加盟させ，また西独を軍事同盟化したNATOに加盟させ，ドイツ条約を修正し占領状態を終わらせ，事実上主権を回復させることが決定された．パリ諸条約といわれるもので，55年5月5日から発効した．これによって西独はより深く西側に統合されることになった．


### 第3項　社会的市場経済と経済復興

　「社会的市場経済」という理念も「経済の奇跡」の実現に貢献した．「社会的市場経済」の理念は経済成長，低い失業率，物価の安定，対外経済均衡というマクロ経済政策の目標を与えたが，この「社会的市場経済」によれば，このよ

うな経済目標は，国民の生活状態を向上させ，国民にその能力を発揮できる
チャンスを与えるための必要条件でしかなく，これらの社会目標を実現するた
めには，公正な収入，職場での能力の発揮，社会保障の整備などが必要である
とされた．「社会的市場経済」は，経済目標とその実現のための手法ばかりで
なく，社会的公正の実現という目標も掲げていたのであり，多くの国民からも
そのように理解されていた．

Alfred Müller-Armack（1901-1978）：1948年の市場的社会経済システムにつ
いての説明

　　わが国の経済状況によってわれわれは次のように認識せざるをえない．わ
れわれは将来2つの根本的に異なる経済システムから選択しなければならな
い．反市場経済的経済指導のシステムと自由な価格形成，真の能力競争，社
会的公正に立脚する市場経済のシステムとの選択である．

　　求められている近代的市場経済は極めて社会的に構成され拘束されたもの
でなければならないし，その社会的性格はすでに次の事実にその根拠をもっ
ている．すなわちそのような市場経済は，消費者がその需要によって決定に
大幅に参加し，低物価によって賃金の実質価値を引き上げ，それによって人
間の欲求の広範で大幅な充足を可能にする価格での，大量の多様な財の供給
が可能なのである．

　　したがってすでに市場経済の生産性のなかに大きな社会的契機が含まれて
いるので，社会の安定を実現し，一貫して市場経済の枠組みのなかで実現さ
れることができる一連の方策を断固として実施することが必要である．

　　社会的市場経済の範囲を概観するために，将来の社会の以下の活動領域を
あげておく．

　a）雇用者を人間・同僚とみなし，雇用者に社会的共同形成権を与える社会
　　　的経営秩序の創出．但しこれは経営者の経営イニシアチブや責任を狭める
　　　ものではない．

　b）個々人の稼得努力に全体福祉のために必要な指針を与えるために，公的

義務と概念された競争秩序を実現すること．

c）経済における権力濫用と戦うための反独占政策の追求．

d）恐慌の打撃への保障を可能な範囲で雇主に与えるために，景気政策としての雇用政策を遂行すること．その場合，金融・財政政策のほかに，十分な財政保障を行った上での国家介入プログラムも考慮される．

e）不健全な所得・財産格差を除去するための市場経済的所得調整．特に，課税や社会的困窮者への家族手当・児童手当・家賃手当による．

f）定住政策と社会住宅建設．

g）中小経営の進行と社会的上昇機会の創出による社会的経営構造政策．

h）組合的自助——たとえば住宅建設におけるそれ——の経済秩序への組込．

i）社会保険の拡充．

j）都市計画．

k）最低賃金の設定および，自由な基盤の上におけるタリフ協定による個別賃金の保障．

## 第3節　社会民主党の役割

### 第1項　ゴーテスベルク綱領

　SPDは経済成長の時代に選挙の得票率において3分の1の壁を突破することができなかった．SPDはこの壁を乗り越え，政権獲得を目指すために，新たな模索を始める．

　1960年6月にヘルベルト=ヴェーナーは連邦議会演説で，外交政策において各政党間の共通の財産をもつことを呼びかけ，この領域におけるSPDと政府の対立を解消することを試みた．1958年からのベルリン危機がこのアピールに根拠を提供した．当時，東ドイツにおける過酷な社会主義化政策によって，熟練労働者や知識人層における反発が高まり，その多くが西ベルリンを経由して西ドイツへと逃亡し，社会主義建設の中核となるべき階層の流出に危機感を募らせたウルブリヒトが，ドイツ問題の解決をフルシチョフに訴えるとともに，西側との交渉が挫折した際には，人口流出を物理的に阻止することを選択肢と

して提起していたのである．フルシチョフの要求に対し，西側陣営は拒否の姿勢を貫いたため，1961年8月に西ベルリンを囲む形で鉄条網が，後に壁が築かれた（ベルリンの壁）．

　内政的には社会化が放棄され，計画的介入を伴う市場経済が受け入れられた．これは「可能な限りの競争，必要な限りの計画」とゴーデスベルク綱領のなかで表現されることになる．社会的市場経済についても，SPDはその成果を認めないわけにはいかなかったのである．

　こうした新しい方針は1959年のゴーデスベルク綱領にまとめられる．綱領は民主主義的社会主義を掲げ，基本価値として自由・公正・連帯・多元性を志向すること，民主主義的法治国家・社会国家を目指す左派の国民政党となること，国土防衛のための再軍備を肯定したこと，教会との関係の改善を提示したことなどの点で画期的であった．これによって，19世紀末以来の急進的綱領（エルフルト綱領）と改良的実践との間の緊張関係が除去され，国民政党を目指す方針が明確化する．

　SPDはゴーデスベルク綱領採択後，連邦議会選挙のたびに得票を伸ばし，1965年連邦議会選挙では40％に迫る勢いであった．州・基礎自治体選挙では1963年以後最も強力な政党になり，56の大都市のうち40の市長を獲得した．

## 第2項　エアハルト政権

　1958年以来，次期首相候補に関する世論調査で常に大差で一位の座を占め続けたエアハルトであったが，経済専門家としてのみ活動した「非政治的政治家」としての彼の政治的指導力は極めて弱く，「過渡的首相」という評価がもっぱらであり，また60年代の西ドイツは様々な意味で実際過渡期であった．

　「経済の奇跡」がもたらした経済社会変動のなかで，政党の支持基盤も変容していった．CDUの固い支持層は敬虔なカトリック信者であったが，世俗化の進行の中でこの要素は弱まり，中道右派的な経済発展の党に変化しつつあった．またSPDも事務系雇用者の増大と脱イデオロギー化のなかで，中道に支持層を広げる努力を始め，労働者の政党から中道左派の国民政党へと変質しつ

つあった．だが，50年代後半から党改革に乗り出したSPDとアデナウアー時代の遺産に悩むCDUとでは，勢いが違っていた．それは1964年に人口10万人以上の都市60のなかの48都市をSPDが統治していたことに示されていた．またSPDは，この勢いのなかで，政策面でも主導権を発揮する．なかでも衝撃的であったのはカトリック勢力への接近であった．64年3月副党首エルラーを代表とするSPD訪問団はヴァチカンでローマ法王と会見し，ゴーテスベルク綱領を手渡し，両者の友好関係をうたったのである．

一方CDUではエアハルトの党内での指導力の弱さもあって，対立が表面化しがちであった．特に外交面でその傾向が強く，ドゴール主義者（ゴーリスト）と大西洋主義者と称される外交路線対立が浮上した．前者の中心は，米ソ間のデタント（緊張緩和）によりドイツ問題が西ドイツ抜きに処理されることを懸念し，ドゴールに接近したアデナウアーであり，またフランスの核武装に並行して西ドイツの核武装を構想したシュトラウスであった．後者の中心は首相のエアハルト，外相シュレーダーであり，加えてアメリカのデタントの中心をなす核兵器の軍備管理の促進を提唱した野党SPDであった．63年暮れアメリカは，NATO加盟国の軍からなる多角的戦力（MLF）を提唱し，海上艦隊に配備される核弾頭の使用決定に共同権限を認めた．64年には多角的戦力かあるいはフランスの核戦力への依存かが大きな問題となり，先の対立がこの問題で先鋭化したのである．多角的戦力構想は，核使用に関するアメリカ・西ドイツ関係の強化を懸念するフランスとイギリスの反対のために挫折したものの，西ドイツ国内では大西洋主義者が優位に立っていることが明確になった．

その一方，米ソデタントのなかでドイツ問題はますます存在感を失っていった．ドイツ問題の解決をデタントに優先させる従来の方針は時代に合わなくなってきていた．外相シュレーダーは東欧諸国との関係を強化し，東独を孤立させる方針をとるが，これは期待した効果をあげられなかった．またハルシュタイン原則が西ドイツの足かせになってきた．63年11月イスラエルに対する西ドイツの武器供与が新聞で曝露されると，エジプトがソ連との関係を強化し，ウルブリヒトが64年春にエジプトを訪問する．これに対してハルシュタイン原

則のエジプトへの適用が検討されるが，それに代えて65年5月にイスラエルとの外交関係が樹立された．

　66年7月のノルトライン＝ヴェストファーレン州の州議会選挙でCDUが壊滅的打撃をこうむった．おりしもルール地区の石炭産業は構造不況のただなかにおかれていた．エネルギー資源の石炭から石油への転換に伴って，炭鉱の閉鎖が相次ぎ，65年秋からさらに大規模な閉鎖が通告されていた状況はCDUに不利に作用したが，この敗北後も連邦政府はルール地方で深まる不況に有効な手を打てず，連邦政府への不満も強まっていた．加えて，前年に選挙対策として歳出増加と減税を行ったため，66年に入り物価が上昇しインフレが懸念されると，連邦銀行が金融引き締めにかかり，翌年にかけて不況はさらに深まっていった．

　この不況の根本原因は，戦後の高度成長を支えた条件が変化したことであったが，エアハルト政権の不況対策は政変に結びついた．9月下旬に決定した67年度予算は大幅な歳入不足が明らかであった．歳入不足補填を巡り増税に反対するFDPと増税をも辞さないCDU/CSUとの交渉が10月から始まった．この交渉は決裂し，SPDが連立相手としてCDU/CSUを選択し，いわゆる大連立内閣が成立する．首相キージンガー，外相ブラントの布陣であった．

### 第3項　大連立内閣

　高度成長後の景気の後退と政治的不透明さのなかで，「危機管理」のためにSPDとCDU/CSUによるキージンガー大連立政権が成立した．SPDは17年間の野党後，政権獲得への道として大連立を選択する．同政権は3分の2を超える議会内多数派をバックに，基本法の改訂を伴う政治・経済の改革を実施した．外交政策では，ブラント外相の下で東側ブロックとの協定に「ドイツ分裂という解決されない問題」を含める準備をし，東ドイツの存在を事実上承認する方向への第一歩が明らかにされた．こうして西ドイツの政治は緊張緩和政策に接近する．内政面では，政府はケインズ的政策（国家による有効需要の創出），総体的誘導という観点から新たに経済の制御を試みた．さらに，教育システムの

拡大にも着手する．そして，政党の位置と役割を定義づけ，国家財政から選挙で0.5％以上の票を獲得したすべての政党に選挙資金を補助する政党法（1967年，69年改正）が成立した．他方，「非常事態」の場合，国防軍の投入を可能にする「非常事態法」（1968年）が，議会外反対派からの激しい抗議運動が展開されるなかで可決される．

1966年からの不況対策の一環として「協調行動」という形での所得政策が実施された．これは経済政策の領域における包括的な協議・制御の機能を政府が果たすというもので，「経済安定・成長促進法」にもとづいて，連邦政府は，地方団体，労働組合，経営者団体などが協調行動をとる指針となる資料を提出する．この指針は，労働組合，経営者団体に対する所得政策上のガイドラインの提示を意味した．こうした政策は，西ドイツにおけるネオ＝コーポラティズム戦略として位置づけられるが，この戦略によって議会の地位が低下し，国家と利益団体との直接的結合は，政党の利益媒介機能をも低下させることになり，政党システムの正当性の危機ともいえる．

大連立政権の下で，議会に有力な野党が存在しなくなったために，新たな政治的不安定も生まれた．とりわけ1966～67年の経済不況を背景に，ネオ＝ナチ政党＝国家民主党（NDP）が，66年11月ヘッセン州とバイエルン州で州議会に進出した．また大連立への参加にショックを受けたSPDの支持者たちは，議会外に政治行動の場を求め，反権威をスローガンに掲げる議会外反対派が成立した．1968年に頂点を迎えた議会外反対派は，60年にSPDから独立したドイツ社会主義学生同盟（SDS）を中核とし，65年からのベトナム戦争反対のためのオースター行進運動，非常事態法に反対する抗議運動，サブ＝カルチャー運動などによって構成され，さらに第三世界運動，毛沢東主義の影響を受け，また先進諸国における青年の異議申し立てと相呼応していた．

●章末問題●
1．冷戦と戦後復興との関係について述べなさい．
2．アデナウアーの外交政策と内政政策について述べなさい．

３．社会的市場経済政策とその効果について述べなさい．

**【参考文献】**
［１］　野田昌吾『ドイツ戦後政治経済秩序の形成』有斐閣，1998年
［２］　島野卓爾『ドイツ経済を支えてきたもの』知泉書館，2003年
［３］　大西健夫編『ドイツの経済——社会的市場経済の構造——』早稲田大学出版部，
　　　1992年

## 第22章　低成長と新自由主義

### 第1節　1960年代のドイツ政策

#### 第1項　アメリカの外交方針の転換

ケネディ大統領の就任とともにアメリカ外交は大幅に方向転換した．これまで喧伝されてきたグローバルな関与政策（封じ込め政策）に代わって，西側世界での指導的役割への限定である．この「地政学的現実主義（der geopolitische Realismus）」の原因は指導的大国の核の手詰り状態，国際政治における多元化，アジア・アフリカの脱植民地化と，これに伴う新しい紛争源の発生にあった．また地政学的現実主義は，社会主義陣営におけるソ連の覇権的地位の承認，すなわちヨーロッパの領土的・権力政治の現状の承認を意味した．

この方針はアデナウアーの外交路線に大幅な修正を迫るものであり，ケネディは西側同盟国に対して，西ドイツ政府の従来の方針にもかかわらず，ソ連との平和共存の道を模索することを宣言した．これは西ドイツ政府にとって，次のことを意味した．すなわち，反ソ連的路線の放棄，緊張緩和と協調の政治，ヨーロッパにおける領土の現状の承認（オーデル＝ナイセ線，ベルリン，ドイツの分断線），西側先進諸国（特にアメリカ）のドイツ問題への関与の減少である．

#### 第2項　ベルリン危機

当時，東ドイツにおける過酷な社会主義化政策によって熟練労働者や知識人層における反発が高まり，その多くが西ベルリンを経由して西ドイツへと逃亡

した．社会主義建設の中核となるべき階層の流出に危機感を募らせたウルブリ
ヒトは，ドイツ問題の解決をフルシチョフに訴えるとともに，西側との交渉が
挫折した際には人口流出を物理的に阻止することを選択肢として提起した．

　1961年6月のウィーン会談でケネディは，ソ連のフルシチョフ書記長兼首相
を相手に首脳会談に臨んだ．この会談でフルシチョフは，西ドイツと西ベルリ
ンを管理しているアメリカ・イギリス・フランスの4国とソ連は，東ドイツと
平和条約を結んで第二次大戦の戦後処理を終結すべきと主張した．もしそれが
なされれば米英仏の軍隊は西ベルリンから撤退せねばならないと説いた．そん
なフルシチョフに対してケネディは，西側の権利は放棄しないと反論，これに
対しフルシチョフは，西側が東ドイツと平和条約を結ぶつもりがないのなら，
今年中にソ連は単独で結ぶと伝えケネディをゆさぶった．しかしケネディは，
西ベルリンの自由を妥協の対象にはしないと通告し，対決姿勢を鮮明にした．

　7月25日ケネディはベルリン危機に関するテレビ演説を行い，改めて西ベル
リンを守り抜く決意を表明した（これは「3基本方針　3 essentials」と呼ばれ，
西側軍隊の西ベルリン駐留，西ベルリンへの自由な交通，西ベルリンの生活能力の
維持が表明された）．ケネディの強硬姿勢に対して1961年8月13日にフルシチョ
フは，ベルリンの壁を建設するという手段で対抗した．これに対してケネディ
は西ベルリン駐留軍を強化する．結局ソ連と東ドイツの間に平和条約が結ばれ
ることはなかったが，この後もベルリンを巡って米ソの緊張は続いた．後にケ
ネディが西ベルリンを訪問したときケネディが演説中に言った「Ich bin ein
Berliner（私はベルリン市民である）」あるいは「すべての自由な人間は，どこ
に住んでいようと，ベルリンの市民である」という言葉は，アメリカの西ベル
リンに対するコミットメントの強さを表すものとして，多くのベルリン市民や
ドイツ国民の心に残ることになる．


## 第3項　東西緊張緩和の気運

　58年からのベルリン危機，61年8月の東独によるベルリンの壁の構築によっ
て高まった東西の緊張は，62年10月のキューバ危機によって頂点を迎えること

になる．だが同時に，この核戦争の悪夢を米ソが平和裡に解決したことによっ
て，東西関係は新たな段階に入ることになる．このミサイル事件を教訓に米ソ
=ホットラインが敷設され，こうして始まった対話の試みが両国間の緊張緩和
を促すと，やがて SALT へと繋がっていったからである．他方，ヨーロッパ
では64年12月，ラパツキが再び国連総会において中部欧州地域の核兵器の凍結
と，これを実現するためのアメリカをも加えた欧州安保会議の開催を提唱した．
そして，これを受けて，66年3月の第23回ソ連共産党大会に臨んだブレジネフ
が安保会議の開催を西側に提案すると，ワルシャワ条約機構は，独立・主権の
尊重，内政不干渉，平和共存，科学技術交流の促進にもとづく善隣友好関係の
樹立を提案するとともに，東西同盟の同時解体をはじめ，軍事的緊張緩和を達
成するための外国軍の撤退や，非核地帯の設置を西側に呼び掛けたのである
（1966年のブカレスト総会，1967年のカールスバード総会，1969年のブダペスト総
会）．フランスが NATO 軍事機構から離脱した時期（1966年）に重なるこの提
案からは，ラパツキが当初提起したアメリカの参加問題が巧みに外され，米欧
離間を画策する意図が色濃く滲んでいた．だが，「ブレジネフ=ドクトリン」
（制限主権論）の発動として知られる68年8月のチェコ事件を経て，70年代に入
ると，東側の提案からは米欧離間のトーンが次第に消えていったのである．こ
のような東側の提案に対し，67年12月，柔軟反応戦略の公式採用を表明した
NATO は，同じ会議において「大西洋同盟の将来の課題」（ハーメル報告）を
採択した．それは従前の「抑止」と「防衛」に加え，新たに「緊張緩和」の理
念を重要な安全保障政策の一環に掲げることを意味した．こうして翌68年6月，
NATO は「レイキャビクのシグナル」を発し，のちの中部欧州相互均衡兵力
削減（MBFR）交渉の基となる軍縮の呼び掛けを行ったのである．

## 第2節　SPD-FDP 連立政権

### 第1項　ブラント政権（SPD-FDP 連立）の成立

　1969年9月の連邦議会選挙の直後に SPD と FDP の連立政権の樹立が宣言
される．このとき SPD は議会第一党ではなく，連立与党の議席は野党より僅

か12議席多いだけで，またこの議席数も必ずしも保証されたものではなかった．連立与党間の一致点は，東方政策，ドイツ政策にあった．ブラント首相が推進した東方政策は，ヨーロッパにおける緊張緩和に大いに貢献し，以後西ドイツの外国政策として定着する．この政策は，1982年のCDU/CSU-FDP政権への政権交代を経ても基本的に継承されていく．またブラント政権は多くの内政改革に着手し，明らかになってきた先進産業社会の基本問題への取り組みを開始した．

　しかし，1974年，個人秘書ギュンター＝ギヨームが東ドイツ国家保安省の潜入させていたスパイであった事が発覚し，ギヨーム逮捕と共に引責辞任（ギヨーム事件），財務相のヘルムート＝シュミットに連邦首相の座を譲ったが，首相を退いた後も社会民主党の党首として影響力を保持した．

### 第2項　東　方　政　策

　60年代から始まる東西対立緩和の世界的流れのなかで，この内閣から積極的な東方政策が開始された．「一民族二国家」をうたう東方政策によって，連邦共和国はドイツ民主共和国という今ひとつのドイツ人国家の存在を法的に承認することになる．ハルシュタイン原則に固執するCDU外交は，東西間の冷戦を前提とし，西ドイツだけが正統にドイツ民族を代表する国家であるとして構成されていたが，これとは対照的にブラント政権は，ソ連と東独を交渉の相手方として正面から承認し，緊張緩和の動きを積極的に推進するためにソ連・東欧諸国とのあいだにあらたな関係を築こうとしたのである．

　東方外交の根幹はソ連との合意を形成することにあった．70年8月に調印された条約では，ヨーロッパの国境の現状が尊重され，ソ連が東プロイセンの北側地域を領有し，オーデル＝ナイセ線以東の旧ドイツ領は放棄された．またドイツ国内の反対に配慮した付属文書では，将来のドイツ再統一の可能性について明確に言及し，また同時並行して進められていたベルリンの地位に関する交渉については，双方の主張に配慮する旨が言及されていた．

　続いて12月にワルシャワ条約が調印され，ポーランドにはオーデル＝ナイセ

線以東の旧ドイツ領の領有が正式に保障された．ドイツ民主共和国との交渉は難航した．すでに70年3月，ブラントは民主共和国のエルフルトで民主共和国首相シュトフと会談し，10月には連邦共和国のカッセルで会談が継続された．交渉打開の糸口となったのは71年9月のベルリン4カ国協定であったが，この協定によって西ベルリンは連邦共和国と結合し，連邦共和国市民の西ベルリンへの自由通行が承認されたのである．

　72年12月に連邦共和国と民主共和国との間に基本条約が締結された．両国家は対等の主権を尊重しつつ，国境の現状を維持し，両国民の交流を促進することになる．連邦共和国としてはドイツ再統一の含みを残しながらも，二国家の存在が国際法的に確認されることになった．またこれに先立って5月に交通条約が調印され，両国間の交通が大幅に改善された．

　政府の東方外交は，SPD内でも根強い反発を招き（一部議員が離党，CDUに鞍替え），そのためブラント政権は72年11月に戦後史上初めて，信任を問うために連邦議会を解散したが，結果はSPDの大勝となり，またSPDは議会内第一党になった．以降，チェコスロヴァキア・ブルガリア・ハンガリーとの国交も回復され，さらにシュミット政権の下で連邦共和国は75年8月ヨーロッパ安全保障協力会議のヘルシンキ宣言に調印した．

　なお，バイエルン州政府が憲法裁判所に基本条約の合憲性に関する判断の求めがあったが，基本条約は基本法の再統一要請に矛盾しないとされた．憲法裁判所の解釈では，DDRはドイツの一部であって，外国ではなく，その国境は国際法的価値をもたず，連邦共和国が全ドイツについて責任をもつものとされた．憲法裁判所の解釈ではドイツ連邦政府のドイツ政策に法律上，なんらの変化もなかったことになる．


### 第3項　内政改革

　SPD政権への支持にとって内政改革も重要なポイントであった．内政のスローガンは「より多くのデモクラシー」である．ブラント政権は社会保障制度の拡充をはじめとして，社会的福祉国家としての内実を整えた．社会保障制度

は4つの柱を中心に整備された．① 傷害保険．職場での事故と職業病に対するもので，基金は雇用者が支払う．② 年金保険．年金をもらえる公務員以外のすべての勤労者のみならず，独立自営業者と農民にも年金が可能となった．③ 疾病保険．労働者のみならず，サラリーマンも加入できることになった．基金は労使折半である．④ 失業保険．連邦労働局によって十分な退職猶予期間が定められる．そのほか，74年破産基金は破産した会社に代わって労働者の賃金を補償し，79年からは4カ月の出産休暇，80年には母子家庭保護法が定められる．国民総生産に占める社会保険費の比率は，60年の20.7%から，70年に25.7%，81年には31.2%へと上昇する．

　これまで労働者にとって，有利とはいえなかった共同決定権も，76年3月の共同決定法によって，改善された．共同決定法は2,000名以上の従業員をもつ企業すべてに適用されるが，しかし監査役会で労使同数の場合，議長（経営側）が2票を保有すること，また労働者代表側に管理職職員が入るなどの点では，51年の鉱山共同法には及ばなかった．

　教育改革も重要であった．戦前そのままの古い教育体系を時代に即応して改革しようという動きが60年代から強まる．71年の連邦教育法は，低所得層に教育の機会を与えることになり，70年から80年までに第10学年の生徒数は27万人から46万人へと大幅に増加した．同時期にギムナジウムの生徒数も90%の増加を見た．大学の新設や拡充も顕著で，政府の研究支出は400万マルク（67年）から3,500万マルク（79年）に増加し，学生数も47万人（71年）から112万人（81年），大学教官は4万人（69年）から9万人（80年）となった．

## 第3節　社会国家の変容と社会主義国家の危機

### 第1項　CDU/CSU-FDP 連立政権の成立

　1973年のオイル=ショックはSPDの改革政策にとって大きな制約となった．74年に首相となったヘルムート=シュミットは「連続と集中」を掲げて登場し，「危機管理体制」のもとで，世界経済の停滞，石油価格の高騰，国際競争の激化に対応し，西ドイツ経済に再度の好況をもたらす．これは，政府による経済

の総体的制御プログラムの投入と社会保障の抑制政策，労働組合と経営者との「社会パートナーシップ」に支えられている．

　外交政策においてシュミットは西ドイツの新しい役割を定めた．第一に，緊密な独仏関係を基礎に，1979年にヨーロッパ通貨制度の成立に寄与し，第二に，東側陣営との貿易の拡大を進展させながら，東西の軍縮に新たな局面を作り出した．しかし，軍縮交渉については，成果をあげることができず，シュミットは，1979年に自らをSPD党内で孤立させることになるNATOの二重決定について決断した．これは，一方で中距離核ミサイルINFを西ドイツへ配備することを決定しながら，他方でこれの配備までにソ連の中距離核ミサイルSS-20の廃棄と引き換えに配備を行わせない交渉を行うという，軍拡と軍縮の二重戦略であった．これにはSPD党内からも労働組合からも激しい抗議運動が展開され，1982年4月の党大会では左右の議論が沸騰した．こうしてSPDは徐々に左傾化し，FDPが政権を離反する理由のひとつになった．

　第二次オイル＝ショック後の増税案を巡る論争の後，FDPはシュミット政権から閣僚を引き上げ，1982年10月1日CDU/CSUは戦後初めて建設的不信任案を成立させ，CDUのヘルムート＝コールを首相に選出した．雇用の回復と社会国家の維持とを目指したにもかかわらず，シュミット政権は大量失業と財政赤字の増大を前に挫折した．特に，政権末期にやむをえずなされた失業保険，年金，医療保険給付の削減は社会的弱者を直撃し，社会扶助に頼って最低生活を強いられる困窮層を生み出した．政権交代がなったとはいえ，コール政権に課された役割は容易なものではなかった．


第2項　内政の転換の試み
　コール政権は「国家をその任務の中核へ戻す」をスローガンに，不況からの脱出を目指した．コールは政策転換を強調するために，新自由主義的な「民営化」や「規制緩和」などを掲げたが，個別政策を見る限りでは，SPD-FDP政権時代との継続性が大きい．

　まず社会保障制度改革を見ると，公的医療保険においては，コールは使用者

負担の軽減を強く求める FDP の要請を受け，保険制度の大規模な構造改革を
予告した．保険会計の悪化に対処するための断続的な掛け金引き上げが資本減
税の効果を相殺しかねなかったためである．しかし労相ブリュームは，公的医
療保険に市場原理を導入することはありえず，その改革は関係団体との緊密な
協議によって進めるべきと，直ちに反論した．改革案を作成する協議では，疾
病金庫，保険医団体，病院とその財政権限をもつ州が医療サービスの「民営
化」に強い抵抗をみせた．また，議会においても，FDP からもとめられた民
間保険の奨励や患者の自己負担拡大は，SPD や緑の党，CDU の一部から批判
された．このような「医療分野の協調行動」においてブリュームが製薬会社に
求めた薬価抑制は，FDP の反対によって達成されなかったものの，疾病金庫
の支出を抑制するための薬品費用の制限は貫かれた．また，患者の自己負担が
引き上げられた一方で，介護費用の給付が新しく認められた．こうして保険の
改革は，多くの妥協の上に成立したのである．

　医療保険と同じく年金保険においても保険会計の健全化が求められたが，こ
こではコール政権が民営化の意図をそもそももたなかった上，野党 SPD も，
社会の高齢化に伴う制度の長期的な見直しについて一致していたために大きな
政治的争点にすらならなかった．年金支給開始年限の引き上げや公務員年金と
他の年金制度との調整など，争点となり実現が引き伸ばされた部分はあったが，
アデナウアー時代に土台が作られた公的年金制度そのものについては，与野
党・社会的パートナー双方もその骨格を維持すべき点で一致していたのである．

　労組に対する攻撃も，サッチャー政権のイギリス労組に対するものに比べれ
ば軽微であった．1984年，I. G. メタルは2つの協約地域において週35時間労
働の導入を求めて55,000人が参加するストライキに突入した．これに対して使
用者側は17,000人をロックアウトして対抗したために生産工程が停滞し，この
結果，370,000人の労働者が勤務を妨げる結果となった．労組は生産工程が錯
綜している鉄鋼業においてストライキを中核地域に集中し，その効果を産業全
体に及ぼすという「ミニマックス戦略」と呼ばれる戦法をとっていたのである．
この際，連邦雇用庁は当該地域外にあっても勤務を妨げられた労働者には失業

保険を支給していた.

　鉄鋼業の使用者側は時短を嫌ってロックアウトを連邦全体に拡大することを考えたが, 労相ブリュームは経済全体に及ぼす影響を憂慮して, ミニマックス戦略を封じるための就労促進法の改正に応じた. 86年3月の修正法案可決によって, 直接の争議当事者ではない労働者への失業保険の支給は打ち切られ, これは労組の戦闘能力の低下を意味し, 連邦憲法裁判所での審査によってもこの改正法は合憲とされるが, 裁判所もロックアウトの対象地域を不必要に拡大しないように使用者側に自制を求めた.

　政権交代によって予想された市場原理の導入による制度の改変は, 社会保険制度や賃金協約制度においては実現しなかった. これらの制度はもはや新自由主義の政治的イデオロギーによっては手をつけられないほど, 社会に根づいていたのである. コール政権の政策には規制緩和や民営化の要素が含まれていたとしても, それはむしろ技術的経済的変化への適応と見られる領域においてその実現が期待できただけであった.

　コール政権ではアメリカの情報産業や EC 委員会からの国内市場開放要求にこたえるために郵政事業の自由化を掲げた. しかし, 労組と郵便インフラ事業を連邦郵政省から委託されて遂行する州の抵抗によって, 自由化は端末機器の市場に限定された. また放送事業の民間への開放においても, 各州の試みが先行していたことと, ヨーロッパ通信衛星の起動をきっかけに, 民間事業者が衛星チャンネルによる放送事業に進出していたため, 連邦政府の役割は限定されていた.

　コール政権が明確な政策転換をなしえないにもかかわらず, 左翼に政権を準備する安定した基盤が形成されかなったことには, SPD の力不足だけではなく, 有権者の既存政党離れにも原因があった. 1983年の連邦議会選挙における緑の党の進出（得票率5.6%, 27議席）は, ブラント政権が福祉国家の拡充を促した後に低成長時代が到来し, 同じく SPD のシュミットがその後, 経済成長を維持しようとして失敗したことを抜きにしては考えられない. 財政支出の削減は, 急増した高学歴の若者から就職機会を奪うことにもなったし, エネル

ギー対策として進められた原子力発電所の建設は，反原発運動の高まりを誘発した．さらに，核戦力の削減交渉を唱えながら，ソ連側に対抗して中距離核ミサイルの国内配備を認めたNATOの二重戦略を支持したことは，平和運動を敵に回すことになった．こうして高学歴の若者層を中心とする有権者のなかに，エコロジー重視や反権威主義の観点から緑の党へと支持を移すものが現れたのである．ただし，SPDと緑の党との間の政策上の相違は大きく，連立政権の形成はまだ困難であった．

### 第3項 東西関係の緊張と東方政策の継続

80年代に入って，東西両陣営は再び緊張の度合いを深める．ソ連は西欧正面に中距離核ミサイルSS-20を配備し，79年にはアフガニスタンに侵攻し，81年にはポーランドの自由化を弾圧した．一方アメリカは，欧州中距離核戦力制限と戦略兵器削減交渉では，一方的な核兵器の大量削減を提示しつつ，82年末から中距離核ミサイルの欧州配備に踏み切った．いわゆるNATOの二重決定である．

1977年頃からソ連では，SS-20が配備され始めるが，SS-20は，射程約4千キロの固形燃料の移動式ミサイルで，アメリカにはとどかないが，欧州諸国は射程範囲内に収めていた．NATOはSS-20に対しては，アメリカの抑止力は働かないのではないかと恐れた．SS-20の配備は欧州での核兵器使用を意味し，それに対し本来アメリカ本土を防衛するための核兵器を使用すれば，アメリカ本土に対して核の反撃がなされるかもしれないからである．そこでNATOは二重決定を行い，SS-20とほぼ同射程のアメリカのパーシングⅡおよびクルージング・ミサイルを配備することとし，ソ連がSS-20の配備を中止すれば，NATOもそれらのミサイルの配備を中止するとした．

ソ連邦は核戦力制限交渉を中断し，SS-20の欧州配備を再開し，加えてドイツ民主共和国・チェコスロヴァキアに新型短距離核ミサイルを導入し，ミサイル原潜による米本土沖パトロールを開始した．

コール政権は前のシュミット政権の決定を踏襲して中距離ミサイルの配備を

認め，アメリカのレーガン政権が唱えた戦略防衛構想（SDI）への参加に積極的な姿勢をみせた．この構想は，ソ連によるアフガニスタン侵攻以降の新冷戦を文脈として提示されたものであったが，西ドイツの無条件参加は冷戦の激化と東方外交の破綻を意味した．しかし西ドイツは外相ゲンシャーのもとで東西対話を促進し，全面的な軍事的関与は思いとどまっていた．

　特に DDR との関係が注目される．83年6月，連邦共和国は DDR に政府保証融資10億マルクを供与した．この年，両国貿易額は152億マルクに達し，民主共和国にとってこれは貿易総額の10.5％を占め，ソ連邦に次ぐことになる．アメリカの中距離ミサイルの欧州配備に際しても，DDR のホーネッカー国家評議会議長は対話を強調し，コール首相も欧州平和のための両ドイツの共同責任を強調した．84年7月，連邦共和国はさらに9億5,000万マルクの DDR への融資を決定した．すでに破綻した DDR 経済をなんとか延命させるためには連邦共和国から DDR への融資は不可欠であり，ソ連のアフガニスタン侵攻以降に激化した東西対立に DDR が巻き込まれることは是非とも避けるべきであった．ソ連に抗してでも緊張緩和こそが DDR にとって死活問題であった．

● 章末問題 ●
1．緊張緩和政策とドイツ問題との関係について述べなさい．
2．NATO の二重決定とその影響について述べなさい．
3．緊張緩和政策が東側諸国にとって死活問題であった理由を述べなさい．

【参考文献】
［1］　佐瀬昌盛『西ドイツの東方外交』日本国際問題研究所，1973年
［2］　D. ヒーター（田中敏郎訳）『統一ヨーロッパへの道』岩波書店，1994年
［3］　戸原史郎・加藤栄一編『現代のドイツ経済』有斐閣，1992年

# 第23章　東ドイツ史

## 第1節　社会主義建設

### 第1項　DDR建国前史

　1947年11月25日にロンドンで開かれた連合国外相会議でソ連がドイツ統一政府の形成を要求したことに対応して,「ロンドン外相会談で国民統一への意思を認めさせることを目的に」, SEDは翌日ドイツ統一のための人民会議の開催を提唱したが, 西側からSEDの道具と見られることを嫌ったCDUはこれに反対した. それでも12月にベルリンで西側からの代表を含めた第一回ドイツ人民会議が開催され, 翌1948年3月17/18日には第二回ドイツ人民会議が開催され, そこで定員400人からなるドイツ人民評議会を設立した. その憲法委員会は10月には憲法草案を起草し, まぎれもなくソ連占領地域の議会であった.

　第三回人民会議に向けて49年5月に行われた選挙は, 単一名簿方式により, ドイツの統一と公正な平和条約の締結に賛成するかどうかを問うものであった. 住民は投票で賛否を表明できるだけであったが, 過去二回の人民会議の恣意的な代表選出に比べればはるかに公正で民主的に見え, これによって人民会議に正当性を与えることが意図されたのである. 5月末の会議では西側占領地区からの代議員をも含めて, 全体で2,000人が参加し, ここで選出された人民評議会は前年10月に起草されたドイツ民主共和国の憲法草案を承認し, さらに49年9月に西側占領地区で連邦共和国の建国が宣言されるや, 10月7日にDDRの建国が宣言された. 建国によって人民評議会は名称を暫定人民議会に改め, 憲法を公布した. この憲法は基本的にはワイマール憲法を継承していたが, 人民

議会を共和国の最高機関とすることで権力集中の道を開いていた.

## 第2項　SED の支配権の確立

　冷戦の産物たる東西両ドイツの建国はドイツ人にとって不幸であっただけではなく，ソ連にとっても喜ばしいものではなかった．スターリンも DDR の存在をドイツ統一を前提とした暫定的なものと考えていたが，SED の指導部は逆に国家のなかで自己の権力を強化することに全力をあげ，それによって事実上 DDR を「もう一つのドイツ」として形成していった.

　1950年10月の第一回人民議会選挙は，各党，各団体にあらかじめ議席が割り当てられた統一リスト方式で行われた．いずれの政党・団体も SED を支持するものであり，また憲法は国権の人民議会への集中を規定していたので，選挙は SED の権力掌握を完成するものであった.

　また国家の強制機構内部で優越的な地位を SED は確保する．1950年2月に国家保安省（Stasi）の設立が承認され，また内務省に属した人民警察からソ連の支持にもとづいて事実上の軍隊である5万人規模の兵営人民警察が作られた．さらに52年7月には州制度に代えて県制度が導入され，これによって中央集権化が推進されるが，それは SED による権力独占に対応するとともに，中央から統制する計画経済を行うための前提でもあった.

　52年7月の第二回全党協議会で，「労働者階級と勤労者の大多数の意識は十分に発達している」ことを理由に，社会主義建設が開始されることになったが，それには2つの特徴があった.

　第一に，それはソ連社会主義をモデルとした重工業中心の建設であり，しかもそのテンポが速かった．重工業中心の経済建設は，すでに賠償・国防費・農業集団化などによって余裕を失っていた DDR の国家財政をさらに圧迫し，国民私生活に直結する消費財生産を削減させることになった.

　第二に，社会主義建設のための決定的な梃子は国家権力にありとされ，それと社会主義建設の途上では階級闘争が激化するというスターリンのテーゼとが結合された結果，社会主義建設にはいちじるしく抑圧的な措置が伴った．特に

農業集団化でそれが顕著であった．階級闘争の激化というテーゼが農民との関係に当てはめられ，総耕地面積の25％以上を占めた大農に対しては生産能力を上回る供出を求め，また供出のできない生産性の低い農家や西側に逃亡した農家の農地等は農業生産協同組合に編入されたが，その数は53年5月までに2万2,000戸を越えた．その半数以上は没収された農地であった．他方，自ら生産協同組合に加入した農民の80％近くは土地改革によって土地を得た新農民であり，その少なからぬ部分がSEDの活動家であった．その一方多くの農民が協同組合への参加を強制と受け止め，強制を嫌った多くの農民が西側に逃亡した．

　社会主義の建設は国家の財政負担をいちじるしく増加させたが，政府はそれを乗り切るために増税，国営商店の商品価格の引上げを行い，さらに53年5月には労働者のノルマの10％引上げを決定した．しかしこれは，ヘンネッケ運動（Henneeke-Bewegung，＝模範労働者運勤）以来絶えず労働強化の圧力にさらされ，しかも実質賃金は逆に減少していた労働者の強い反発を引き起こした．他方，農業集団化の影響もあり52～53年の冬には食料不足も深刻化し，場所によってはパンの入手すらも困難になるなど，国民は犠牲を強いられた．

　現実を無視した社会主義建設の誤りをSED指導部は自ら正すことはできなかった．国民の抵抗はひとつは連邦共和国への逃亡という形で現れ，52年7月からの1年間に約33万人が民主共和国から逃亡したが，その半分が25歳以下，3分の1以上が労働現場の中核をなす労働者や職員，技術者であった．

　さらにスターリンの死去（1953年3月5日）の後，ソ連の新指導部，特に副首相でドイツ問題の責任者ベリヤがSEDに対して社会主義の建設という方針の撤回を強硬に求めた．ソ連指導部の目から見てもSEDの方針は社会主義の建設はおろか，DDRの存立そのものを脅かしかねず，さらには平和的・中立的ドイツの形成という展望をも危うくするものであった．

　結局SED指導部は方針を変更し，社会主義の建設をひとまず断念せざるを得なかった．6月9日に政治局は「新コース」をとることを決定し，消費財生産の増加と物価の引き下げ，農民・手工業者に対しては協同組合への加入を強制しないこと，法律の遵守，ドイツ統一に向けての努力などを国民に約束した．

しかし，この政策変更はすでに時機を失していた.


### 第3項　6月17日事件

　1952年秋以来各地の建設現場を中心に散発していた労働者のストは，53年5月末から全国的に拡大し始め，6月16日には首都ベルリンの建設労働者がノルマの引き下げを求めて首都中心部をデモ行進した．そして翌17日（ノルマ引き上げの実施期日）には，一挙に全国300カ所以上で労働者を中心とした住民のストやデモが勃発したのである．SED指導部はこのような事態の展開を全く予想しておらず，成す術もなかったが，ハレやマクデブルクなどの若干の例外を別にして，運動はその日のうちに全国167の市町に戒厳令を布告したソ連軍によって押しつぶされ，23日までに6,300人以上の労働者・市民が逮捕された.

　体制崩壊の危機をからくも乗り切ったSEDは6月17日事件以降，国民生活の安定に全力をあげる．新コースは継続され，五カ年計画は事実上棚上げされた．消費財生産が重視され，中小経営や私的な手工業経営に対する財政上の援助も増額された．ソ連もDDR経済の安定化に配慮し，蜂起から1カ月後には食糧と原料の供給を行い，それによって政府は国営商店の商品価格を引き下げることができた．また54年1月1日からソ連は賠償受け取りを放棄し，かつソ連軍の駐留経費の削減を行った．さらに，未返還であったソヴィエト所有株式会社の残りすべてをDDRに返還したが，それら33社がDDRの工業生産に占める割合は12％であった．こうしたソ連の措置もあって，SEDは新コースを54年前半まで続けることができた.

　スターリン死後，SEDに社会主義建設という方針の転換を求めてきたソ連の新指導部の圧力で，7月9日の政治局会議でヘルマン=マーテルンとエーリヒ=ホーネッカー以外に支持を見出せずに追い詰められたウルブリヒトを救ったのは，ベリヤ逮捕に踏み切ったフルシチョフをはじめとするソ連指導部であった．ウルブリヒト解任から予想される事態を恐れたソ連指導部はウルブリヒト支持の姿勢を打ち出し，それを背景にウルブリヒトは一気に攻勢に出る.

　7月24～26日のSED中央委員会で国家保安相ツァイサー，党機関紙編集長

ヘルンシュタットらを役職から解任し，さらに翌年党から追放するとともに，アッカーマン，エリ＝シュミット，SED のベルリン第一書記イエンドリッキーらを中央委員の職からはずした．続いて党全体の大粛清が行われ，52年に選出された党県組織の指導部メンバーの62.2％が排除され，また6月17日事件当時の郡の第一，第二書記の地位にいたものの71％が解任され，さらに活動家と一般党員のあわせて約7万人が党から除名された．こうして結局 SED 党内でのウルブリヒトの地位は大幅に強化されたのであった．

　1955年5月連邦共和国は米英仏とのドイツ条約を締結し，これによって同国は名実ともに主権国家となり，NATO に加盟した．他方 DDR も同月にワルシャワ条約機構に加盟し，翌年1月に兵営人民警察を改組した国家人民軍がそのなかに組み込まれた．またソ連は55年9月に DDR の主権を承認した．こうして両ドイツは2つのブロックに統合され，分裂した2つの部分国家として共存することになった．DDR の「暫定性」が消滅したのである．

　SED は部分国家としての DDR の安定と発展を可能にする体制の構築を図るため，56年3月に開かれた第3回全党協議会で56〜60年の第二次五カ年計画を決定した．経済の社会主義セクターの拡大，工業生産の増大を通じた国民生活の向上が目指され，実際この計画は遂行され，58年5月には食糧配給制度がようやくなくなった．

　フルシチョフのスターリン批判後の動揺を一層の体制引き締めによって乗り切り，反対派の排除によって党内基盤を安定させることに成功し，また比較的順調な経済発展に自信をもったウルブリヒトは，58年7月の SED 第5回党大会で再び強硬な社会主義建設路線に立ち戻る．しかしそれは再び国民生活を根底から危機に陥れることになった．

　非現実的な経済計画，農業や私企業の強制的な社会主義化は工業生産を後退させ，農民の耕作放棄による食糧事情の急速な悪化をもたらした．さらに西ドイツに追いつき，追い越すという目標の達成が不可能であることが誰の目にも明らかになったとき，国民に対する党と国家の正当性はまたもや大きく揺らぐことになった．国民の反応は西ドイツへの逃亡であった．59年には約14万

4,000人，60年には約20万人，さらに61年には壁の構築と国境閉鎖までに約15万人が逃亡した．逃亡者の半数は25歳以下の青年であり，また熟練労働者や高学歴者も多かった．このような状況を放置すればDDR経済が崩壊し，国家の存立も立ちゆかないことは明らかであった．その出発点において民主的正当化の措置を欠いたDDRにおける社会主義建設には，政治的・軍事的保障手段が不可欠だったのである．

## 第2節　DDRの発展

### 第1項　新経済政策の導入

　1963年1月に開かれたSED第6回党大会は，社会主義建設のために新しい経済システムをつくる必要があることを確認し，それを受けて同年7月に政府は「新経済システム」の導入を決定した．その核心は利益と非集権化であった．企業の利益が経営業績を評価する際の主要な基準となるとされ，企業利益の拡大とそれへの諸個人の参与とが生産業績向上のための経済的な梃子となるという観点から，コスト，賃金，価格，利潤が重視された．他方，経済計画の組織についてもかなり大きな変化が生じた．中央の計画は国民経済上の基本課題と主要な方向を定めることに限定され，生産に直接かかわる投資や価格決定のような問題については企業や，業種ごとにまとめられた82の人民所有企業連合体に大幅な自主的決定権が認められた．

　新経済政策はねらいどおりの成果をあげ，国民の生活水準の向上と工業生産の拡大をもたらし，それによって政治体制の安定化と国民による体制受容に貢献した．西ドイツとの格差は大きかったが，50年代末に比べて消費財生産を中心に工業生産が40％以上も上昇するなど，60年代にはDDR国民の生活水準は顕著に上昇した．労働時間についても67年には週45時間労働から43.5時間に短縮され，さらにこの年の9月から週5日制が導入されるなど国民生活にはゆとりが現れた．

　ただし新経済システムには当初から本質的限界があった．新経済システムはソ連型社会主義がもはや現実に即さないという認識から出発したものであり，

その限りでいわゆる「プラハの春」のチェコスロヴァキアの指導部と同様の観点からの経済改革であった．しかしチェコスロヴァキアでは経済改革の前提として政治改革（抑圧的・中央集権的社会主義モデルの克服）を目指したのに対し，DDR では党の指導的役割には何の変更もなかった．ウルブリヒトはドプチェク指導部に対する共感をもちながらも，その自由化政策にはブレーキをかけようと圧力をかけたのであった．

　一方ソ連のブレジネフ指導部は，DDR の新経済システムに拒否感を示しており，これに同調する勢力がホーネッカーを中心に SED 党内に形成され，65年12月の中央委員会総会の政治局報告でブレジネフ指導部との完全な一致を強調し，DDR における最近の文化的傾向に対する全面的攻撃を行った．中央委員会総会直前に締結されたソ連との長期貿易協定は経済改革の余地をいちじるしく狭めるものであったが，総会でも経済政策の軌道修正が決定され，新経済システムはその欠陥を改めた「第二段階」に入ることが表明された．それは行過ぎた分権化と企業の自立化傾向を抑え，国家による経済指導を強化すること，中央からの計画と統制の度合いを強めることを意味した．

　67年 4 月の SED 第 7 回党大会は，新経済政策の一層の展開を決定し，1968年から1970年にかけて化学，光学を含む機械，エレクトロニクスの三分野に集中的投資を行い，全体としての経済発展を引き起こすという方針が実行に移された．この方針は結局経済の不均等発展を引き起こし，また集中投資のなされた分野でもエネルギー面でのネックから所期の成果をあげることができなかった．さらに経済バランスの崩壊は，食糧事情の悪化と勤労者の勤労意欲の減退を引き起こしていた．こうして70年12月の中央委員会総会で新経済システムは最終的に放棄され，計画経済へと復帰することになる．


### 第 2 項　ウルブリヒトの失脚

　60年代央の経済発展に支えられてウルブリヒトは67年以来社会主義の「DDR モデル」を唱え始めたが，新経済システムの導入に見られるようなソ連からの自立傾向はソ連の受け入れるところではなかった．DDR は経済相互援

助会議のメンバーであり，また65年にはソ連と長期貿易協定を結んで，それによって経済的なソ連との紐帯が強められた．特に貿易協定は1962〜64年の間に西側諸国との貿易が対ソ貿易の伸びを2倍以上も上回った事態を逆転させるものであり，DDR経済の発展にとって必ずしも有利ではなかった．

両独関係についてもウルブリヒトの方針は貫かれなかった．1962年までのSEDの方針は当面の目標として連邦共和国のDDRを認知させようとするものであり，ドイツを唯一正当に代表すると主張する連邦共和国の方針と相容れるものではなく，これは連邦共和国との関係の遮断に作用していた．

しかしソ連の外交方針の転換と連邦共和国の積極的東方外交によってSEDは方針の転換を迫られた．69年3月の中国との武力衝突，チェコスロバキアへの侵攻以降の西側との関係の悪化の後，しだいに悪化する経済状況のなかでソ連は西側との関係を改善する必要に迫られていた．その要となるのが連邦共和国であり，70年8月にはモスクワ条約が締結され，同年12月にはワルシャワ条約が締結された．

連邦共和国とソ連およびポーランドとの関係改善は，ソ連の望む東西両ブロック間の緊張緩和に寄与しただけではなく，「西独報復主義」というDDR側の宣伝根拠を失わせ，DDRがこれ以上連邦共和国との関係改善を拒むことを困難にした．他方，ソ連はSED指導部に対し連邦共和国との交渉のテーブルにつくよう圧力をかけた．DDRが強硬な態度をとる限り，東側ブロックが一体となって緊張緩和を追求するというソ連の立場が弱まるからである．西独との関係改善を求める機運が民衆の間で盛り上がっていたこともかえってSED指導部に危機感を抱かせ，ウルブリヒトは西ドイツの立場を批判し続けた．ソ連はさらに圧力をかけ，71年5月のSED中央委員会でウルブリヒトは辞任に追いやられ，ブレジネフ指導部に忠実なホーネッカーがあとを継いだ．

### 第3項　ホーネッカー体制

ホーネッカーの下でウルブリヒト＝モデルは否定され，ソ連が再び社会主義のモデルとされ，71年6月のSED第8回党大会では，ソ連との結びつきこそ

が労働者階級の利益実現の根本条件であるとされた．ホーネッカーにとっては
ソ連とソ連共産党に対する関係こそがマルクス=レーニン主義とプロレタリア
国際主義への忠誠の証なのであった．このことは74年憲法にも盛り込まれ，そ
こではソ連との永遠の，消えることのない結びつきが強調された．また76年5
月のSED第9回党大会で採択された党綱領では，ソ連のDDRに対するヘゲ
モニーが全面的に承認され，DDRはソ連を中心とする社会主義圏の構成部分
として位置づけられたのである．

　ソ連とDDRとの関係は，DDR国内での権力関係にも投影された．ホー
ネッカーにとっては，党が政治と社会生活のあらゆる面で決定権を握ることが
最も重要なことであった．第8回党大会で彼は党員に対し，経営や大衆団体内
部で党の決定を実行に移すべく積極的に活動するように要請して，ウルブリヒ
ト時代の末期に党員の間に見られた労働者との接触を避けようとする傾向に釘
を差した．このような方針を実行に移すために，党規律の強化と党員に対する
イデオロギー教育の徹底化が図られ，世界観と科学の基礎としてマルクス=
レーニン主義が強調された．SEDがこのようにマルクス=レーニン主義政党本
来の姿を鮮明にしたのは，ポーランドで物価値上げに抗議する労働者のストラ
イキが暴動へと発展し，ついに70年12月にゴムウカの失脚を招いたことによる
ところが大きかった．SEDはこの事態の根幹を，党規律の弱化と労働者階級
の経済状態にあると考えたのである．

　経済政策の面でも，ホーネッカー時代の初期は一定の成果をあげた．ホー
ネッカーは消費物資と住宅建設の不足，国民経済の不均衡などの言葉でウルブ
リヒト時代の経済建設を断罪し，消費物資の供給，住宅建設の増加，賃金や社
会保障給付の引き上げを通じて国民の物質的・文化的な生活水準をさらに高め
ることを目標とした．重点は労働者，特に第二段階の新経済システムのなかで
最も大きな負担を強いられた比較的低所得層の経済状態の改善におかれた．こ
のような彼の目的を表す言葉が「経済政策と社会政策の統一」である．中央統
制型の計画経済が再び導入されたが，経済発展の梃子として科学と技術を重視
した点はウルブリヒト時代と変わらなかった．

　71～75年の五カ年計画間に，国内総生産は30％以上増大し，1カ月の平均収入は70年の755マルクから74年の860マルク，60年には1,021マルクに上昇し，ホーネッカーの経済政策は成功しているかに見える．

　耐久消費財の普及も目覚しく，自家用車保有率は74年には24％，80年には37％，87年には49.9％に上昇した．ホーネッカーの下で社会政策の中心に据えられた住宅建設は，71～75年の建設目標50万戸に対して60万9,000戸の住宅が新築ないし改築された．その一方，70年代前半のDDR社会主義が国民の消費生活の向上というきわめて実利的な性格を有していたことは明らかであり，党指導部にとっては国民生活向上を通じた支持の獲得が何より重要であったのである．

　しかし，ホーネッカーの下でのDDR経済の発展は長くは続かなかった．その主な原因は外在的な要因と内在的要因に分けられる．

　外在的要因として，まず第一に1973年の第一次石油ショックによる資本主義国からの輸入品価格の高騰と，ソ連から輸入される原料・燃料価格の上昇による対外債務の急増，第二に，79／80年の第二次石油ショックと，ソ連からの石油供給の削減によるエネルギー供給の不足，第三に，二度の石油ショックによる世界貿易の縮小がDDR製品の西側諸国への輸出を困難にしたこと，第四に，1981／82年のポーランドとルーマニアの国際収支の危機に端を発した西側銀行のDDRに対する信用供与の停止である．これらの諸要因が積み重なり，民主共和国経済が発展するための土台が急速に失われていった．

　次に内在的要因として，第一に「経済政策と社会政策の統一」という基本方針がある．これは，国民と支配体制との和解を目指すものであり，それゆえに過大な社会政策的課題の実現を求められたが，住宅建設をはじめとして，資材不足・資金不足を招く，およそ実行不可能な計画であった．このほかにも賃金上昇，社会保障給付の引き上げ，生活必需品価格や家賃の据え置き，女性を対象とした労働時間の短縮や休暇の延長などの措置は，結局国家の財政支出をいちじるしく増加させ，80年代のDDRが借金地獄に陥るきっかけとなった．第二の問題は，過剰な計画化であった．1972年に私企業，半国営企業，生産協同

組合がすべて国営企業に転化され,「社会主義的生産関係の勝利」がうたわれ
たが,これらの企業は70年代には工業生産の中で約17%を担っていたものであ
り,国家計画委員会にはこの多数の経営の生産の細部まで計画するという過大
な任務を負うことになり,結局機能不全に陥ってしまった.第三に,ソ連との
結びつきである.経済相互援助会議への加盟,そして75年10月のソ連との相互
援助条約はDDR経済をソ連に一層強く結びつけ,80年代末でDDRの対ソ貿
易は全貿易量の約4分の1であり,ソ連からの輸入商品の3分の2は燃料・原
料でしめられ,逆にDDRからの輸出品はほとんどが工業製品であった.80年
代後半には西側諸国からの輸入が顕著に増加するが,82年以降ソ連からの石油
供給の削減によって,DDRにとって破滅的な結果がもたらされていた.

## 第3節　DDRの崩壊

　経済政策に内在する問題点は80年代に一気に噴出した.住宅建設と,食糧・
消費物資・光熱費・家賃・燃料などの価格据置のための補助金とが財政を圧迫
し,外国からの借款の多くがそれを補填するために用いられた結果,対外借款
はうなぎのぼりに増加した.1983〜84年に西ドイツから与えられた政府保証融
資総額20億マルクも焼け石に水であった.85/86年の石油価格高騰によって86
年だけでも15億マルクの貿易赤字を生み,これ以降DDR経済は一気に破綻し
たのであった.

　89年の対外累計債務は206億ドルであった.国家財政を最も圧迫したのは住
宅建設への補助金であったが,それ以外の補助金も80年から88年の間に3倍に
なり,88年には財政支出の18%以上を占めた.補助金の圧力を緩和するために,
補助対象外の工業製品の値上げと,自動車,テレビ,洗濯機,冷蔵庫などの耐
久消費財や嗜好品に対し高額課税がなされたが,これらの商品は国民の羨望の
的となっていた商品であり,このような政策はかえって国民の不満を高めた.

　経済の行き詰まりを背景に,70年代半ばまで比較的高かった体制に対する国
民の受容度が80年代に入ると急速に低下し始めた.80年代半ばまでは,第二次
冷戦（Cf. ソ連のアフガニスタン侵攻）の激化によって生じた危機意識が民主共

和国社会主義と，ホーネッカーによって進められた平和外交への支持を強め，またソ連でのゴルバチョフの登場とペレストロイカの進展は，DDR における民主的変革への強い期待を呼び起こし，それによって体制への全面的反発は押さえられていた．しかし，ホーネッカー指導部はペレストロイカに拒否的態度を示し，特に壁の構築以降の青年世代の間に反発を呼び起こした．87年頃から多くの青年が DDR と社会主義システムそのものへの不支持の態度を鮮明にするようなったのである．

　青年の意識の急変は国民全体にも影響を及ぼすようになり，国民の DDR への帰属意識があいまいになり，その分だけ「西」への政治的同調の度合いが強まった．89年革命の時には，当初革命を主導し，SED 支配だけではなく連邦共和国とも異なる「民主的で，人間的な社会主義」へと DDR を変革することを要求する様々なグループが存在したが，連邦共和国との一体化の可能性がはっきりと見えた89年以降，その種のグループが DDR 国民の支持を急速に失っていったことの原因の一端もまたここにあった．


● 章末問題 ●
１．６月17日事件とその影響について述べなさい．
２．「新経済政策」について述べなさい．
３．ホーネッカー体制下での経済政策について述べなさい．

【参考文献】
［１］　Ch. クレスマン（石田勇治・木戸衛一訳）『戦後ドイツ史1945-1955年』未来社，
　　　1995年
［２］　石川　浩『戦後東ドイツ革命の研究』法律文化社，1972年
［３］　星乃治彦『社会主義国における民衆の歴史』法律文化社，1994年

# 第24章　ドイツ再統一と EU

## 第1節　国際問題としての再統一

### 第1項　DDR の崩壊

　1980年代の DDR 外交の目覚しい成果は経済や社会の行き詰まりと対照をなしていた．81年の日本訪問に続いて，ホーネッカーは85年にはイタリア，87年には連邦共和国，88年にはフランスと西側の主要国を訪問した．こうした外交活動は，経済面のみならず国内体制の維持という面でもソ連に依存することができなくなった DDR が西側に顔を向けざるをえなくなった状況を反映し，他方ではソ連からの一定の自立志向を表していた．

　1982年のブレジネフ死去以来，ソ連の指導者が相次いで死亡し，ソ連指導部が動揺している事態を利用して，DDR 指導部は連邦共和国との間の緊張緩和政策を積極的に推進した．破綻した経済を何とか延命させるためには連邦共和国からの借款，同国を通じて EC からの輸入関税を回避することが最も確実な方法であったからであるが，他面で，ソ連のアフガニスタン侵攻以来とりわけ激化した東西対立に DDR が巻き込まれることを避けようとする配慮もそこにはあった．

　しかしこのような試みには限界があった．その原因のひとつは SED 指導部が両独関係から切り離そうとした人権問題である．ヘルシンキ宣言の調印以降，アメリカをはじめ西側諸国がソ連圏の諸国に対して人権問題で不断に圧力をかけ続けたことは，国家の国際的な承認と威信の向上が体制安定化の鍵となるとみていた DDR にとって打撃であった．連邦共和国からは DDR に対して国境

の厳しい監視と銃撃態勢への非難,意見,出版,集会,旅行の自由の制限への批判がなされた.SED は内政不干渉原則によってこれを凌ごうとするが,それでも悪化する経済状況立て直しのために連邦共和国との交流が不可欠である以上,連邦共和国からの要求に何も応えないわけにはいかなかった.

1985年のチェルネンコの葬儀に際して,コールとホーネッカーとの間で非年金生活者の西独旅行に関する取り決めがなされ,翌年以降若者を中心に DDR 国民の西独訪問が急増した.彼らのもたらした情報は,DDR の物質的・政治的ゆきづまりを人々に強く意識させるようになった.

人権にかかわる第二の問題は,80年代後半以降,ヘルシンキ宣言に依拠して自らの要求を主張する個人やグループが DDR 国内でしだいに増加してきたことである.SED は DDR の国際的な声望を確保するためにも,これらの個人やグループの弾圧には及び腰にならざるをえず,そのことがしだいに SED 独裁体制の基礎を掘り崩していったのである.

外交的成果に比べて,改革を求める国民への対応面での SED 指導部の頑迷さは際立っていた.ソ連のペレストロイカに対して,SED 指導部は当初,外交面でのゴルバチョフの緊張緩和政策への支持を表明していたが,彼の改革路線には距離をとり,やがてそれに反対するようになった.SED は DDR の経済的成功を誇り,86年4月の第10回党大会で,ホーネッカーは DDR ではすでに5年前から転換は始まっていたと述べ,さらに翌年1月にソ連共産党が社会の民主化の必要をとなえると,ソ連での課題はすでに DDR では解決済みであるとして,逆にソ連は DDR から学ぶべきであるということを強くほのめかした.グラスノスチによりソ連共産党のもとで歴史の見直しが行われるに及んで,SED のゴルバチョフ路線への反感は決定的になった.このようなソ連批判は改革を望む国民を愚弄するものですらあった.

SED 指導部によるゴルバチョフ路線への反対と自国の改革拒否は,80年代半ばまでかろうじて維持されていた国民の SED に対する支持を完全に失わせることになった.このことに気づかぬ SED 指導部は89年に急展開した危機に全く対応できなかった.

(1)　89年5月の地方選挙はSED支配に対する国民の強い批判のなかで行われたが，SEDは従来どおり選挙を不正に操作し，そのことが西側メディア，ソ連やハンガリーの共産党機関紙，選挙を監視した市民グループ，教会などを通じて，直ちに国民の知るところとなり，激しい怒りを招いた．

(2)　中国の天安門事件での軍隊による学生・市民の虐殺を支持して党機関紙『ノイエス=ドイチュラント』で連日中国共産党指導部の立場を報道し続けたSED政治局の態度が人々にDDRでの武力弾圧を連想させ，国外脱出を誘発した．

(3)　89年10月7日にSEDは建国四十周年の記念行事を盛大に行ったが，出国の嵐とライプチヒを中心とした市民デモが展開する中でのいかにも異常な行事であった．経済が完全に破局に向かっている中でのこれらの無駄な行事は，国民の憤激を買うだけであった．

(4)　89年夏からの出国の嵐を食い止めるための措置をSEDはなんらとることができなかった．休暇で出国した東独国民が，ハンガリー，チェコスロヴァキア，ポーランドなどを経由して多く西側へ亡命していたが，出国者の急増を政治局で最初に討議したのは9月5日であり，ここでは何の決定も下されなかった．また病気のために夏の間静養していたホーネッカーが9月25日に復帰後最初に行ったことは，DDR建国四十周年記念事業の準備に関する指令を発することであった．

しかしDDR建国四十周年記念日は革命の出発点になった．祝典に参加するためにDDR入りしたゴルバチョフは，ホーネッカーに対してDDRの改革を強く迫り，10月7日には「遅れてくるものは人生から罰を受ける」という言葉を含む有名な演説を行ったが，ホーネッカーは聞く耳をもたなかった．ゴルバチョフに期待する国民のデモが全国で行われたが，人民警察等による弾圧が行われ，この日だけで3,500人以上が逮捕され，この日以降状況は一気に革命化する．

第2項　国際法的・政治的枠組み

　東ドイツでの革命は他の東欧諸国での動きとは異なり，流出と抵抗という2つの抗議形態をとって展開された．また東ドイツでの革命は，共産党独裁なきハンガリーはハンガリーであり続けるが，SED 支配なき東ドイツはゼロ，すなわち国家解体，さらにはドイツ統一につながると最初からいわれていた．

　しかしそれには戦勝4カ国の同意が不可欠であった．特にソ連はドイツ統一によって東ドイツをその権力圏から失うことになるので，ソ連にとってドイツ政策の大幅変更を意味した．しかしソ連も路線の変更を検討し始め，1990年2月10日のモスクワでの会談でコール首相にゴルバチョフは明確にドイツの自決権を承認し，ここにおいて統一問題は是非の問題から統一の形態と方法の問題に移った．

　交渉方式に関しては，2月12〜13日にカナダで開催された NATO とワルシャワ条約機構との23カ国からなるオープンスカイ交渉の際に，2＋4方式が正式に承認され，東ドイツ総選挙の後，東西ドイツでまず協議し，その後4カ国を交えて同意をとりつけ，最後に全欧安保協力会議の首脳会議で了解をとりつけるというシナリオが出来上がった．

　まず第一回の2＋4会議で，現国境が最終的なものであり，それを国際的に保障するため統一ドイツとポーランドが条約を締結することで合意し，6月21日の東西両ドイツの議会はそれぞれポーランド国境の承認と不可侵を宣言する決議を承認した．その後，第三回2＋4会議でポーランド代表を参加させて国境問題は解決をみた．

　冷戦の終焉はヨーロッパの安全保障の根底的な変化を意味した．NATO の再編が統一ドイツの NATO 帰属問題と連動して大きな問題となったのである．ソ連は90年1月に入り，東欧諸国からのソ連軍撤退要求に応ずるかたちでワルシャワ条約機構の政治機構化の方針を示し，6月7日のワルシャワ条約機構首脳会議はワルシャワ条約機構の政治機構化を決定し，東側軍事ブロックの脅威が大幅に低下したことは確かであった．戦略核兵器から通常兵器にいたる軍縮，在欧米軍の兵力削減，柔軟対応と前進防衛という軍事基本戦略の見直しが，

NATOにとっても急務となった．さらに，西側が主張するように統一ドイツ
がNATOに残留するためには，そのNATOは東側の脅威にならないNATO
に改編される必要があった．

　7月5，6日のNATO首脳会談で発表されたロンドン宣言は，NATOの基
本戦略の見直し，全欧安全保障協力会議の強化，ワルシャワ条約機構と
NATOとの不可侵宣言の締結などからなり，ソ連がNATOの仮想敵国ではな
いことが強調された．一方，5月23日からのゲンシャー゠シュワルナゼ会談で
は，統一ドイツの国防軍兵力の上限が問題となって難航したが，7月14〜16日
のモスクワとコーカサスでのコール゠ゴルバチョフ会談で決着した．ゴルバ
チョフは，主権の完全な回復，NATO残留，上限兵力37万など西ドイツの要
求をほぼ全面的に承認した．同時に，ソ連軍のDDRからの撤退およびソ連の
経済改革の支援および資金援助に関する独ソ間の条約が結ばれた．9月24日に
モスクワでの第四回2＋4会議でドイツに完全主権を付与する条約に調印がな
され，翌年3月1日にソ連はこれを批准した．


### 第3項　2＋4条約

　条約は全10条からなる．

　第1条は，統一ドイツの国境を連邦共和国とDDRの領土とし，ドイツは
ポーランドと条約を結んでオーデル－ナイセ線を国境として確認し，領土に関
する要求を一切行わないこととされた．

　第2〜6条は安全保障関連事項で，第5条ではDDRの領域にソ連撤退後，
外国軍および核兵器を配置しないことが決められた．

　第7条は4戦勝国がベルリン・ドイツに関する権利を完全放棄することを規
定する．

　第8条〜10条は条約の技術的部分である．

　これにさらに第5条に関する議定書がつけられ，そこではドイツがすべての
条約当事者の安全保障に関する利害を考慮することが決められている．

　この条約は第二次世界大戦後の最も重要な外交文書となった．この条約に

よって初めて第二次世界大戦が終わったといえるのであり，また同時にドイツとベルリンの分割状態を終わらせ，ドイツ統一の最終的な国際法上の基礎であり，また東西緊張緩和を一層推し進めるものであり，ヨーロッパの統合を促進する意味ももっている．

## 第2節　内政問題としての再統一

### 第1項　統一方式

90年1月に入りモドロウ首相，ギジ SED 党首による権力基盤が国民の政府不信によって急速に弱体化していた．モドロウ政権は1月22日に在野勢力に大連合政権を提案し，2月5日に選挙管理超党派内閣が結成され，人民会議選挙は3月18日に繰り上げられた．東独国家が自壊の道をたどる一方，東独からの流出が大規模になるにつれ，西独の州政府も対策に頭を悩ませ始め，深刻な社会問題が懸念されるようになった．「大量流出」を食い止めるための東独経済の早期立て直しが主張され始めた．東独マルクと西独マルクとの通貨同盟の主張である．この主張は政府によって当初は一蹴されたが，選挙への配慮が状況を一変させた．

当初，東独での議会選挙は SPD の圧勝が予想されていた．政府与党は起死回生策を検討しはじめ，2月には西独政府筋から通貨同盟構想がリークされ始め，2月7日には経済・通貨同盟について東独政府と直ちに交渉に入ることが決定された．

東独選挙でコールは通貨同盟を早期統一のシンボルとして活用し，さらに交換比率が1対1であることを示唆し始める．また統一をボン基本法146条による新憲法制定によるのではなく，23条による州の編入方式で行うことを CDU が支持することが発表された．これによって CDU は早期統一の党というプロフィールをつくることに成功し，CDU が主導するドイツ同盟は選挙で47.8%の得票率となった．

## 第2項　国　家　条　約

選挙の2カ月後に両独の財務大臣によって国家条約が締結された. これによって統一のための社会経済的基礎が詳細に決定された. この条約は両国の議会によって承認され90年7月1日に成立した. 主な内容は以下のとおりである.

1）両国は経済的な統一地域を形成する（通貨同盟・経済同盟）.

2）一定の交換率で連邦共和国の通貨をDDRに導入する.

3）商業取引を自由化する（計画経済の放棄）.

4）DDR経済の全般的な構造調整を行う.

5）DDRに社会的市場経済制度を導入する.

6）DDRの環境問題を改善する.

7）連邦共和国の社会保障制度をDDRが受け入れる.

## 第3項　統　一　条　約

1990年8月31日の包括的な統一条約は，西ドイツ－東ドイツの水準での，統一ドイツのための法的基礎であった. これには以下の重要な規定が含まれている.

1）DDRないし今後設置される州が基本法の適用領域に編入される.

2）ベルリンを一つの州に統合する.

3）ベルリンを新首都とするが，政府の所在地については後に決定する.

4）基本法前文を修正する. ドイツ統一によって前文の一部は時代遅れになってしまったため.

5）西独の法律を旧DDRに適用する.

6）政治犯の復権を行う.

7）所有権問題の調整を行う.

8）DDR国家財産は連邦財産へ組み入れる.

9）国家保安省財産を信託会社（Treuhand-Gesellschaft）へ移管する.

10）新5州（旧DDR）の財政制度を統一する.

これらの条約にもとづいて，ドイツは1990年10月3日に再統一された. これ

らの条約は40年以上にわたるドイツの分断の終焉であり，また DDR の終焉である．また同時に1945年以降のヨーロッパにおける最も重要な政治問題のひとつの解決であり，DDR の連邦共和国への統合によって，ヨーロッパの統合プロセスがさらに推し進められることにもなった．

## 第3節　EU の統合過程とドイツ問題

### 第1項　マーストリヒト条約

　マーストリヒト条約は，欧州連合（EU）創設に関する条約であり，正式名称は欧州連合条約である．ドロール委員会の下で1992年2月7日にオランダのマーストリヒトで欧州共同体加盟国により署名され，1993年11月1日に発効した．欧州共同体（EC）における経済統合の深化と，政治統合の前進を定めている．経済的には統一通貨導入への道筋を示し，ヨーロッパ中央銀行，統一通貨（現在のユーロ）の設立，導入への具体的期限が定められた．政治的には，共通市民権，共同の安全保障政策などについての構想が示された．従来の経済協力としての性格が強かった EC と異なり，国家主権の枠を超えた規定が多く含まれていたため，批准にむけて行われた各国の国民投票では反対意見も多かった．フランスでは可決されたものの，その票差は極めてわずかであった．デンマークでは一旦否決され，その後再投票で可決された．

　統一後のドイツにとって，外交政策の最優先課題は欧州連合であることは，改正基本法第23条が明白に表明しているところである．再統一以前の1989年において連邦共和国の貿易の半分以上が欧州共同体での域内貿易であった．欧州共同体，さらに欧州連合は，ヨーロッパにおける唯一の経済的にも政治的にも安定した地域共同体である．地域主義と多極化の方向を示している現在の国際秩序の時代にあって，ドイツを含め一国としてその利益を単独で十分に実現することはできない．協調と統合のみが唯一の道である．しかも，経済的協調だけでは超国家組織での協力を保障することはできず，政治的協力の価値が大きい．ドイツの利益は，覇権主義に陥ることなく自己の可能性を発揮できるようなヨーロッパの構造を作り出すことに協力することである．

　この立場はドイツ再統一によっても揺るぎのないものである．コール首相は1989年11月28日の「十カ条計画」においても，ドイツのあるべき場所は欧州共同体であると明言している．1990年4月のダブリン欧州理事会において，ミッテラン大統領とコール首相は，欧州共同体の深化への道を切り開いた．両首脳の発案になる計画こそが，政治同盟の促進と経済・通貨同盟の実現であった．両者はまた，1991年10月に，ドイツの安全保障体制をより強く組み入れたヨーロッパ共同防衛軍構想を打ち出している．こうした努力が結実したのが1991年12月の欧州理事会で合意されたマーストリヒト条約であり，遅くとも1999年までの経済・通貨同盟のみならず，共通外交・安全保障政策と司法・内務協力を内容としている．このマーストリヒト条約では，西欧同盟を安全保障政策の中核組織として想定しているのである．

　マーストリヒト条約の実現にあたり，フランスとドイツの協力が車の両輪として働いたのであった．もちろんこの条約が統一ドイツと，ドイツ再統一によりその地位を相対的に低めることになったフランスとの間に完全な調和を生み出すものでなかったことはいうまでもない．フランスでの論調は，ドイツの再統一を心から歓迎するものではないが，現実政治としては，ドイツを欧州共同体により強く組み込むことが望ましいというものであった．また，ヨーロッパ全体政策の観点からも，アメリカ合衆国への依存度をできるだけ低める立場からドイツを強く取り込んだ共同体を選択するのであった．コール首相もその信念からして，再統一したドイツが国内的にも，また隣国との関係においても排他的な民族主義に陥らないようにするために，欧州共同体加盟諸国との結びつきを強める道を選択したのであった．


## 第2項　通貨統合

　ローマ条約には通貨に関する言及がほとんどなかった．1957年に調印されたローマ条約の起草者達は，戦後の時代には通貨の安定がつつがなく続き，障壁を漸進的に除去しながら，人・物・資本・サービスの自由な移動を可能とする共通市場達成を目指していけば欧州の建設は保証されると想定していた．しか

し，1968～69年までに通貨の不安定な時代が到来し，当時の欧州共同体（EC）の礎石であった共通農業政策（CAP）の域内単一価格システムをぐらつかせる事態に至った．

こうした状況を背景に，1969年12月，当時のルクセングルグ首相ピエール＝ウエルナーを委員長として，EMU設立を正式な目標に据えた特別検討委員会が設置された．1970年10月，ウエルナー委員会は，1980年までの10年間に3段階でEMUを完成させる手段を盛り込んだ最終報告を提出した．ところが不運にも，1971年8月にアメリカがドルの金兌換を停止して実質的に変動相場制に移行したことから為替市場が不安定になり，さらに1973年の石油ショックによって，EC加盟国通貨の連携に向けた願いが打ち砕かれた．

こうした逆境でも安定した通貨圏を創出する意欲が失われることなく，1979年3月に全加盟国が参加するEMSが発足した．ただし，イギリスのポンドは為替レート固定化のための為替メカニズムには加わらなかった．厳しい時期はあったものの，EMSが成功したことは確かである．1979～85年の為替レートの変動は1975～79年の半分に縮小し，1986～89年にはさらにその半分に縮小した．

1988年6月，ハノーバー欧州理事会はジャック＝ドロール欧州委員会委員長（当時）を長とする「経済通貨同盟検討委員会」を発足させた．この検討委員会には，すべての加盟国中央銀行総裁と中立の専門家も数人加わった．委員会は1989年4月に全会一致で，資本移動の自由化，経済収斂の促進，単一通貨の導入という3つの段階を経て通貨同盟を実現すべきだという報告書を提出した．

報告書の勧告に促されて，遅くとも1999年1月1日に単一通貨を実現するという目標を掲げた欧州連合条約（マーストリヒト条約）が1992年2月に調印された．条約にはEMUへの3段階のアプローチが規定された．

第1段階—資本移動に関するあらゆる制限を撤廃し，加盟国は経済収斂に向けて努力しなければならない．

第2段階—1994年1月1日，欧州中央銀行の前身である欧州通貨機関が設立され，多くの準備作業が開始される．

第3段階—1999年1月1日，通貨同盟が発足し，参加国通貨間の交換レート
　　　　が不可逆的に固定された単一通貨が導入された．ECBが金融政
　　　　策と為替相場政策を統括する．


　EU加盟国は，新しく導入する単一通貨は，それ以前の各国通貨のなかで最
良の通貨と同じ程度に健全でなければならないとの決意を常に抱いてきた．そ
のため加盟国は条約で，EMU参加資格を得るために満たすべき厳しい財政赤
字，債務残高，金利，物価上昇率の基準を採択した．また，単一通貨導入後に
は，参加国は規律ある財政管理を維持し，過剰な財政赤字を回避しなければな
らない，と主張してきた．
　条約の実行手段は1997年の安定成長協定の採択で明確になった．協定では，
深刻な不況といった極めて特殊な状況を除き，財政赤字の上限をGDPの3％
と定めている．また，財政赤字が上限を超える可能性のある加盟国を事前に察
知するため，継続的な監視体制にもとづいた早期警戒システムが盛り込まれて
いる．さらに，加盟国がこの上限を超えることのないよう，諫止的意味合いの
制裁措置に関しても規定されている．
　ユーロが果たしてドルに並ぶような強い通貨，国際基軸通貨になれるのであ
ろうか．これは基本的には欧州中央銀行が各国の政治的圧力から独立して独自
の政策が取れるのかどうかということにかかっているし，また今後も新しい国
が通貨統合に入ってくるであろうが，それらの国々がマーストリヒト条約の収
斂基準をどのくらいきちんと守って入ってくるかによってもユーロの信任が問
われることになる．


### 第3項　ゴーリストと大西洋主義者
　経済同盟や通貨同盟の効果，特にユーロが国際基軸通貨としてどの程度通用
するかということは，欧州連合加盟国だけの問題ではなく，アメリカ合衆国を
はじめ，その他の不利益を被る可能性のある国々にとっても重要な問題である．
またアメリカ合衆国の巨大な市場はEU加盟国にとっても非常に魅力であり，

EUとの関係も重要ではあるが，自国の経済的利害のために，アメリカ合衆国との関係をなおざりにすることも決して得策とはいえない．

　実際，フランスやヨーロッパ連合との関係を重視するゴーリストと呼ばれる人々と，アメリカとの関係を重視する大西洋主義者と呼ばれる人々の対立が存在し，またアメリカ合衆国も EU と協力することもあれば，EU 諸国の団結の切り崩しを図ろうとすることもある．ユーロがドルに対して比較的強含んでいることを不満に思っている国もある．アメリカ合衆国の先のイラク戦争は，ドイツの世論を二分し，SPD がアメリカ不支持であるのに対して，CDU はアメリカのイラク戦争支持であり，2005年の大連立成立後，首相となった CDU のメルケル首相はさっそくアメリカを訪問し，アメリカとの関係修復に努めている．

● 章末問題 ●
1．DDR の崩壊過程について述べなさい．
2．ドイツ再統一と戦勝4カ国の利害との関係について述べなさい．
3．EU におけるドイツの位置づけについて述べなさい．

【参考文献】
［1］　木村直司編『EU とドイツ語圏諸国』南窓社，2000年
［2］　G. -J. グレースナー（中村登志哉・中村ゆかり訳）『ドイツ統一過程の研究』1993年
［3］　大西健夫・U. リンス編『ドイツの統合』早稲田大学出版部，1999年

# 第25章　アメリカの覇権

## 第1節　情報革命とグローバリゼーション

　現在，世界経済が差し掛かっている状況を説明するために，情報革命とグローバリゼーションという言葉を持ち出すことは，不自然なことではないであろう．

　新しい時代の始まりの確かな証拠は，まず技術体系の革新である．生命科学や情報科学などの分野における進歩は，想像もできないあたらしい社会関係を生みだす力をもっている．とりわけ情報科学とその応用は，社会生活全般に大きな変革作用をもっている．情報革命は，人間の頭脳，あるいは神経系に関わる技術変革である．なかでも人間の知能または情報処理が人類史上初めて本格的に電子的メカニズムに代えられつつある．現在では，世界で何億というパソコンが稼動していて，しかもそれらがインターネットを通じて世界的な規模で相互に結び合わされている．人間の知能は様々なソフトによって能力を倍加することができ，また情報ネットワークを通じて知識を取り入れることができる．今まで少数の専門家だけがもっていた知能や知識を，何億という人間で共有し，利用することが可能になりつつあるのである．それには無限の可能性が秘められており，人類史上の農業革命，産業革命に比肩する大きな変革といえる．

　新しい時代の始まりを告げる第二の事象は，グローバリゼーションである．今日，運輸と通信技術の爆発的な発展や冷戦崩壊後の自由貿易圏の拡大によって，文化と経済の国境にとらわれない貿易が大いに促進され，また世界の金融取引も巨大な成長を示している．国内均衡優先の構造は解体され，各国経済が

世界の金融・商品市場と直結するような構造が発展している．外国為替制度などの点での障害がまだ存在するけれども，連結に対する国家規制はもはや後退している．金融や貿易の自由化は，もはや既定の方向であり，これなしには資本主義の一層の発展はないということが了解されている．そしていま，世界市場をより深く，より大きくする意識的な努力がなされつつある．それは，アメリカの対外経済政策や，欧州連合の経済・通貨同盟のなかに示されているような，世界の制度や政策を統一しようとする努力である．そこでは財・サービス，人と資本が自由に移動できるための，統一的な世界標準の創出が問題となっている．いまや世界の各国はどのような世界標準を作るかをめぐって，しのぎを削っている．アメリカを中心として，IMFや世界銀行，あるいはWTOなどの国際機関が，さしあたりそのような世界標準を創る場となるであろうが，こうしたグローバリゼーションが21世紀の世界経済に大きな地平を開くことは間違いない．

　以下では情報革命とグローバリゼーションによってもたらされた変化の諸相を示す2つの実例をとりあげて説明し，本書を締めくくることにする．

## 第2節　覇権大国アメリカの戦略

### 第1項　アメリカの富

　国内の経済取引は，現金通貨と預金通貨によって決済される．決済件数では現金通貨による決済が圧倒的であるが，決済金額では逆に預金通貨による決済が圧倒的である．また，預金通貨が決済手段として機能するためには，銀行間決済システムと最後の貸し手としての中央銀行の存在が重要である．

　国際的な貿易・資本取引が現金通貨で決済されることはほとんどなく，基本的には外国為替を用いた預金通貨の移転により決済される．為替とは，遠隔地間の債権債務を同一地域内の債権債務に転換することで，現金による決済を節約する仕組みであり，外国為替も全く同じ原理であるが，通貨が異なるためその交換が必要になる．交換の場が外国為替市場であり，交換比率が為替レートである．

　外国為替取引では，通常外国為替銀行が仲介者となることにより，個別経済
主体の債権債務を銀行間レベルに集中する（対顧客取引）．個別銀行が外貨建
ての債権債務の不均衡を調整する場が銀行間外国為替市場であるが，国際収支
が均衡していない場合には銀行全体としては債権債務が一致しない．この不均
衡となる債権債務は，銀行間に張り巡らされたコルレス契約網により決済され
る．

　ある国民通貨が国際通貨として選択されると，国際決済はその通貨を用いて，
その国の銀行間決済システムにより決済される．国際決済のための特別な決済
システムがあるわけではなく，中央銀行を中心とする銀行間決済システムが国
際決済にも用いられるのである．

　国際基軸通貨とは，国際間の決済や金融取引の基軸となる特定国の通貨で，
もともとはアメリカのドルとイギリスのポンドを指し，この両国を基軸通貨国
と呼んでいた．

　基軸通貨として備えるべき条件は，

　　1）国際間の貿易・資本取引に広く使用される決済通貨であること

　　2）各国通貨の価値基準となる基準通貨であること

　　3）通貨当局が対外準備資産として保有する準備通貨であること

と考えられている．各国通貨の基準としての機能を果たすには，通貨価値の安
定，高度に発達した為替市場と金融・資本市場，対外取引規制がないことなど
が必要である．第二次世界大戦後，ドルが基軸通貨の中心だったが，ユーロが
2002年の流通開始に伴い，ドルと並ぶ基軸通貨となろうとしている．

　ところで，ドルが基軸通貨となることによってアメリカは大きな利益を得て
いる．そのことについて以下簡単に説明しておく．

　1997〜98年のアジア通貨危機以降，継続的な経常黒字国である日本と他のア
ジア諸国は，それぞれ1,000億ドルか，それを超える経常黒字を出しており，
グローバルにみて貯蓄の源泉である．しかし2000年にかけてのアメリカの
ニューエコノミーブームが盛り上がるプロセスにおいて，ブームを金融面から
支え，拡大させたのは，欧州からの対米株式・直接投資であった．

アジアの経常黒字のかなりの部分が国際銀行市場や債権投資などを通じて欧州に向かい，欧州の投資銀行や企業による対米投資の原資の一部になっていた．

ブームの崩壊と企業会計スキャンダルによる米経済・金融への信頼の喪失，欧州金融機関の資金仲介能力の低下，ドル＝システムからの独立性確保を意識して欧州中央銀行が金融緩和に慎重だったことなどを受けて，2001年以降，欧州からアメリカへの資本移動は頭打ちになってしまった．

本来ならこのプロセスでは，ドルが大幅下落するか，経常赤字が実質金利の高止まりをもたらし，景気後退が深刻化して，アメリカの経常赤字は縮小に向かったはずである．

しかし，実際には2002年以降欧州からの民間投資に代わって，日本，中国などアジア諸国が自国通貨の上昇・切り上げに伴うデフレの圧力回避を目指して，大規模なドル買い介入・ドル準備の積み上げを行った．これがアメリカの経常赤字を埋めた．ドル急落が避けられたことで，FRBは歴史的な低金利政策を採用し，アメリカの長期金利の低下を促すことができた．長短金利の大幅な下落は米景気後退を軽微なものにとどめ，アジア諸国の対米輸出・経常黒字は高水準を続ける一方，欧米投資家は低金利を背景に日本を初めとするアジア諸国への株式投資を増加させるという循環が始まった．

アジア諸国から公的当局のドル買い介入の形でアメリカに資本が流れ，それが経常黒字と株式投資の形でアジアに還流してくるというパターンが強まり，米景気と経常赤字の本格調整が先送りされる展開になっているのである．その結果，グローバルに見ても世界の外貨準備に占めるアジアの存在感は，その増加幅，残高の両面で突出している．

ところで，通貨当局によるドル買い介入によって積み上げられた外貨準備は，どのように運用されているのだろうか．各国ともに運用状況の情報開示については限定的ではあるが，日本をはじめアジア諸国の公的資本のドル買いは，かなりの部分が米国債すなわち米財務省証券によって運用されている．日本の場合，2004年7月末の外貨準備の内訳を見ると，8,192億ドルのうち6,618億ドル（80.8％）が外貨建て証券（その内訳は不明）となっている．

　外貨準備が米財務省証券で運用されるということは，日本を含むアジア諸国の公的資本のドル買いが，アメリカの経常赤字のみならず，財政赤字を直接ファイナンスしていることを意味する．FRBの資金循環勘定により，財務省証券のネット発行額と，そのうち海外（民間を含む）が購入した金額を見ると，2002年では2,570億ドルの発行に対して，海外の購入が1,394億ドル，2003年には3,984億ドルの総発行額のうち，海外購入分が2,685億ドルと3分の2あまりを占めた．公的資金による購入額の正確な金額ははっきりしないが，ドル買い介入は米ドルを支えるだけではなく，財政赤字が急拡大するなかで米長期金利の低下に貢献し，米景気立ち直りの環境を整えた公算はかなり大きい．

　アメリカの長期金利（財務省証券10年物利回り）と名目成長率（名目GDPの前年同期比）の関係を見ると，アジア諸国のドル買い介入によるアメリカの双子の赤字のファイナンスが本格化した2002年以降，前者が後者を下回るという一見異常な状態が続いているが，これもアジア諸国がドルレートの安定を目的に巨額のドル買い介入を行って，アメリカの双子の赤字をファイナンスしていることを示唆している．

　ドルが国際基軸通貨であることによって，アメリカは計り知れない恩恵を受けている．それは単に経常収支赤字が出ても外貨不足を心配せずに貿易を続けられるといった程度のことにとどまらない．アメリカがこの地位を保持しようと努力するのはもっともであり，世界における軍事的プレゼンスの維持もその努力の一端である．

### 第2項　アメリカの軍事覇権

　現代唯一の覇権大国アメリカの軍事戦略に関して「軽い帝国」という言葉が用いられるが，これはグローバルな勢力圏の獲得を目指すけれども，直接統治の重荷と日々の防衛負担のリスクをできるだけ回避しようというアメリカの意図を表している．このためアメリカは，湾岸戦争以後，より遠征に適し，しかも効率的な軍事機構を作るための改革を推進し始めた．特に2001年9月の同時多発テロからは，テロリズムに対する汎地球戦争に対応できる軍隊への変身が

開始された．そしてそのためには，実戦部隊の迅速な海外展開力と効果的な作戦遂行能力が不可欠と強く認識された．そこでアメリカ軍事当局は古くて重い伝統的な部隊・兵器・戦術などを廃棄し，高度な機動力と情報組織を有し，運用柔軟性に優れた軍事力の整備を改革の中心に据えたのである．

　アメリカ軍は陸軍・空軍・海軍・海兵隊の四軍に分かれ，各自の軍隊を管理・運営している．これに対して実践部隊のオペレーションに関しては，10の統合戦闘軍が作戦指揮する機構が作り上げられている．統合戦闘軍とは，基本的には軍事作戦を単独で自立的に実施するのに必要な作戦部隊を四軍から集め，一人の指揮官の下に配置した最上級の戦闘組織で，6つの地域別統合戦闘軍と4つの機能別統合戦闘軍に分かれている．

　地域別軍は地球を6方面の責任地域に割り振った地球規模の方面軍で，欧州軍・太平洋軍・中央軍・北方軍・南方軍・アフリカ軍からなる．

　一方，機能別軍は，三軍の核戦力を集めた戦略軍，四軍の戦略予備戦力を集めた統合部隊軍，三軍の特殊作戦部隊をまとめた特殊作戦軍，三軍の輸送力を集めた輸送軍から構成されている．機能別軍は軍事作戦に際して地域別軍を支援し，なにより海外への長距離遠征では，輸送軍の提供する戦略輸送力は不可欠である．また輸送軍によって戦域に展開した後の作戦では，特殊作戦軍から配属される特殊作戦部隊や統合部隊軍から派遣される四軍の増援部隊が必要になる．

　さらに四軍の遠征軍化が進んでいる．遠征軍とは海外で万全な戦闘作戦を自立的かつ即時に遂行できるように，通信・補給を含む各種部隊（戦闘・戦闘支援・兵站等）をワンパッケージ化した機動的な混成部隊のことであり，米軍は有事に際して，この各軍が独自に編成した遠征軍を必要に応じて適宜，6つの地域別統合戦闘軍に派遣するようになったのである．遠征軍は5種類あり，空軍の航空宇宙遠征軍，海軍の遠征打撃軍，海兵隊の海兵遠征軍，陸軍の大規模戦争派遣軍，四軍を集めた対テロ戦争部隊である．

　航空宇宙遠征軍は作戦に際してあらかじめ各航空団から選抜しておいた機体と要員を作戦に必要なだけ遠征先に派遣し，ここで航空遠征航空団を臨時編成

するというもので，現在は空軍に所属する大半の航空団を割り振ることによっ
て10個編成されている（1個の規模は航空機175機，要員1万人程度）.

　遠征打撃軍とは，海軍作戦の規模・性格に応じて空母打撃群と，遠征打撃群
を中心に，トマホーク巡航ミサイルを主武器とする戦闘艦の水上行動群や攻撃
潜水艦部隊を組み合わせた海軍遠征任務部隊のことである．空母打撃群は空母
を中心に作戦艦9隻で構成され，制海権の確保，洋上交通路の安全維持，海兵
隊の水陸両用作戦の護衛，砲艦外交を主な任務としている．これに対して遠征
打撃群は，海兵隊の一個海兵遠征隊（兵力2,100人）と彼らを運ぶ3隻の揚陸艦
（ハリアー戦闘機や各種ヘリ，揚陸艇，陸上部隊を満載した強襲揚陸艦，輸送揚陸艦，
揚陸艦），戦闘艦（イージス巡洋艦，イージス駆逐艦，フリゲート艦，攻撃潜水艦各
1隻）から構成され，要員は5,000人規模である．この遠征打撃群と空母打撃
群とを組み合わせた遠征打撃軍は，まさに海軍の遠征作戦を洋上から内陸にま
で拡張したといえる．トマホーク巡航ミサイルと艦載機による陸地に対する深
縦攻撃力，敵の攻撃に強い艦隊の防衛能力，海兵隊と組んだ上陸部隊による陸
上作戦能力，そして海軍特殊部隊ＳＥＡＬチームを加えた対テロ作戦能力であ
る.

　1991年，アメリカが主導する多国籍軍で戦われた湾岸戦争は軍事革命（Re-
volution in military affairs）の萌芽を世界に知らしめたが，その後もこの方向で
の研究開発の努力は継続されている．軍事革命はコンピュータ・ネットワーク
技術の力を借りて戦闘様相を劇的に変化させた．以下に若干の事例をあげる.

(1)　**作戦速度の革命的変化**　湾岸戦争において実現した約60機にも及ぶ航空
　　機の空中集合による「パッケージ・アタック」は，作戦に参加するパイ
　　ロットに何日何時何分，どこの基地から発進してどの地点で空中給油を受
　　け，どの地点で空中哨戒して時間調整を行い，何分にどの位置に遷移・集
　　合し，事後パッケージを組んでどの目標に対して何をもって攻撃を実施し，
　　どこを経由してどの基地に帰投するかという命令を含んだ航空任務指令を
　　ネットを介して100名を越える兵員に対し瞬時に与え，見事に空中集合を
　　実現してイラクに応戦の暇を与えず至短時間に強大な打撃力をその防空組

織に対して与えるとともに，同様のパッケージ・アタックを数十回繰り返して所期の目的を達成した．

(2) **戦場認識の革命的変化**　作戦会議ではアメリカの保有する GCCS（Global Command and Control System）が活用されたとされているが，GCCS は偵察衛星が撮影した画像情報を即座に最前線の部隊に伝送するとともに，前線部隊の戦況を示す映像情報もリアルタイムで上級部隊に伝送したので，統合参謀本部議長以下各級指揮官は，戦場認識をはじめ各種の情報を共有し，部隊の状況を十分把握しつつ自らの次の任務を考えることができた．そしてまたこれらの情報は，国防省やホワイトハウスに開設された指揮所において作成・配布され，その他の組織からも双方向的に伝送されるとともに，ホワイトハウスや国防省のメンバーは政治的に微妙な軍事作戦や行動についても，前線部隊の指揮官と直接テレビ会議で意見を交換しながら，十分な相互理解と信頼の下に作戦の実施を命ずることが出来た．

(3) **統合運用による戦闘効率の革命的な向上**　戦闘は目標の発見，識別，指定・要撃，撃破の4段階で構成されることはいつの時代においても変わらないが，これまでは発見・識別手段としてのセンサーの分離は見られたものの，指定・要撃と撃破段階は兵器運搬手段である戦車，艦船，戦闘機等がすべてその役割を担い，しかも識別，指定・要撃，撃破の段階を自己完結的に担い，他の軍種にその一部を委ねることはなかった．しかし，IT革命によりネットを介した統合化が進み戦闘の様相が大幅に変化した．一例を今般のアフガニスタンにおける戦闘に見てみよう．レーザー＝デジグネーターを所持する米特殊作戦部隊隊員は，何日何時，どの位置に占位し，どの目標に向かって，携行しているレーザー＝デジグネーターを何秒間照射せよという ATO（航空任務命令）を受け，他方，AC-130のパイロットには同じく，何日何時，どの位置に飛翔し，コード化されたレーザーの反射光がミサイルを起動したら直ちにそのミサイルを発射せよという ATO が与えられる．この2人には何の申し合わせもないが，統合司令部が策定した戦法を，ネットが連携を支援して統合化し，戦闘サイクルを完成し，

目標を確実に撃破して大戦果をあげた．そして，個人携帯のパソコンでこの成果を知らされた海兵隊陸戦部隊は，受領した命令の通り洞穴に向かって突撃を敢行し，残余のアル=カーイダの戦闘員を撃破した．

### 第3項　シェール革命と人口成長

アメリカ合衆国の衰退を論じる意見も多いが，世界経済で現状，唯一好調を維持しているのがアメリカ経済であり，今後の見通しも先進諸国のなかでは最も明るいといえる．ここでは，今後のアメリカ経済の好調な発展に寄与すると考えられる2つの要因を簡単に説明しておく．

まず，いわゆるシェール革命によるエネルギーの自給率の上昇と価格低下があげられなければならない．シェールガスは頁岩層に含まれる天然ガスで，その存在は古くから知られていたが，ガス田から採掘される在来型天然ガスに比べて採掘がはるかに困難であり，その生産はごく一部に限られていた．ところが，21世紀に入るとアメリカにおけるシェールガス採掘技術の進歩による生産コストの低下と，石油・天然ガスの価格上昇などがあいまって，かつては採算上不可能であったシェールガスの生産が商業ベースにのるようになった．生産量の拡大でアメリカ合衆国内での天然ガス価格は急落し，2013年にはアメリカ内の原子力発電所が経済性を欠くことなどから次々と廃炉となり，天然ガス火力発電への移行が進んだ．

アメリカ合衆国には莫大な埋蔵量が見込まれることから，世界最大の経済大国がエネルギー生産国として自給を達成し，低コストな原料・燃料が調達可能となる．そのため，アメリカの製造業が復活を果たすと見られている．また，国際的なエネルギーコストの低下は，各国の経済・産業・社会のみならず国際政治にも大きな変化をもたらす可能性がある．

シェール革命の第一のメリットは，天然ガスや原油の輸入削減，さらに輸出によってアメリカの貿易赤字が大幅に削減される可能性があることである．現在GDP比2％に達している化石燃料の輸入が2020年頃までにゼロになることのメリットは大きい．

　第二のメリットは，物価の安定である．少なくとも中東産原油の需給動向に
よってアメリカ国内の物価が左右されるリスクは減少するし，貿易赤字の削減
によるドル高も物価安定に寄与し，アメリカ経済の長期成長率を押し上げてく
れる可能性がある．

　第三のメリットは，アメリカを地政学リスクからかなりの程度解放してくれ
ることである．中東原油への依存率が高いと，中東での政治的リスク，紛争リ
スクの影響を受けざるをえない．これを回避するためにこれまでのアメリカは
多額の軍事費を費やしてきた．中東原油への依存度が低下すれば，中東に展開
する軍事力を削減するという選択肢が生まれ，財政赤字の削減にも通じる．

　アメリカはさらに，先進国のなかで唯一労働人口の増加を見込める国である．
現在，アメリカは中国，インドに次ぐ世界第3位の人口大国で，その人口は3
億1千万人あまりである．国連の世界人口推計によれば，中国の人口は2025年
頃に約14億人でピークを迎えるのに対して，アメリカは2050年に4億人，2100
年には4億8千万人に達するとみられている．

　アメリカは歴史的に移民によって築かれた国であり，現在も移民の流入が続
いている．人口に占める移民の割合は13％程度で，約4,000万人にのぼる．移
民の出身地域も時代とともに変化し，国勢調査局によると，1960年時点の移民
1,000万人程度のうち75％がヨーロッパ出身であったが，2010年には移民の約
53％がラテンアメリカ，約28％がアジア出身であった．

　人種や民族間における出生率にも差があり，CDC（Centers for Disease Con-
trol and Prevention）によれば，2012年の白人の合計特殊出生率は1.76であった
のに対し，ヒスパニック／ラテン系は2.19，黒人は1.90，つまり，ヒスパニッ
ク／ラテン系移民などマイノリティは人口流入ペースが速いことに加えて，出
生率も高いことからアメリカ国内での人口増にも貢献していることになる．

　このように，移民の流入や出生率の差などによって，アメリカの人種・民族
の構造は変化を遂げており，2000年のアメリカの人口の約75％が白人であった
が，2010年には約72％に低下し，白人の割合は低下が続いており，国勢調査局
によれば，2060年には69％に低下することが予想されている．一方で，現在マ

イノリティである人種の割合は高くなる見込みである．民族では，ヒスパニック／ラテン系の割合が大きく上昇することが予想されており，2010年時点で16％程度だったヒスパニック／ラテン系の割合は，2060年には30％を超える見込みである．

　人口構成の変化は，経済や社会の将来を形成する上で重要である．まず，人口とともに生産年齢人口の増加が予想されており，アメリカ国内の生産量の拡大を促すことになる．また，人口成長は，個人消費や住宅投資などの国内需要に大きく貢献することも間違いない．

　他方で，これまでの白人中心の社会構造が崩れてきており，すでに政治分野にも変化が現れつつある．たとえば，2008年の大統領選挙で黒人初の大統領となった民主党・オバマ大統領が当選した要因のひとつに，黒人やヒスパニック／ラテン系などからの投票率の高さがあげられる．2012年の大統領選挙でもオバマ大統領が再選されたことなどから，共和党もヒスパニック系／ラテン系などマイノリティ有権者の対策の修正が求められている．

● 章末問題 ●
1．ドルが基軸通貨となった過程を調べなさい．
2．最近のアメリカ軍の通常兵器の拡充について調べなさい．
3．アメリカ合衆国の景気見通しについて調べなさい．

【参考文献】
［1］　上川孝夫編著『国際金融史』有斐閣，2007年
［2］　エリノア＝スローン（奥山真司・関根大助訳）『現代の軍事戦略入門：陸海空からサイバー，核，宇宙まで』芙蓉書房出版，2015年
［3］　ジョセフ＝S. ナイ（村井浩紀訳）『アメリカの世紀は終わらない』日本経済新聞出版社，2015年

# 人 名 索 引

278

# 事 項 索 引

著者紹介

**柴田　英樹**
経済学博士（東京大学）
1964年福井県生まれ
1988年3月東京大学経済学部卒業
1994年3月東京大学大学院経済学研究科博士課程単位取得退学
中央大学経済学部教授（西洋経済史）

新西洋経済史講義 —史的唯物論入門—＜第二版＞

2016年3月10日　第一版第一刷発行　　　　　　　・検印省略
2020年3月10日　第二版第一刷発行

著者　柴　田　英　樹

発行者　田　中　千　津　子

発行所　株式会社　学　文　社

〒153-0064　東京都目黒区下目黒3-6-1
電話03（3715）1501代・振替00130-9-98842

（落丁・乱丁の場合は本社でお取替します）
（定価はカバーに表示してあります）　　印刷／東光整版印刷株式会社

©2019 SHIBATA Hideki　　Printed in Japan　　ISBN978-4-7620-2963-9